TEACH YOURSELF BOOKS

BULGARIAN

A COMPLETE COURSE FOR BEGINNERS

BULGARIAN

A COMPLETE COURSE FOR BEGINNERS

Michael Holman
and
Mira Kovatcheva

TEACH YOURSELF BOOKS

For UK orders: please contact Bookpoint Ltd., 130 Milton Park, Abingdon, Oxon OX14 4SB. Telephone: (44) 01235 827720. Fax: (44) 01235 400454. Lines are open from 09.00–18.00, Monday to Saturday, with a 24 hour message answering service. You can also order through our website at www.madaboutbooks.com

For U.S.A. order: please contact McGraw-Hill Customer Services, P.O. Box 545, Blacklick, OH 43004-0545, U.S.A. Telephone 1-800-722-4726. Fax: 1-614-755-5645.

For Canada order enquiries: please contact McGraw-Hill Ryerson Ltd., 300 Water St, Whitby, Ontario L1N 9B6, Canada. Telephone: 905 430 5000. Fax: 905 430 5020.

Long-renowned as the authoritative source for self-guided learning – with more than 30 million copies sold worldwide – the *Teach Yourself* series includes over 300 titles in the fields of languages, crafts, hobbies, business and education.

British Library Cataloguing in Publication Data
Holman, Michael
    Bulgarian. – (Teach Yourself Series)
    I. Title II. Kovatcheva, Mira III. Series
    491.818

Library of Congress Catalog Card Number: 93-83152

First published in UK 1993 by Hodder Headline Plc, 338 Euston Road, London NW1 3BH.

First published in US 1993 by Contemporary Books, a Division of The McGraw-Hill Companies, 4255 West Touhy Avenue, Lincolnwood (Chicago), Illinois 60712 – 1975 U.S.A.

The 'Teach Yourself' name and logo are registered trade marks of Hodder & Stoughton Ltd.

Typeset by Transet Ltd, Coventry.
Printed in Great Britain for Hodder & Stoughton Educational, 338 Euston Road, London NW1 3BH by Cox & Wyman Ltd, Reading, Berkshire.

Impression number   14   13   12   11   10   9   8
Year   2005   2004   2005   2004   2003   2002

CONTENTS

Mira Kovatcheva was born in Sofia and studied English at Sofia University where she is now Senior Lecturer in the Department of English Studies. She has a special interest in English historical grammar and in the teaching of Bulgarian to native speakers of English. Between 1989 and 1992 she was on secondment to the universities of Leeds and Sheffield, teaching Bulgarian to English students of Russian.

Michael Holman is of mixed Russian and English parentage and was born in Kent. Since 1966 he has lived in Yorkshire, where he is Professor of Modern Slavonic Studies at the University of Leeds. Since 1968 he has taught Bulgarian, translated from Bulgarian and sought to promote Anglo-Bulgarian cultural interchange. He holds the 'Order of Cyril and Methodius' (First Class). His wife, Dorothea, without whom none of this would have been possible, was born in Sofia of mixed Bulgarian and Macedonian parentage.

── INTRODUCTION ──

Teach Yourself Bulgarian is a complete course for beginners in spoken and written Bulgarian. It has been designed for self-tuition, but may also be used for study with a teacher. It aims to teach you to understand and use the contemporary language in a variety of typical, everyday situations. Above all it is functional, enabling you to communicate and interact, using the language for positive, practical purposes. Although intended primarily for people with no knowledge of the language, you will also find it useful if you want to brush up or extend some previous knowledge.

The course is divided into 20 carefully graded and interlocking units. Each unit is devoted to a particular topic or situation, and each successive unit builds naturally on material covered in previous units. In Unit 1, for example, you will learn how to introduce yourself, to use some simple greetings and to say 'please' and 'thank you'. In Unit 2 you will discover how to ask questions, and in Unit 3 you will learn how to answer questions, saying where you come from, what you do for a job and indicating whether or not you are married. Unit 4 teaches you some numbers and how to use them when telling the time.

The first half of the book, up to the end of Unit 9, is a basic grammatical and thematic 'survival kit'. The emphasis here is on the present tense and on immediate situations such as you might well find yourself in on a visit to Bulgaria. Thus, Unit 5 enables you to

1

describe your language knowledge – or lack of it! Unit 6 deals with wanting and asking for things and with changing money, Unit 7 with shopping, Unit 8 with eating out, and Unit 9 with getting about and both asking for and giving assistance.

From Unit 10 on you progress to less immediate, but no less important matters. You will learn to ask about future events, inquiring about the weather, for example, or putting together a plan for the days ahead. You will also learn how to talk about things that happened in the past, how to make complaints and tell people what to do. And as your vocabulary and grammatical knowledge increase, you will be able to make more use of the tables and lists in the Appendix at the back of the book.

Each unit is divided into distinct but interlocking sections. An initial Dialogue is followed by a vocabulary with the new words and phrases and a few short questions in Bulgarian based on the Dialogue. Then (up to Unit 11) comes a short section of cultural comments and topical tips for first-time visitors to the country. This is followed by useful phrases relevant to the theme of the unit and worth learning by heart. Then come grammatical explanations which all proceed naturally from the new words and constructions used in the Dialogue. Finally there come the Exercises – lots of them, varied, practical, with all the answers in the back – so you can test yourself and see how you are doing. At the end of the Exercises there is always a second dialogue, that takes you on a little further, incorporating material you will have already covered plus a few new words and phrases.

In the dialogues we have tried to concentrate on the activities of a limited number of characters, both English- and Bulgarian-speakers, whose paths cross in Bulgaria one year in May. First there is Michael Johnson, a man of entrepreneurial disposition from Chelmsford, UK. Mr Johnson is in Sofia for the first time and has wisely learnt some Bulgarian in preparation for his visit. He is on a two-week business trip, establishing contacts, especially with Boyan Antonov, director of a newly established but already quite large, Sofia-based advertising agency. You will also meet members of Mr Antonov's staff: Nadya, his hard-working secretary, Nikolai Dimitrov, a junior colleague, and Milena Marinova, an artist. (Particularly watch Nikolai and Milena...) Then there is a married couple from Manchester, Victoria and George Collins. Victoria is an interpreter and George is a teacher. They too are visiting Bulgaria, but not for the first time. Victoria speaks Bulgarian well. Nevena Petkova is the hotel receptionist. Nevena, too, is entrepreneurial! There are other characters as well taking part in a variety of situations and locations, from Sofia in the west to Plovdiv in the south and on to Varna and the Black Sea in the east. Good luck, and remember, *practice makes perfect*, or, as the Bulgarians say **óпитът прáви мáйстора**.

—— How best to use this book ——

Before starting Unit 1 you will need carefully to work through the sections on the alphabet and pronunciation. Despite the different script, you will soon find that there are many Bulgarian words you recognise, both in their written form and when you hear them on the cassette which accompanies *Teach Yourself Bulgarian*.

Dialogues or other sections marked with ▣ are included on the cassette. We strongly advise you to use it. As you listen to the native speakers and imitate their pronunciation, so your pronunciation will improve. Keep the cassette in the car and listen to it on your way to and from work. Repeat the words and phrases as often as possible so as to get your tongue round the foreign sounds. Before going on to a new unit, listen again to the dialogues recorded from the previous unit. The more you listen and the more you speak, the better you'll be!

Learning techniques obviously vary, and you will probably need to experiment a little before adopting the procedure that suits you best. However, since each unit follows the same pattern, you might find the following procedure worth trying for a start.

Dialogue

Read the English introduction at the beginning of the opening *Dialogue* (**Диалóг**) marked with ▧. This will establish the context for you.

If you have the cassette, listen to the Dialogue and see how much you understand.

Now work through the Dialogue reading aloud as you go. The vocabulary marked with ■ after the Dialogue gives you the meaning of all the new words and the key phrases in the order in which they occur. (If, as you work through the book, you find this initial vocabulary doesn't list a word you cannot understand, turn to the Bulgarian–English vocabulary at the back of the book. All the words are listed there.)

Listen to the cassette again, following the text of the Dialogue in the book.

Questions

Now read aloud the questions (**Въпро́си**) after the Dialogue and try and answer them individually as you go.

Notes

For a little light relief have a look at the *Notes* (**Беле́жки**).

Grammar

Now study the *Grammar* (**Грама́тика**) section marked with ⬛. In some units this section is longer than in others. Always, however, the grammatical explanations refer to material used in the Dialogue. The usage should, therefore, already be familiar to you. And since many of the examples used in the Grammar section are taken from the Dialogue, this should help further to consolidate your knowledge. The English translation is always given with words introduced for the first time in the Grammar section.

How to:

Go over the *How to* (**Запомне́те**) section. Try to memorise as many of the words and phrases as possible.

Exercises

Once you feel you have a reasonable understanding of the material, test your knowledge by working through the *Exercises* (**Упражне́ния**) – look for ⬛. They have been designed not only to be useful and communicative, but also to test your mastery of the grammar. They are a vital part of the learning process, so try and do them all! The answers in the back of the book will give you an idea of how you are doing.

Do you understand? (Разбирате ли?)

After the exercises in each unit there is a second Dialogue. New words and phrases occurring in this Dialogue are listed at the end of the unit, but try and see how much you understand without reference to the vocabulary, by reading the Dialogue aloud. You should work through this second Dialogue as you worked through the first one.

Finally, before proceeding to the next unit, listen again to all the recorded material of the unit you have just been working on. If you do not have the cassette, read through the Dialogues aloud, making sure that you have understood everything.

Abbreviations used in this book are: adj = adjective, f = feminine, m = masculine, Lit. = literally, n = neuter, p. = page, pl = plural

ALPHABET AND PRONUNCIATION

Bulgarian is spoken by more than ten million people worldwide and is the official language of the Republic of Bulgaria. It is not a difficult language for English speakers. In fact, of all the Slavonic languages, which include Russian, Ukrainian, Polish and Czech, its structure makes it one of the easiest for us to learn. True, the Cyrillic alphabet of 30 letters, which takes its name from the ninth century scholar and holy man St. Cyril, may at first seem a bit of a barrier, but it is not difficult to master. The alphabet is very logical, extremely efficient, and well adapted to rendering the sounds of Bulgarian. In the main, unlike English, the pronunciation is straightforward.

The letters can be conveniently divided into three manageable, easy-to-learn groups. They are:

1 letters that look the same in Bulgarian and English;
2 letters that look different;
3 letters that look the same, but are, in fact, pronounced very differently. These are the 'false friends' which, initially at least, cause the greatest difficulty.

Look at the alphabet table on pages 8–9 and see if you can decide which letters fall into which group.

Bulgarian has six simple vowels: **А, Е, И, О, У, Ъ** – one more than English; and two letters, **ю** and **я**, that really stand for a consonant plus a vowel – **й** + **у** and **й** + **а**, respectively.

──── Pronouncing Bulgarian ────

The English sounds you see in the table overleaf are only very rough guides to correct Bulgarian pronunciation. Listening to native speakers and copying them is the best way to get things right, so try listening now to the pronunciation guide on the cassette. To begin with you might find it helpful to put a ruler beneath the lines with the individual letters and words and move it down the page as you listen and repeat. Later you can just listen, trying to think of the shape of the individual letters as the words are read out.

Stress

You will notice that in each word of more than one syllable, for example **юли** *July*, **година** *year* and **ресторант** *restaurant*, we have put an accent above one of the vowels. We have done this to help your pronunciation. Although Bulgarians don't put in the accent when they write, when they speak they pronounce one syllable in every word more distinctly than the rest. (You probably noticed this as you listened to the cassette.) This is the 'stressed' syllable. As you can see, the stress can fall on any syllable, just as in English. And as in English, if you stress the wrong syllable, the word will sound very odd, sometimes incomprehensible even. So when you learn a new word, make sure you note which syllable is stressed.

You will find some additional notes on pronunciation in the Appendix, but for now it will be enough if you note the following points:

1   Unlike the vowels in English, the Bulgarian vowels don't differ in length. (They are all a little longer than the English short vowels and a little shorter than the English long vowels.)
2   The Bulgarian letter **p** is always rolled, 'r-r-r', as the Scots pronounce Brenda and Bruce.
3   The sound of the Bulgarian **x** is not found in standard (→ p.10)

The Bulgarian alphabet

Printed letters		Written letters	
capital	**small**	**capital**	**small**
А	а	*A*	*a*
Б	б	*Б*	*б*
В	в	*В*	*в*
Г	г	*Г*	*г*
Д	д	*Д*	*д*
Е	е	*Е*	*е*
Ж	ж	*Ж*	*ж*
З	з	*З*	*з*
И	и	*И*	*и*
Й	й	*Й*	*й*
К	к	*К*	*к*
Л	л	*Л*	*л*
М	м	*М*	*м*
Н	н	*Н*	*н*
О	о	*О*	*о*
П	п	*П*	*п*
Р	р	*Р*	*р*
С	с	*С*	*с*
Т	т	*Т*	*т*
У	у	*У*	*у*
Ф	ф	*Ф*	*ф*
Х	х	*Х*	*х*
Ц	ц	*Ц*	*ц*
Ч	ч	*Ч*	*ч*
Ш	ш	*Ш*	*ш*
Щ	щ	*Щ*	*щ*
Ъ	ъ	*Ъ*	*ъ*
*	ь	*	*ь*
Ю	ю	*Ю*	*ю*
Я	я	*Я*	*я*

* The letter **ь** never comes at the beginning of a word, so it is not used as a capital.

Approximate English Sound		Bulgarian example	English meaning
a	as in 'art' (but shorter)	Áна	*Anna*
b	as in 'book'	банáн	*banana*
v	as in 'vice'	водá	*water*
g	as in 'good'	годи́на	*year*
d	as in 'dot'	дáта	*date*
e	as in 'elephant'	éсен	*autumn*
s	as in 'pleasure'	женá	*woman*
z	as in 'zigzag'	зи́ма	*winter*
i	as in 'inch'	и́ме	*name*
y	as in 'yes'	йод	*iodine*
k	as in 'king'	как	*how*
l	as in 'label'	леглó	*bed*
m	as in 'man'	млад	*young*
n	as in 'not'	новинá	*news*
o	as in 'offer'	óколо	*around*
p	as in 'pet'	пáпка	*folder*
r	as in 'rat'	ресторáнт	*restaurant*
s	as in 'sister'	сестрá	*sister*
t	as in 'tent'	тóрта	*cake*
oo	as in 'foot'	у́тре	*tomorrow*
f	as in 'fifteen'	факс	*fax*
h	as in 'horrid'	ху́бав	*nice*
ts	as in 'fits'	цвéте	*flower*
ch	as in 'church'	чéрква	*church*
sh	as in 'ship'	шáпка	*hat*
sht	as in 'fishtail'	щáстие	*happiness*
u	as in 'curtain' (but shorter)	ъ́гъл	*corner*
y	as in 'York'	Кóльо	*Kolyo*
you	as in 'youth' (but shorter)	ю́ли	*July*
ya	as in 'yarn' (but shorter)	я́года	*strawberry*

— **9** —

English. It is very like the Scottish **ch** in lo**ch**, and is pronounced nearer the front of the mouth than the English letter **h**.

4   There is no equivalent English letter for **ъ**. We do almost have the sound, though, in a slightly longer version in the **u** in curtain and fur, or in the letter **e**, when read quickly but clearly in the word th**e**, for example. (Read aloud the last part of this sentence from the word 'or', and you will get the **ъ** in 'the' about right.)

Writing Bulgarian

There are four things to note when writing Bulgarian:

- While there is very little difference between the capital and small letters in the printed script, the printed and the handwritten letters differ considerably.
- Compared with English, both in the printed and handwritten forms, Bulgarian has fewer letters that extend above and below the line. It is important to observe the relative height of the letters.
- When you write the letters л, м and я in longhand, you must make sure you begin the letters with a little hook

This makes it impossible to join them to a preceding **o**.
- In general Bulgarian avoids double consonants, even in foreign words. For example, Mr and Mrs Collins play a large part in this book, and their surname is written **Ко́линс**. Note too that it is written with a final **c**, not a **з**. More about this in the note on pronunciation in the Appendix! Now it's time for a little practice.

Trying out what you have learnt

To help you recognise the letters and to practise your pronunciation, here are some international words, many of them names, and written out in their Bulgarian spelling. We have given both their printed and handwritten forms and have arranged the words in the three different groups mentioned earlier. You should have little difficulty in identifying their English equivalents. Check whether you've got them right by looking up the Key to the Introduction at the back of the book. You might also try writing out the words yourself. Watch the height of your letters!

1 Letters that look the same in Bulgarian and English (at least in their printed form):

А	факс	*факс*
Е	те́лекс	*телекс*
К	Ко́ка-Ко́ла	*Кока-Кола*
М	Аме́рика	*Америка*
О	телефо́н	*телефон*
Т	паспо́рт	*паспорт*

(The handwritten forms of the Bulgarian letters **к** and **м** differ slightly from the English, while the Bulgarian handwritten **т** is completely different and confusingly resembles an English handwritten **m**.)

2 Letters that look different:

Б	бар	*бар*	Берли́н	*Берлин*
Г	телегра́ф	*телеграф*	Во́лга	*Волга*
Д	Дако́та	*Дакота*	во́дка	*водка*
Ж	жироско́п	*жироскоп*	жира́ф	*жираф*
З	Аризо́на	*Аризона*	Замбе́зи	*Замбези*
И	Ибада́н	*Ибадан*	Йндия	*Индия*
Й	Йе́мен	*Йемен*	Йорк	*Йорк*
Л	Ло́ндон	*Лондон*	Балка́н	*Балкан*
П	Пана́ма	*Панама*	По	*По*
Ф	Фра́нкфурт	*Франкфурт*	Со́фия	*София*
Ц	Фицдже́ралд	*Фицджералд*	Доне́цк	*Донецк*
Ч	Чъ́рчил	*Чърчил*	Чад	*Чад*
Ш	Ше́филд	*Шефилд*	шо́у-би́знес	*шоу-бизнес*
Щ	Шту́тгарт	*Щутгарт*	Щип	*Щип*
Ъ	Бъłга́рия	*България*	Бийтълс	*Бийтълс*

Ь	шофьóр	*шофьор*	синьóра	*синьора*
Ю	Юкон	*Юкон*	Лийдс Юнáйтед	*Лийдс Юнайтед*
Я	йнки	*янки*	Ялта	*Ялта*

3 Letters that look the same, but are pronounced differently ('false friends'):

В	Вѝвиан	*Вивиан*	Виéна	*Виена*
Н	Намѝбия	*Намибия*	Вáрна	*Варна*
Р	Рѝчард	*Ричард*	Йóркшир	*Йоркшир*
С	Синáтра	*Синатра*	Áмстердам	*Амстердам*
У	Лѝвърпул	*Ливърпул*	Фрáнкфурт	*Франкфурт*
Х	Хайд Парк	*Хайд Парк*	Сахáра	*Сахара*

Note that unlike the English letter **c** in **cat**, the Bulgarian letter **c** is always pronounced soft as in **Cincinnati** and like the English letter s in Sinatra). It is, therefore, only a partially 'false friend'.

You will notice that the Bulgarian pronunciation differs slightly from the English. Sometimes too, a different syllable is stressed, телефóн and паспóрт for example. And do remember that the Bulgarians say **Сóфия** (*Sófia*, and <u>not</u> Sophía!)

Saying *Yes* and *No* –
a vital word of warning

Another form of communication is non-verbal communication and it is very important in Bulgaria. In most European countries, you nod your head to say 'yes' and shake it to say 'no'. In Bulgaria, a shake of the head – actually often more a rocking of the head from side to side – means *yes* (да), while a nod – usually starting with a brisk, dismissive, upwards movement of the head – means *no* (не).

Whether you are buying an ice-cream, booking an excursion or doing a deal, interpreting the head movements correctly and making them correctly yourself will make all the difference to your negotiations! Have fun, and start practising straightaway:

ДА!

НЕ!

──────── **Exercises** ────────

Here are some reading exercises for you to practise what you have learnt so far about the alphabet.

1 Read the following place-names matching the names in English with their Bulgarian equivalents. (In this exercise each English letter is replaced by a single Bulgarian letter.)

(a) America	(i) Ло́ндон
(b) Amsterdam	(ii) Саха́ра
(c) Arizona	(iii) Фра́нкфурт
(d) Balkan	(iv) Аме́рика
(e) Berlin	(v) Аризо́на
(f) Frankfurt	(vi) Пло́вдив
(g) London	(vii) Ри́ла
(h) Plovdiv	(viii) Во́лга
(i) Rila	(ix) Ва́рна
(j) Sahara	(x) Балка́н
(k) Varna	(xi) Берли́н
(l) Volga	(xii) А́мстердам

2 Do the same with this list. You might need to replace certain combinations of English letters by a single Bulgarian letter. (Remember that Bulgarian rarely uses double letters!)

(a) Charing Cross	(i) Вие́на
(b) Chelmsford	(ii) Ю́кон
(c) Donetsk	(iii) Че́лмсфорд
(d) Shell	(iv) Йорк
(e) Shetland	(v) Ча́ринг крос
(f) Stuttgart	(vi) Ше́тланд
(g) Vienna	(vii) Доне́цк
(h) Yalta	(viii) Шел
(i) York	(ix) Щу́тгарт
(j) Yukon	(x) Я́лта

3 Here read the Bulgarian and identify the English equivalent:

(a) Лийдс	(i)	Richard Burton
(b) Елизабе́т Те́йлър	(ii)	Beatles
(c) Хе́лзинки	(iii)	Helsinki
(d) Ли́върпул	(iv)	Manchester
(e) Джеймс Бонд	(v)	Liverpool
(f) Португа́лия	(vi)	James Bond
(g) Чарлс Ди́кенс	(vii)	Scotland
(h) Ма́нчестър	(viii)	Leeds
(i) Би́йтълс	(ix)	Charles Dickens
(j) Ри́чард Бъ́ртън	(x)	France
(k) Ко́рнуол	(xi)	Geneva
(l) Гла́згоу	(xii)	Cambridge
(m) Жене́ва	(xiii)	Cornwall
(n) Шотла́ндия	(xiv)	Elizabeth Taylor
(o) Ке́ймбридж	(xv)	Glasgow
(p) Фра́нция	(xvi)	Portugal

4 If you rang the following numbers, what service would you expect to answer? Read the Bulgarian words aloud!

201	ТЕ́ЛЕКС	205	БАР
202	РЕСТОРА́НТ	206	ТАКСИ́
203	РЕЦЕ́ПЦИЯ	207	ИНФОРМА́ЦИЯ
204	РЕ́НТ-А-КАР		

5 What are the names of (a) the snack-bar, (b) the restaurant, (c) the hotel and (d) the café on the following notices?

(a) СНЕК-БАР „СИРЕ́НА"   (c) ХОТЕ́Л „ШЕ́РАТОН"
(b) РЕСТОРА́НТ „БЕРЛИ́Н"   (d) КАФЕ́ „ОРИЕ́НТ"

6 When does your plane take off if you are flying to:

(a) Milan,	Цю́рих......... 15.40
(b) Geneva,	Бу́дапеща...... 16.10
(c) Frankfurt,	Фра́нкфурт.... 16.35
(d) Paris,	Жене́ва......... 17.05
(e) Berlin,	Мила́но......... 17.25
(f) Zurich,	Пари́ж.......... 18.05
(g) Budapest?	Берли́н......... 18.30

1

ЗДРАВЕ́ЙТЕ! —— КАК СЕ КА́ЗВАТЕ? ——

Hello, what's your name?

In this unit you will learn how to

- say *hello*
- give your name and nationality
- say *please* and *thank you*
- say *yes* and *no* in answer to *is there?* and *are there?*

Michael Johnson, a businessman from London, arrives at his hotel in Sofia. When he enters the vestibule he is greeted by the doorman with the words **Заповя́дайте, мо́ля!** meaning, here: *Welcome, do come in, please.* (**Мо́ля** can also mean *I beg your pardon* and *Don't mention it.*)

You will often hear **заповя́дайте** and **мо́ля** in Bulgaria, used separately and together with a variety of meanings. They are always polite and welcoming words. Together with the two words for *thank you* – **Благодаря́** and **Мерси́** (*Merci* – as in the French!), and the word for *there isn't* **ня́ма** – they are what for you will probably be the five most important words in the Bulgarian language.

Диало́г (*Dialogue*)

Michael goes up to the reception desk and is greeted by the lady on duty, Nevena Petkova.

Невéна Петкóва	Дóбър ден!
Мáйкъл Джóнсън	Здравéйте! Ѝма ли свобóдна стáя?
Невéна Петкóва	(*Nodding**) Не, нѐма.
Мáйкъл Джóнсън	Ѝма ли свобóден апартамéнт?
Невéна Петкóва	(*Shaking her head**) Да, ѝма. Турѝст ли сте?
Мáйкъл Джóнсън	Не, не съм турѝст. Бѝзнесмен съм.
Невéна Петкóва	Ѝме?
Мáйкъл Джóнсън	Мóля?
Невéна Петкóва	Как се кáзвате?
Мáйкъл Джóнсън	Кáзвам се Мáйкъл Джóнсън.
Невéна Петкóва	Англичáнин ли сте?
Мáйкъл Джóнсън	Да, англичáнин съм.
Невéна Петкóва	Паспóрта, мóля.
Мáйкъл Джóнсън	Заповѐдайте!
Невéна Петкóва	Благодарѐ!
Мáйкъл Джóнсън	Мóля!

*If this confuses you, look back to the vital word of warning on page 13.

Дóбър ден! *Good morning/ afternoon.*
Здравéйте! *Hello!*
Ѝма ли свобóдна стáя? *Is there a room free?*
Не, нѐма. *No, there isn't.*
свобóден апартамéнт *a free apartment*
Да, ѝма. *Yes, there is.*
Турѝст ли сте? *Are you a tourist?*
Не, не съм турѝст. *No, I'm not a tourist.*
Бѝзнесмен съм. *I'm a businessman.*
ѝме *name*

Мóля? *(I beg your) pardon?*
Как се кáзвате? *What is your name?*
Кáзвам се... *My name is...*
Англичáнин ли сте? *Are you English?*
Да, англичáнин съм. *Yes, I am (English).*
Паспóрта, мóля. *Your passport, please.*
Заповѐдайте! *Here you are/ There you go.*
Благодарѐ! *Thank you.*
Мóля! *Not at all/don't mention it/ my pleasure.*

Въпрóси (*Questions*)

Before answering these questions, listen to the cassette again (if you have it), once without looking at the dialogue and once following the text as you listen. It would also be a good idea to read aloud the questions before you answer them.

You'll find all the answers in the dialogue – except to **1** (*c*)! The answers are also in the Key at the back of the book.

1 **Отговорéте, мóля!** (*Answer, please.*)

    (*a*) Има ли свобóден апартамéнт?
    (*b*) Има ли свобóдна стáя?
    (*c*) Как се кáзвате? (Give your own name.)

2 **Вярно или невярно?** (*True or false?*) Write out correct versions of the false statements. Michael Johnson says:

    (*a*) Англичáнин съм.
    (*b*) Турист съм.
    (*c*) Бизнесмен съм.

Белéжки (*Notes*)

Greetings

The most frequently heard greeting, and the one to use on formal occasions when addressing people you do not know, is **дóбър ден!** Literally translated it means *Good day*. You can say **дóбър ден!** at any time of the day except the early morning, when you should use **добрó ýтро!** *Good morning*, and the evening, when you say **дóбър вéчер!** *Good evening*.

Здравéй! and **Здравéйте!** are rather less formal and are used when you would say *Hello* in English. Literally the words both mean *May you be healthy*. **Здравéй!** is a singular form and **здравéйте!** is a plural. You say **здравéй!** to a friend or someone you know well. When greeting more than one person or someone you know less well you use **здравéйте!** (Plural is always polite!) You might also use **здравéйте!** (instead of the more official **дóбър ден!**) when addressing someone you know well but whom you still address with the polite, formal form. Both **здравéй!** and **здравéйте!** can be used at any time of the day, or night.

You will notice that the only difference between **Здравéй!** and **Здравéйте!** is the addition of the two letters **-те** to the greeting you use when meeting a friend. In fact these two letters distinguish the plural (formal) from the singular (familiar) forms. They are found on the end of other 'polite', 'non-familiar' forms too. You will notice them, for example, on the end of the word **Заповя́дайте!** used by Michael Johnson when he gives Nevena Petkova his passport. (If Michael knew Nevena better, he would say **Заповя́дай!** without the letters -**те**.) You will also see them on the end of the words used by Nevena when she asks Michael his name: **Как се ка́звате?** and inquires whether he is English: **Англича́нин ли сте.**

Запомне́те! (*Remember*)

How to:

- Ask somebody's name, and give yours

Как се ка́звате?	*What is your name?*
Ка́звам се Ма́йкъл Джо́нсън.	*My name is Michael Johnson.*
Ка́звам се Неве́на Петко́ва.	*My name is Nevena Petkova.*

- Greet people at different times of the day

Здраве́йте!	*Hello!* (Polite, formal or more than one person)
Здраве́й!	*Hello!* (Informal, one person)
Добро́ у́тро!/До́бър ден!	*Good morning.*
До́бър ден!	*Good afternoon.*
До́бър ве́чер!	*Good evening.*

- Say *please*, *thank you* and (*I beg your*) *pardon*?

Мо́ля!	*Please; don't mention it; not at all!*
Мо́ля?	*(I beg your) pardon?*
Благодаря́/Мерси́.	*Thank you.*

- Welcome someone or extend an invitation

Заповя́дай!/Заповя́дайте!	*Won't you please..?; here you are; there you go*

- Answer *yes* or *no* to *is there?* and *are there?*

Йма ли свобо́дна ста́я?	*Is there a room free?*
Да, и́ма.	*Yes, there is.*
Йма ли свобо́ден апартаме́нт?	*Is there a free apartment?*
Не, ня́ма.	*No, there isn't.*

● Confirm your nationality

Англича́нин/англича́нка ли сте?	*Are you English?*
Да, англича́нин/англича́нка съм.	*Yes, I am English.*
Америка́нец/америка́нка ли сте?	*Are you American?*
Да, америка́нец/америка́нка съм.	*Yes, I am American.*

 —— **Грама́тика (*Grammar*)** ——

1 Things as *he*, *she* and *it*: gender

All words naming things, whether living or not, are referred to as *he*, *she* or *it* in Bulgarian. This means that all naming words, also called nouns, belong to one of three groups, or genders: masculine, feminine or neuter. It is not difficult to recognise them:

masculine nouns usually end in a consonant or -**й**
feminine nouns usually end in -**a** or -**я**
neuter nouns usually end in -**o** or -**e**

Masculine	америка́нец	*an American*	англича́нин	*an Englishman*
	апартаме́нт	*a flat*	бъ́лгарин	*a Bulgarian* (man)
	ден	*a day*	музе́й	*a museum*
	мъж	*a man*	тури́ст	*a tourist*
Feminine	америка́нка	*an American woman*	англича́нка	*an English woman*
	бъ́лгарка	*a Bulgarian woman*	ста́я	*a room*
	жена́	*a woman*		
Neuter	кафе́	*coffee, café*	море́	*a sea*
	писмо́	*a letter*	у́тро	*a morning*

2 Adjectives

Describing words that tell you about a thing's qualities are called adjectives. Adjectives acquire similar endings to the nouns: consonants for masculine adjectives, -**a** for feminine ones and -**o** for neuter. You can see this in the expressions до́бър ден, свобо́дна ста́я, добро́ у́тро. This repetition of endings often seems to create semi-rhyming groups of words, especially in the feminine and the neuter. Here are some examples:

Masculine	добър англичáнин	*a good Englishman*	свобóден ден	*a free day*
Feminine	добрá бългáрка	*a good Bulgarian woman*	свобóдна стáя	*a free room*
Neuter	свобóдно мя́сто	*a free place*	добрó ýтро	*good morning*

3 Свобóден съм *I am free*

Also, an expression like *I am free* will change depending on whether a man or a woman is speaking. Michael Johnson will say of himself:

свобóден съм.   *I am free.*

whereas Nevena will say:

свобóдна съм.

And you would say of them:

Невéна е свобóдна.   *Nevena is free.*
Мáйкъл Джóнсън е свобóден. *Michael Johnson is free.*

A good-looking (but immodest) man might say of himself хýбав съм, while a good-looking (and equally immodest) woman would say of herself хýбава съм.

4 Англичáнин ли сте? *Are you English?*

To ask questions which require answers *yes* or *no* you need to add **ли** immediately after the word, or group of words, to which your question is directed:

Англичáнин **ли** сте?   *Are you English?*
Да, англичáнин съм.   *Yes, I am English.*
Не, не съм англичáнин.   *No, I am not English.*

Турúст **ли** сте?   *Are you a tourist?*
Да, турúст съм.   *Yes, I am a tourist.*
Не, не съм турúст.   *No, I am not a tourist.*

By moving **ли** from one word to another you can shift the emphasis of your question. In English, you do this by changing your intonation.

Ма́йкъл **в Со́фия ли** е?	*Is Michael **in Sofia**?*
Ма́йкъл **ли** е в Со́фия?	*Is **Michael** in Sofia?*

5 Йма and ня́ма *There is and there is not*

The Bulgarian equivalent of both *there is* and *there are* is **и́ма**. The negative *there is not* and *there are not* is simply **ня́ма**.

Йма свобо́дна ста́я.	*There is a room free.*
Ня́ма свобо́дна ста́я.	*There isn't a room free.*
В Ло́ндон **и́ма** река́.	*There is a river in London.*
В Со́фия **ня́ма** река́.	*There isn't a river in Sofia.*

And if you want to ask a question you again add **ли**:

Йма ли свобо́дна ста́я?	*Is there a room free?*
Да, и́ма.	*Yes, there is.*
Йма ли река́ в Ло́ндон?	*Is there a river in London?*
Да, и́ма.	*Yes, there is.*

6 Не съм – saying *not*

The negative word in Bulgarian is **не**. It is normally placed immediately before the verb:

Не съм бъ́лгарин.	*I'm not a Bulgarian.*
Англича́нин съм.	*I'm an Englishman.*
Не съм бъ́лгарка.	*I'm not a Bulgarian.*
Англича́нка съм.	*I'm an English woman.*

Не is never stressed when followed immediately by a verb. Here **Не съм** is read as one word with emphasis on **съм**.

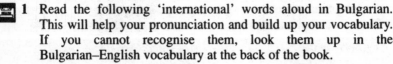

Упражне́ния (*Exercises*)

1 Read the following 'international' words aloud in Bulgarian. This will help your pronunciation and build up your vocabulary. If you cannot recognise them, look them up in the Bulgarian–English vocabulary at the back of the book.

(*a*) аге́нция	(*c*) аспири́н	(*e*) би́знес
(*b*) адре́с	(*d*) ба́нка	(*f*) би́ра

(g)	во́дка	(m)	по́ни	(s)	факс
(h)	джин	(n)	пробле́м	(t)	фи́рма
(i)	Ко́ка-Ко́ла	(o)	со́да	(u)	фу́тбол
(j)	компю́тър	(p)	спорт	(v)	це́нтър
(k)	лимона́да	(q)	то́ник	(w)	шофьо́р
(l)	му́зика	(r)	тури́ст		

Try to decide which words are feminine and which are masculine.

2 How would you say hello! (**Здраве́й!** or **здраве́йте!**) to:

(a) a good friend? (e) a little boy?
(b) your parents? (f) a little girl?
(c) your boss? (g) a group of students?
(d) a shop assistant?

 3 How would you greet the hotel porter at the times shown on the pictures?

(a) (Добро́ у́тро or до́бър
ден?)

(c) (Добро́ у́тро or до́бър
ден?)

(b) (Добро́ у́тро or до́бър
ден?)

(d) (До́бър ден or до́бър
ве́чер?)

4 Match the questions and answers. If you don't recognise a word, look it up in the Bulgarian–English vocabulary at the end of the book.

(i) Американка ли сте? (a) Не, не съм българин, англичанин съм.

(ii) Българка ли сте? (b) Да, англичанка съм.

(iii) Българин ли сте? (c) Да, англичанин съм.

(iv) Англичанин ли сте? (d) Не, не съм американец, англичанин съм.

(v) Американец ли сте? (e) Не, не съм българка, англичанка съм.

(vi) Англичанка ли сте? (f) Да, американка съм.

5 Answer the following questions with yes or no (**Да, има** or **Не, няма**):

(a) Има ли кафе? Да, _____

(b) Има ли тоник? Да, _____

(c) Има ли сода? Не, _____

(d) Има ли джин? Не, _____

(e) Има ли такси (*taxi*)? Да, _____

(f) Има ли бира? Не, _____

ГАЗИРАНА БЕЗАЛКОХОЛНА НАПИТКА

ТОНИК

0,250 Л ХИНИН 79МГ/Л
ТРАЙНОСТ 90 ДНИ БДС 1065-89

ТАКСИ

6 Repeat the dialogue, which inquires whether there is Coca-Cola, using the following:

(a) уѝски   *whisky*   (c) лимона́да   *lemonade*
(b) бѝра   *beer*   (d) чай   *tea*

Са́ндра   Йма ли Ко́ка-Ко́ла?
Никола́й   Да, заповя́дайте.
Са́ндра   Благодаря́!

7 Make your choice of drink following the model below:

Боя́н   Джин илѝ (*or*) во́дка?
Кен   Джин, мо́ля.
Неве́на Во́дка, мо́ля.

(a) **Боя́н**   Уѝски илѝ   (c) **Джон**   То́ник илѝ
                джин?   со́да?
    Кен   _____   **Викто́рия** _____
    Неве́на   _____   **Боя́н**   _____

(b) **Боя́н**   Бѝра илѝ   (d) **Викто́рия** Кафе́ илѝ
                лимона́да?   чай?
    Кен   _____   **Джон**   _____
    Викто́рия _____   **Неве́на**   _____

8 First read aloud and then say in English who is admiring what or whom. Remember that **ху́бав** can mean many things – *good-looking*, *nice*, *beautiful*, *lovely*. You could think up other words meaning *nice* which are appropriate to the object.

(a) **Ма́йкъл Джо́нсън**   Ху́бав хоте́л!
(b) **Неве́на**   Ху́бав мъж!
(c) **Джу́ли**   Ху́баво море́!
(d) **Са́ндра**   Ху́бава бѝра!
(e) **Тре́йси**   Ху́баво ѝме!
(f) **Кен**   Ху́бава бъ́лгарка!

Now, using **ху́бав**, **ху́бава** or **ху́баво**, express your own satisfaction with your room, your apartment or the lovely Bulgarian wine (**бъ́лгарско вѝно**):

(g) _____ ста́я!
(h) _____ апартаме́нт!
(i) _____ бъ́лгарско вѝно!

9 Michael Johnson has to sign the register at the hotel – in Bulgarian, of course – filling in his name and home address. Try writing out what he entered in Bulgarian longhand:

Ѝме:	Майкъл Джонсън	*Michael Johnson,*
Адрѐс:	4, Маунт Драйв	*4, Mount Drive,*
	Челмсфорд	*Chelmsford,*
	Есекс	*Essex,*
	Англия	*England.*

He also needs to send his Sofia address to his wife, so that she can address the envelope in Cyrillic. Have a go in longhand yourself! Notice how, in Bulgarian, the address is usually written back to front, following the actual route of the letter, moving from the country to the town, to the hotel and the apartment, and finally the addressee:

България	*Michael Johnson,*
1000 София	*Apartment 8,*
хотел „Родина"	*Rodina Hotel,*
апартамент 8	*Sofia 1000,*
Майкъл Джонсън	*Bulgaria.*

Now write your own name and address in Cyrillic, placing the various components in the Bulgarian order. In actual fact, the Bulgarians are better at deciphering the English script than we are the Bulgarian, so you can get away with addressing your letters in English.

Разбѝрате ли?
(*Do you understand?*)

В рестора́нта (*In the restaurant*)

Read the following conversation and answer the questions in English:

Сервитьо́р	До́бър ве́чер!
Ма́йкъл Джо́нсън	До́бър ве́чер! Ѝма ли свобо́дно мя́сто?
Сервитьо́р	Да, ѝма. Заповя́дайте!

Ма́йкъл Джо́нсън	Ху́бав рестора́нт! И́ма ли шотла́ндско уи́ски?
Сервитьо́р	Да, и́ма. Со́да?
Ма́йкъл Джо́нсън	Не, благодаря́. И́ма ли телефо́н тук?
Сервитьо́р	Не, ня́ма. Съжаля́вам.

сервитьо́р *waiter*	**телефо́н** *telephone*
ху́бав, ху́бава, ху́баво	**тук** *here*
good-looking, nice, lovely, beautiful	**съжаля́вам** *I'm sorry*
шотла́ндско уи́ски *Scotch*	
(whisky)	

---

1 What time of day is it?
2 Is there a place free?
3 What kind of whisky does Mr Johnson want?
4 Does he order anything else?
5 Is there a telephone in the restaurant?

2

КАК СТЕ? ЍМАТЕ ЛИ ВРЍМЕ?

How are you?
Do you have a moment?

In this unit you will learn how to

- ask simple questions using **как?** *how?* and **когá?** *when?*
- use expressions with **ѝмам** *have* and **нямам** *have not*
- respond to **каквó е товá?** *What is this?* and **как сте?** *How are you?*

Диалóг

Boyan Antonov, manager of an advertising agency in Sofia, calls in at the office to see Nadya, his secretary.

Антóнов	Здравéй, Нáдя.
Нáдя	Дóбър ден, господѝн Антóнов!
Антóнов	Как си днес?
Нáдя	Благодаря́, добрé съм. А Вѝе как сте?
Антóнов	И аз съм добрé. Каквó е товá?
Нáдя	Товá е тéлекс от Лóндон.
Антóнов	Когá пристѝга господѝн Джóнсън?
Нáдя	Той пристѝга днес.
Антóнов	Когá ѝма самолéт от Лóндон?
Нáдя	В сéдем часá.

Антóнов	Мнóго добрé. Тук ли са Николáй и Милéна?
Нáдя	Не, те не сá óще тук.
Антóнов	Нѝщо. Товá е всѝчко за сегá.
Нáдя	Ѝмате ли врéме за еднó кафé?
Антóнов	Нямам врéме, съжалявам. Днес ѝмам мнóго рáбота.
Нáдя	Довѝждане, господѝн Антóнов! Приятен ден!
Антóнов	Благодаря! Довѝждане!

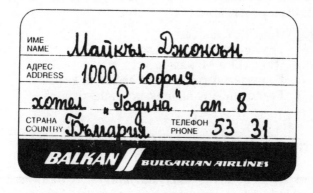

господѝн Антóнов *Mr Antonov*	**в сéдем часá** *at seven o'clock*
Как си днес? *How are you today?* (familiar)	**мнóго добрé** *very good/fine*
Благодаря. *Thank you.*	**Тук ли са Николáй и Милéна?** *Are Nikolai and Milena here?*
добрé съм *I'm fine*	**Те не сá óще тук.** *They are not here yet.*
И аз съм добрé. *I'm fine too.*	**нѝщо** *never mind*
А Вѝе как сте? *And how are you?* (formal)	**Товá е всѝчко за сегá.** *That's all for now.*
Каквó е товá? *What is this?*	**Ѝмате ли врéме за еднó кафé?** *Have you time for a coffee?*
Товá е тéлекс от Лóндон. *It's a telex from London.*	**Нямам врéме.** *I haven't time.*
Когá пристѝга господѝн Джóнсън? *When does Mr Johnson arrive?*	**ѝмам мнóго рáбота.** *I have a lot of work.*
Той пристѝга днес. *He is arriving today.*	**Довѝждане.** *Goodbye.*
Когá ѝма самолéт от Лóндон? *When is there a plane from London?*	**Приятен ден!** *Have a nice day!*

Въпроси (*Questions*)

1 Отговорéте, мóля! (*Answer, please.*) Looking back to the dialogue, answer these questions instead of Nadya:

(a) Здравéй, Нáдя. Как си днес? Добрé ли си?
(b) (*Picking up the telex*) Каквó е товá?
(c) Товá тéлекс от Лóндон ли е?
(d) Когá ѝма самолéт от Лóндон?
(e) Днес ли пристѝга господѝн Джóнсън?

2 Вя́рно илѝ невя́рно? (*True or false?*) Write out correct versions of the false statements.

(a) Нáдя не é добрé.
(b) Товá е тéлекс от Лóндон.
(c) Николáй и Милéна не сá тук.
(d) Господѝн Антóнов ѝма врéме за кафé.
(e) Господѝн Антóнов ня́ма мнóго рáбота.

Белéжки

Mr, Mrs and Miss

The traditional Bulgarian equivalents of the English *Mr* and *Mrs* are **господѝн** (masculine) and **госпожá** (feminine). When written, **господѝн** is abbreviated to **г-н** and **госпожá** to **г-жа**. You address an unmarried woman as **госпóжица** (*Miss*).

When you address someone without using their surname, you use the words **господѝн**, **госпожá** and **госпóжица** in their special address forms: **господѝне**, **госпóжо** and **госпóжице**. So you say:

Дóбър вéчер, **господѝне!**	*Good evening* (to Mr).
Довѝждане, **госпóжо!**	*Goodbye* (to Mrs).
Здравéйте, **госпóжице!**	*Hello* (to Miss).

When a surname is used, the special address form is only obligatory with the Bulgarian word for *Miss*, so you normally say: **Здравéйте, госпóжице Петкóва!** *Hello, Miss Petkova* but **Довѝждане,** госпожа́ Бори́сова! *Goodbye, Mrs Borisova* and Дóбър вéчер, господи́н Антóнов! *Good evening, Mr Antonov.*

Bulgarian does not yet have any equivalent of *Ms*.

Surnames

Masculine surnames usually end in **-ов** or **-ев**, while feminine surnames usually end in **-ова** or **-ева**. Thus Mr Antonov's wife is called **г-жа́ Антóнова**, while Nevena Petkova's father is **г-н Петкóв**. The stress in feminine surnames is not necessarily on the **о** or **е** preceding the **в**. So, although you do say Петкóва, for example, you have to say Антóнова, Бори́сова, Ковáчева and Стáнева.

Запомнéте!

How to:

● Ask someone how they are and say you're fine too

Как си? Как сте?	*How are you?*
Добрé съм.	*I'm fine.*
И аз съм добрé.	*I'm fine too.*

● Ask *What is this?* and answer *This is...* or *This is not...*

Каквó е товá?	*What is this?*
Товá е тéлекс.	*This is a telex.*
Товá не é писмó.	*This is not a letter.*

● Ask *When?*

Когá присти́га г-н Джóнсън?	*When does Mr Johnson arrive?*
Когá и́ма самолéт от Лóндон?	*When is there a plane from London?*

● Say *Goodbye*

Дови́ждане!	*Goodbye.*

● Express good wishes on parting

Прия́тен ден!	*Have a good day.*
Прия́тна рáбота!	*Have a good day (at work).*
Прия́тна почи́вка!	*Have a good rest.*

Прия́тен уик-е́нд!	*Have a nice weekend.*
Вси́чко ху́баво!	*All the best.*

● Express regret

Съжаля́вам.	*I'm sorry.*

Грама́тика

1 Еди́н and English *a*

Normally, no equivalent of the English indefinite article *a* or *an* is necessary in Bulgarian. Compare:

Това́ е те́лекс.	*This is a telex.*
Това́ е хоте́л.	*This is an hotel.*
Тук и́ма рестора́нт.	*There is a restaurant here.*
Аз съм англича́нин.	*I'm an Englishman.*

However, when the English *a* means *one*, *a certain* or *a single*, you need to use the Bulgarian word for *one* – **еди́н**. **Еди́н** is a counting word, a numeral. It is also an adjective and has different forms for the masculine, feminine and neuter.

Masculine	еди́н англича́нин	*one Englishman*	еди́н те́лекс	*one telex*
Feminine	една́ лимона́да	*one lemonade*	една́ ста́я	*one room*
Neuter	едно́ кафе́	*one coffee*	едно́ мя́сто	*one place*
	едно́ писмо́	*one letter*		

If you use the numeral on its own, you have to use the neuter form, as: ста́я но́мер **едно́** *room number one*.

2 *I, you, he/she/it, we, you* and *they*

Bulgarian has almost the equivalents of the English words for these subject pronouns, but there are two small differences. Firstly, the Bulgarian **аз** *I* is written with a small letter, and secondly, Bulgarian has two different words for *you*: **ти** for the singular, familiar form and **ви́е** for the plural. Moreover, when addressing just one person in the polite, formal mode, Bulgarians use the plural form and, when writing, spell it with a capital letter: **Ви́е**.

Singular		Plural	
аз	*I*	ние	*we*
ти	*you*	вие/Вие	*you*
той	*he*		
тя	*she*	те	*they*
то	*it*		

If you are using a verb, you can usually omit the subject pronouns, for the ending of the verb makes it clear who is involved. The only times you must use the subject pronouns are for emphasis or to avoid ambiguity.

Как си? Добре́ съм.	*How are you? I'm fine.*
	(No emphasis here!)
А **Ви́е** как сте?	*And how about you?* (Emphasis)
И **аз** съм добре́.	*I'm fine too.* (Emphasis)

3 Съм   *I am* and the verb *to be*

Verbs, or action words, in Bulgarian have no neutral or basic form corresponding to the English infinitive. There are, therefore, no equivalents of the English 'dictionary' forms *to be* or *to have*. Instead, in Bulgarian dictionaries, verbs are listed in the *I* form (1st person singular) *I am*, *I have*, etc.

Here are all the forms of **съм** in the present tense:

(аз)	съм	*I am*	(ни́е)	сме	*we are*
(ти)	си	*you are*	(вие)	сте	*you are*
(той)	е	*he is*			
(тя)	е	*she is*	(те)	са*	*they are*
(то)	е	*it is*	*pronounced (**те съ**)		

You have already come across **е** in the question какво́ е това́? and the answer това́ е те́лекс. Here are some more examples illustrating all forms of **съм**:

Аз съм в Со́фия.	*I am in Sofia.*
Ти си тук.	*You are here.*
Джон не е́ в Ло́ндон.	*John is not in London.*
На́дя е добре́.	*Nadya is well.*
Ни́е сме добре́.	*We are well.*
Ви́е сте тук.	*You are here.*
Те не са́ тук.	*They are not here.*

Note that the usage of the Bulgarian equivalent of *to be* differs from the English in two important ways:

(*a*) the negative marker **не** always comes before the verb;

(*b*) when the subject noun or subject pronoun is omitted, you cannot begin the sentence with **съм** (or any of its other forms!). This means that the different forms of **съм** come second after an introductory word or group of words.

	В София съм.	*I am in Sofia.*
but	Не съм в София.	*I am not in Sofia.*
	Тук сме.	*We are here.*
but	Не сме́ тук.	*We are not here.*
	На́дя е добре́.	*Nadya is well.*
but	Добре́ е.	*She (or he) is well.*

4 И́мам/ня́мам *I have* and *I have not*

An unusual feature of Bulgarian is that the negative of **и́мам** (*to have*) is not formed by placing **не** before the verb. Instead a different verb is used: **ня́мам** (*not to have*). Otherwise, as you can see in this table and in the following examples, the two verbs have identical endings.

аз	и́мам/ня́мам	*I have/haven't*	ние и́маме/ня́маме	*we have/haven't*
ти	и́мам/ня́маш	*you have/haven't*	вие и́мате/ня́мате	*you have/haven't*
той	и́ма/ня́ма	*he has/hasn't*	те и́мат/ня́мат	*they have/haven't*
тя	и́ма/ня́ма	*she has/hasn't*		

И́мам мно́го ра́бота днес.	*I have a lot of work today.*
И́маш писмо́ от Ло́ндон.	*You have a letter from London.*
Г-н Анто́нов и́ма те́лекс.	*Mr Antonov has a telex.*
На́дя ня́ма мно́го ра́бота.	*Nadya does not have much work.*
Ни́е ня́маме вре́ме за кафе́.	*We don't have time for coffee.*
Ви́е и́мате ли вре́ме за кафе́?	*Do you have time for coffee?*
Те и́мат мно́го ра́бота днес.	*They have a lot of work today.*

The verbs **присти́гам** *to arrive*, **съжаля́вам** *to be sorry* and **ка́звам се** *to be called* also follow the pattern of **и́мам**:

Г-н Джо́нсън присти́га в се́дем часа́.	*Mr Johnson arrives at seven o'clock.*
Съжаля́ваме, но ня́маме вре́ме.	*We are sorry, but we have no time.*
Как се ка́зваш?	*What is your name?*

In Bulgarian, there are three basic verb patterns. This one is the **a-** pattern. (You'll find out more in Unit 4.)

5 Asking questions

как?	*how?*	**Как са те?**	*How are they?*
какво́?	*what?*	**Какво́ е това́?**	*What is this?*
кога́?	*when?*	**Кога́ присти́гаш?**	*When do you arrive?*
къде́?	*where?*	**Къде́ е той?**	*Where is he?*

6 Counting one to ten

1	едно́		6	шест
2	две		7	се́дем
3	три		8	о́сем
4	че́тири		9	де́вет
5	пет		10	де́сет

7 и: *and, also* and *too*

The little word **и** can have all these meanings in English. Normally it is used to join two or more similar things and simply means *and*, as in:

Никола́й и Миле́на са тук.   *Nikolai **and** Milena are here.*

Sometimes though, you'll find it used for emphasis to mean *also* and *too*:

И аз съм добре́.   *I'm fine **too**.*

The word **а** can also mean *and*, but only when there is an element of contrast implied:

Той е добре́. А Ви́е как сте?   *He is fine. And (But)*
                               how about you?
Тя е тук. А те са в Ло́ндон.   *She is here. And (But) they*
                               are in London.

 ## Упражне́ния

1   Replace the personal names with the correct subject pronoun:
    той, тя or **те**.

(a) Къде́ е госпожа́ Джо́нсън?
(b) Господи́н Анто́нов е добре́.
(c) Как е господи́н Джо́нсън?
(d) Къде́ са Джон и Кен?
(e) Неве́на е в хоте́л „Роди́на".
(f) Господи́н Анто́нов и́ма ра́бота.
(g) Тук ли са Никола́й и Миле́на?

2   Read aloud the dialogues below completing them according to
    the model:

Тури́ст   Аз съм Пол Те́йлър.
Неве́на   Мо́ля? Как се ка́звате?
Тури́ст   Ка́звам се Пол Те́йлър.

Note that **мо́ля** here is used to mean *I beg your pardon.*
(**Тури́стка** = *tourist* woman; **Тури́сти** = *tourists*).

(a) **Тури́стка**   Аз съм Джу́ли Дже́ймсън.
     Неве́на   Мо́ля? Как се ка́звате?
     Тури́стка   _____

(b) **Дете́** (*child*)   Аз съм То́ни.
     Неве́на   Мо́ля? Как се ка́зваш?
     Дете́   _____

(c) **Анто́нов**   Аз съм Боя́н Анто́нов.
     Неве́на   Мо́ля? Как се ка́звате?
     Анто́нов   _____

(d) **Тури́сти**   Ни́е сме господи́н и госпожа́ Ко́линс.
     Неве́на   Мо́ля? Как се ка́звате?
     Тури́сти   _____

3 In the previous exercise you asked questions in the singular and plural, as well as in the plural of formal speech. Bearing in mind the distinction between familiar and formal forms, ask the following people their names:

   (*a*) a little girl
   (*b*) an elderly lady
   (*c*) a young couple

4 Read the following signs at the stop (**спи́рка**) for the tram (**трамва́й**) and the trolley-bus (**троле́й**):

СПИРКА
Трамвай № 1

СПИРКА
Тролей № 3

Now read the words on the sign, changing the tram number to: 2, 5, 6 and 8, and the trolley-bus number to: 1, 4, 7 and 9.

5 You are staying in room number 7. Nevena has rung through from reception. Read the following dialogue and then answer instead of Mrs Collins giving your own name and room number:

Неве́на	Ви́е ли сте г-жа́ Джо́нсън?
г-жа́ Ко́линс	Не, аз съм г-жа́ Ко́линс.
Неве́на	Ви́е в ста́я де́сет ли сте?
г-жа́ Ко́линс	Не, аз съм в ста́я но́мер о́сем.

6 Ask questions to which the following could be answers, using either **как?** or **какво́?** (Don't forget to change from **аз** to **ти** and **ни́е** to **ви́е**!)

Model: Това́ е авто́бус (*bus*). (Какво́ е това́?)
      Аз съм добре́.   (Как си ти?/Как сте Ви́е?)

(*a*) Това́ е такси́.	(*e*) Добре́ съм.
(*b*) Тя е добре́.	(*f*) Това́ е троле́й (masculine)
(*c*) Те са добре́.	(*g*) Ни́е сме добре́.
(*d*) Това́ е музе́й	
(*museum* is masculine).	

7 To test your knowledge of the question words **къде́?** *where?* and **кога́?** *when?*, read aloud, matching the questions and answers:

(i) Къде́ е той?	(*a*) Той присти́га в три часа́.
(ii) Кога́ и́ма самоле́т	(*b*) Той е в Со́фия.
от Ло́ндон?	(*c*) Че́лмсфорд е в А́нглия.
(iii) Кога́ присти́га той?	(*d*) Самоле́т от Ло́ндон и́ма
(iv) Къде́ са те?	в се́дем часа́.
(v) Къде́ е Че́лмсфорд?	(*e*) Те са в Шотла́ндия
	(*Scotland*).

8 Using the model below ask for the places (*a*) – (*e*) in Sofia. And reply each time saying it is *over there*.

Тури́ст   Това́ ли е хоте́л   *Is this the Pliska hotel?*
              „Пли́ска“?
Бъ́лгарин   Не, хоте́л   *No, the Pliska hotel is*
              „Пли́ска“ е там.   *over there.*

(*a*) рестора́нт „Криста́л“
(*b*) булева́рд „Ле́вски“   (*Levski Boulevard*)
(*c*) Центра́лна по́ща   (*the Central Post Office*)
(*d*) хоте́л „Хе́мус“
(*e*) у́лица „Рако́вски“   (*Rakovski Street*)

9 Complete the answers with **и́мам** or **ня́мам**:

(*a*) И́мате ли резерва́ция (*reservation*), госпожа́ Ко́линс?
    Не, _____
(*b*) И́мате ли бъ́лгарска ви́за (*visa*), госпо́жо?
    Да, _____
(*c*) И́мате ли ка́рта (*map*), господи́н Джо́нсън?
    Не, _____
(*d*) И́мате ли биле́т (*ticket*), госпо́жице?
    Да, _____
(*e*) И́мате ли паспо́рт, господи́не? Да, _____

10 Mr Johnson wants to post a letter. He asks a passer-by: **Мо́ля, къде́ и́ма по́ща** (*post office*)? What would you say if you wanted to find:

рестора́нт	телефо́н
ба́нка	хоте́л
спи́рка	тоале́тна

(*a*)

(*d*)

(*b*)

(*e*)

(*c*)

(*f*)

11 Complete the answers, using the correct forms of **съм**:

   (*a*) Ви́е англича́нин ли сте?
         Да, аз... англича́нин, а той...шотла́ндец (*Scot*).

(b) Ви́е англича́нка ли сте?
    Да, аз...англича́нка, а тя...шотла́ндка (*Scotswoman*).
(c) Ти америка́нец ли си?
    Да, аз...америка́нец, а той...бъ́лгарин.
(d) Ви́е от Ма́нчестър ли сте?
    Ни́е...от Ма́нчестър, а те...от Лийдс.
(e) Ви́е от Ло́ндон ли сте?
    Аз...от Ло́ндон, а тя...от Гла́згоу.

Разби́рате ли?

На информа́цията *At the information desk*

Read the conversation opposite and then answer the questions on page 42. It is not essential that you understand every word, but you should find all the new words in the vocabulary also on page 42.

Michael Johnson is asking the lady at the information desk the way to Vitosha Boulevard. Together they examine this map of Sofia.

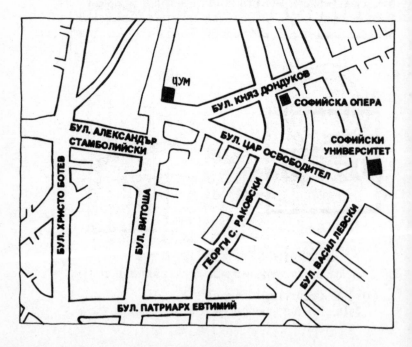

Ма́йкъл Джо́нсън	До́бър ден! Мо́ля, къде́ е булева́рд „Ви́тоша"?
Служи́телка	Булева́рд „Ви́тоша" не е бли́зо. И́мате ли ка́рта?
Ма́йкъл Джо́нсън	Не, ня́мам.
Служи́телка	Заповя́дайте, това́ е ка́рта на Со́фия. Булева́рд „Ви́тоша" е бли́зо до хоте́л „Ше́ратон".
Ма́йкъл Джо́нсън	И́ма ли трамва́й до булева́рд „Ви́тоша"?
Служи́телка	Да, трамва́й но́мер едно́ и трамва́й но́мер се́дем.
Ма́йкъл Джо́нсън	А какво́ е това́ тук?
Служи́телка	Това́ е голя́м магази́н. Ка́зва се ЦУМ – Центра́лен Универса́лен Магази́н.
Ма́йкъл Джо́нсън	Благодаря́ мно́го. И́мам о́ще еди́н въпро́с.
Служи́телка	Каже́те!
Ма́йкъл Джо́нсън	Кога́ и́ма автобу́с за Бо́ровец?
Служи́телка	В о́сем часа́.
Ма́йкъл Джо́нсън	Кога́ присти́га той в Бо́ровец?
Служи́телка	В Бо́ровец присти́га в де́сет часа́.
Ма́йкъл Джо́нсън	Благодаря́. Това́ е вси́чко. Дови́ждане!

служѝтелка *counter assistant* (woman), *clerk*	централен *central*
блѝзо *near*	универсален *universal*
на *of; at; on*	мно́го *a lot, very (much)*
до *to; near to*	о́ще едѝн *one more*
голя́м *big*	въпро́с *question*
магазѝн *store, shop*	кажете! *yes, I'm listening*
ЦУМ *Tsoum* (Sofia's Central Department Store)	за *for; to*

Вя́рно илѝ невя́рно? (*True or false?*)

Say which of the following statements are true and which are false and re-write the false ones:

1 Булева́рд „Вѝтоша" е блѝзо.
2 Г-н Джо́нсън ѝма ка́рта на Со́фия.
3 Хоте́л „Ше́ратон" е блѝзо до булева́рд „Вѝтоша".
4 Ня́ма трамва́й до булева́рд „Вѝтоша".
5 Г-н Джо́нсън ѝма о́ще едѝн въпро́с.
6 Ѝма автобу́с за Бо́ровец в о́сем часа́.
7 Той (the word for *bus*, remember, is masculine!) пристѝга в Бо́ровец в де́вет часа́.

3

КАКЪ́В СТЕ? КАКВА́ СТЕ?

*Who are you and
what is your job?*

In this unit you will learn how to

- ask people where they come from and what they do
- tell people where you come from and what you do
- give your nationality and marital status

Диало́г

Nevena is now asking Mrs Collins, who has just arrived at the hotel
and is wishing to register, some formal – and less formal – questions
about herself and her family.

Неве́на	Откъде́ сте?
г-жа́ Ко́линс	От Ма́нчестър.
Неве́на	Така́, от А́нглия. По наро́дност сте англича́нка. Каква́ сте по профе́сия?
г-жа́ Ко́линс	Преводачка.
Неве́на	Омъ́жена ли сте?
г-жа́ Ко́линс	Да, омъ́жена съм.
Неве́на	Ймате ли деца́?
г-жа́ Ко́линс	Да, и́мам едно́ дете́.
Неве́на	Мъжъ́т Ви и дете́то Ви тук ли са?
г-жа́ Ко́линс	Мъжъ́т ми е тук, но синъ́т ми е в А́нглия.

Невéна	Какъ́в е мъжъ́т Ви по профéсия?
г-жá Кóлинс	Той е учи́тел.
Невéна	За пъ́рви път ли сте в Бългáрия?
г-жá Кóлинс	Не, не съм за пъ́рви път в Бългáрия. Познáвам странáта ви добрé.
Невéна	Познáвате ли Марк Дéйвис?
г-жá Кóлинс	Не. Какъ́в е той?
Невéна	Журнали́ст. Той съ́що познáва Бългáрия добрé.
г-жá Кóлинс	Англичáнин ли е?
Невéна	Не, америкáнец. Жéнен е за бъ́лгарка. Той и женá му Виолéта са тук сегá.

Откъдé сте? *Where are you from?*	**Мъжъ́т ми е тук, но синъ́т ми е в Áнглия** *My husband is here, but my son is in England.*
От Мáнчестър. *From Manchester.*	
Такá, от Áнглия. *Right, from England.*	**Какъ́в е мъжъ́т Ви по профéсия?** *What does your husband do for a job?*
По нарóдност сте англичáнка. *By nationality you're English.*	**Той е учи́тел.** *He's a teacher.*
Каквá сте по профéсия? *What do you do for a job?* (asking a woman)	**За пъ́рви път ли сте в Бългáрия?** *Are you in Bulgaria for the first time?*
Преводáчка *a translator/ interpreter* (woman)	**Познáвам странáта ви добрé.** *I know your country well.*
Омъ́жена ли сте? *Are you married?* (asking a woman)	**Познáвате ли Марк Дéйвис?** *Do you know Mark Davies?*
Да, омъ́жена съм. *Yes, I am (married).*	**Какъ́в е той?** *What does he do for a job?*
Úмате ли децá? *Have you any children?*	**Журнали́ст.** *(He's a) journalist.*
Да, úмам еднó детé. *Yes, I have one child.*	**Той съ́що познáва Бългáрия добрé.** *He also knows Bulgaria well.*
Мъжъ́т Ви и детéто Ви тук ли са? *Are your husband and your child here?*	**Жéнен е за бъ́лгарка.** *He's married to a Bulgarian.*
	Той и женá му Виолéта са тук сегá. *He and his wife Violeta are here now.*

Въпрóси

1 **Отговорéте, мóля!**

   (*a*) Откъдé е г-жá Кóлинс?

   (*b*) Каквá е г-жá Кóлинс по профéсия?

   (*c*) Омъ́жена ли е г-жа́ Ко́линс?
   (*d*) Тя и́ма ли деца́?
   (*e*) Какъ́в е г-н Ко́линс по профе́сия?
   (*f*) Добре́ ли позна́ва г-жа́ Ко́линс Бълга́рия?

2 Вя́рно или́ невя́рно? Say which of the following statements are true and which are false. Re-write the false ones:

   (*a*) Госпожа́ Ко́линс е от Ли́върпул.
   (*b*) Госпожа́ Ко́линс ня́ма деца́.
   (*c*) Господи́н Ко́линс е учи́тел.
   (*d*) Господи́н и госпожа́ Ко́линс и́мат еди́н син.
   (*e*) Госпожа́ Ко́линс е за пъ́рви път в Бълга́рия.
   (*f*) Госпожа́ Ко́линс не позна́ва Марк и Виоле́та Де́йвис.

Беле́жки

же́нен/неже́нен and омъ́жена/неомъ́жена

In Bulgarian you have to use two different words for *married*. When referring to a man who is married, you say **той е же́нен** (from **жена́** *wife, woman* – Lit. *he is wifed*). If he is not married you say **той не е же́нен**. When referring to a woman who is married, you say **тя е омъ́жена** (Lit. *she is husbanded*). If she is not married you say **тя не е омъ́жена**.

The words **же́нен** and **омъ́жена** are also used when filling in forms asking for your marital status. Here, however, if you are unmarried, you should join up the words (as in English!) and put either **неже́нен** if you are a man, or **неомъ́жена** if you are a woman.

You will notice that the words have the appropriate feminine or masculine endings: -**a** for the woman, and a consonant for the man. Thus, if you are a woman and are married, in official documents, for example, you will enter **омъ́жена**, and if you are a man and married **же́нен**. In everyday speech, however, you will find that a married woman will say of herself **же́нена съм**.

	For a man			For a woman
аз съм/не съм			аз съм/не съм	
ти си/не си	} **жéнен**		ти си/не си	} **омъ́жена**
той е/не е			тя е/не е	**(жéнена)**
Вие сте/не сте			Вие сте/не сте	

Remember that the **не** is not emphasised. The emphasis is placed on the forms of **съм**.

Still on the subject of masculine and feminine, you will notice that many naming words for women, especially for nationalities and professions, have -**ка** on the end. Often the -**ка** is simply added to the corresponding masculine noun:

студéнт *student* (male)
студéнтка *student* (female)
учи́тел *teacher* (male)
учи́телка *teacher* (female)

Words ending in -ец or -ин, however, drop these letters before adding -ка:

българин *a Bulgarian* (male)
българка *a Bulgarian* (female)
американец *an American* (male)
американка *an American* (female)

———————— Запомнéте! ————————

How to:

● Ask where someone is from, and say where you are from

Откъдé си? От Мáнчестър съм.	*Where are you from?*
	I'm from Manchester.
Откъдé сте? Аз съм	*Where are you from?*
от Глáзгоу.	*I'm from Glasgow.*

● Ask someone what job they do and say what job you do

For a man **Какъ́в си/сте по профéсия?**

Аз съм учи́тел/Учи́тел съм.	*I'm a teacher.*
Аз съм лéкар/Лéкар съм.	*I'm a doctor.*
Аз съм преводáч/	*I'm a translator/interpreter.*
Преводáч съм.	
Аз съм сервитьóр/	*I'm a waiter.*
Сервитьóр съм.	

For a woman **Каквá си/сте по профéсия?**

Аз съм учи́телка/	*I'm a teacher.*
Учи́телка съм.	
Аз съм лéкарка/Лéкарка съм.	*I'm a doctor.*
Аз съм секретáрка/	*I'm a secretary.*
Секретáрка, съм.	

● Say whether you are married or not

For a man
Жéнен ли си/сте?	*Are you married?*
Да, жéнен съм.	*Yes, I am married.*
Не, не съм жéнен.	*No, I'm not married.*

For a woman

Омъ́жена ли си/сте?   *Are you married?*
Да, омъ́жена съм.   *Yes, I am married.*
Не, не съм омъ́жена.   *No, I am not married.*

● Refer to your family

дете́то ми	*my child*	**ба́ба ми**	*my grandmother*
мъжъ́т ми	*my husband*	**баща́ ми**	*my father*
синъ́т ми	*my son*	**брат ми**	*my brother*
		дъщеря́ ми	*my daughter*
		жена́ ми	*my wife*
		ма́йка ми	*my mother*
		сестра́ ми	*my sister*

 ——————— **Граматика** ———————

1 какъ́в? каква́?

These are the masculine and feminine forms of the question word **какво́?** *what?* You already know **какво́** from **какво́ е това́?** *what is that?* where the neuter form is being used in a question. When you want to find out more about specific persons or things you have to use **какъ́в** for a masculine word, **каква́** for a feminine one and **какво́** for a neuter.

When you use **какъ́в** (or **каква́** or **какво́**) you are essentially asking what someone or something is like. However, depending on the situation, the simple question: **Какъ́в е Ма́йкъл Джо́нсън?** may have at least three possible meanings:

What is Michael Johnson like?
What does Michael Johnson do for a job?
What is Michael Johnson's nationality?

And possible answers might be:

Той е висо́к и ху́бав.	*He is tall and handsome.*
Той е би́знесмен.	*He is a businessman.*
Той е англича́нин.	*He is an Englishman.*

That is why, in order to make the meaning clear, questions with **какъв** (or **каква**) directed at persons, often have to be phrased more precisely. If you are interested in someone's profession you will ask:

(of a man)   Какъв сте **по професия?**
(of a woman) Каква сте **по професия?** *What do you **do for a job**?*

If you are interested in their nationality, you will ask:

(of a man)   **Какъв сте по народност?**
(of a woman) **Каква сте по народност?** *What is your **nationality**?*

2 -ът, -та, -то: definite article *the*

The difference between *a man* and *the man*, *a country* and *the country*, *a child* and *the child* is expressed in Bulgarian in the following way:

Masculine мъж	becomes	мъжът
Feminine страна́	becomes	страна́та
Neuter дете́	becomes	дете́то

From this you can see that the Bulgarian equivalent of the English definite article *the* is added to the end of the word. And, since all naming words in Bulgarian have either a masculine, feminine or neuter ending, there are also masculine (-**ът**), feminine (-**та**) and neuter (-**то**) forms of the definite article.

Most masculine naming words add -ът

Хоте́лът е бли́зо.   *The hotel is nearby.*
Апартаме́нтът е голя́м.   *The flat is big.*
Рестора́нтът е до по́щата.   *The restaurant is next to the post office.*

However, almost all nouns ending in -**тел** or -**ар** add -**ят**, and all masculine nouns ending in -**й** first drop the -**й** and then add -**ят**:

учи́тел	*teacher*	учи́телят	*the teacher*
ле́кар	*doctor*	ле́карят	*the doctor*
музе́й	*museum*	музе́ят	*the museum*
трамва́й	*tram*	трамва́ят	*the tram*
троле́й	*trolleybus*	троле́ят	*the trolleybus*
чай	*tea*	ча́ят	*the tea*

Feminine naming words add -та

Ста́ята е свобо́дна.   *The room is free.*
Лимона́дата е ху́бава.   *The lemonade is nice.*
В ба́нката и́ма телефо́н.   *There is a telephone in the bank.*

Neuter naming words add -то

Дете́то е голя́мо.   *The child is big.*
Кафе́то е ху́баво.   *The coffee is nice.*
Свобо́дно ли е мя́стото?   *Is the seat free?*

3 Ми and Ви (or ви) *my* and *your*

In the dialogue you met one way of saying *my* and *your* in
Bulgarian. These are short form possessive pronouns.

мъжъ́т **ми**   *my* husband
мъжъ́т **Ви**   *your* husband (polite)
дете́то **Ви**   *your* child (polite)
синъ́т **ми**   *my* son

You will notice that **ми**, the word for *my*, and **Ви** *your*, come after
the naming word. Also that the naming word here has the definite
article added.

You will learn other, longer and less conversational, ways of saying
my, *your*, etc. in later units, but for the time being here is a full list
of all the short form possessive pronouns used with the word
апартаме́нт *flat*:

апартаме́нтът **ми**	*my* flat	апартаме́нтът **ни**	*our* flat
апартаме́нтът **ти**	*your* flat	апартаме́нтът **ви/Ви**	*your* flat
апартаме́нтът **му**	*his* flat		
апартаме́нтът **ѝ**	*her* flat	апартаме́нтът **им**	*their* flat

Remember that **ѝ**, the little word for *her*, is always written with a
grave accent so as to distinguish it from the word **и** meaning *and*.
The stresses, remember, are indicated by an acute accent.

It is very important to remember that, as an exception to the general
rule, with certain words for relatives the naming word has to be used
without the definite article. You will find a full list on page 48.

◥ ——— Упражнéния ———

1   Have another look at the dialogue, then rearrange the following
    words to form sentences:

(*a*)   еднó, ѝмам, детé.
(*b*)   омъ̀жена, сте, ли..?
(*c*)   преводáчка, е, г-жá Кóлинс.
(*d*)   по нарóдност, г-жá Кóлинс, е, каквá..?
(*e*)   ли, за пъ̀рви път, в Бългáрия, е, г-жá Кóлинс..?
(*f*)   г-жá Кóлинс, са, и, г-н Кóлинс, откъдé..?
(*g*)   добрé, странáта ви, познáвам.

2   Match these questions and answers (often the gender will be a
    useful clue):

(i) От Мáнчестър ли е г-жá Кóлинс?   (*a*) Ирлáндка съм.
(ii) Преводáч (*translator*) ли е   (*b*) Да. От
     г-н Кóлинс?   Ирлáндия съм.
(iii) Каквá си по нарóдност?   (*c*) Лéкар съм.
(iv) От Ирлáндия (*Ireland*) ли сте? (*d*) Да, тя е от
(v) Какъ̀в сте по профéсия?   Мáнчестър.
(vi) Откъдé са Марк и Виолéта   (*e*) Той е от Вáрна.
     Дéйвис?   (*f*) Не, той не
(vii) Ѝмате ли децá?   е преводáч.
(viii) Откъдé е Николáй?   (*g*) Той е от Сáнта
                                           Бáрбара, а тя
                                           е от Сóфия.
                                     (*h*) Ѝмам две децá.

3   Complete the dialogues (*a*) to (*d*) overleaf. Use **какъ̀в** or **каквá**
    to form the appropriate question and choose the correct gender
    form from the list of occupations and nationalities:

Model: Учѝтелка ли сте?
         Не, не съм учѝтелка.
         Каквá сте по профéсия?
         Студéнтка съм. (*I'm a student.*)

         Ирлáндец ли сте?
         Не, не съм ирлáндец.
         Какъ̀в сте по нарóдност?
         Шотлáндец съм.

преводáч	американец
студéнт	ирлáндка
секретáрка	англичáнка
лéкар	шотлáндка
учи́телка	ирлáндец
	шотлáндец

(a) Лéкарка ли сте?
Не, не _____
_____ сте по профéсия?
_____ съм.

(b) Бъ́лгарка ли сте?
Не, не _____
_____ сте по нарóдност?
_____ съм.

(c) Сервитьóр ли сте?
Не, не _____
_____ сте по профéсия?
_____ съм.

(d) Англичáнин ли сте?
Не, не _____
_____ сте по нарóдност?
_____ съм.

4 Write out a short description of the following people, using the information below. Then read aloud the answer in the Key. This exercise will help you learn some words for the professions and also to practise using words for marital status.

Model: Г-н Кóлинс е учи́тел. Той е от Мáнчестър. Той е жéнен (не е жéнен).

(a)	Марк Дéйвис	журнали́ст (*journalist*)	Сáнта Бáрбара	жéнен
(b)	Милéна	худóжничка (*artist*-woman)	Сóфия	не омъ́жена
(c)	Áндрю	студéнт	Глáзгоу	не жéнен
(d)	г-жá Кóлинс	преводáчка	Мáнчестър	омъ́жена
(e)	Нáдя	секретáрка	Плóвдив	не омъ́жена
(f)	Мáйкъл Джóнсън	би́знесмен	Чéлмсфорд	жéнен

| (g) | г-н Антóнов | дирéктор (*director*) | Бургáс | жéнен |
| (h) | Николáй | фотóграф (*photographer*) | Вáрна | не жéнен |

Now give your own name, say what you do for a job and where you come from, and indicate your marital status.

5 Complete with the appropriate masculine or feminine definite forms (-ът or -та):

(a) Журналúст... е от Сáнта Бáрбара.

(b) Худóжничка... е от Сóфия.

(c) Студéнт... е от Глáзгоу.

(d) Преводáчка... е от Мáнчестър.

(e) Секретáрка... е от Плóвдив.

(f) Бúзнесмен... е от Чéлмсфорд.

(g) Дирéктор... е от Бургáс.

(h) Фотóграф... е от Вáрна.

6 To practise the use of the alternative (-ят) form of the masculine definite article, read and then answer the questions:

(a) Джéймз Мúлър е лéкар. Той е шотлáндец.
Какъ́в е лéкарят по нарóдност?

(b) Джóрдж Кóлинс е учúтел. Той е англичáнин.
Какъ́в е учúтелят по нарóдност?

(c) Чáят е хýбав. Той е от Áнглия.
Какъ́в е чáят? Откъдé е той?

7 Mr Antonov introduces his wife to Michael Johnson and says: Запознáйте се – женá ми! *Meet my wife!* (Lit. *Get to know one another – my wife.*) What would you say when introducing the following people to a new Bulgarian acquaintance? (Beware of the vanishing definite article with the words for certain relatives!):

(a) your husband   (d) your brother
(b) your son   (e) your sister
(c) your daughter

8 Answer the questions overleaf following this model:

Как се кáзва мъжъ́т Ви/ти?   Мъжъ́т ми се кáзва Ивáн.
Как се кáзва мáйка Ви/ти?   Мáйка ми се кáзва Елéна.

(a) Как се ка́зва синъ́т Ви/ти?   (А́ндрю)
(b) Как се ка́зва дете́то Ви/ти?   (Ви́ктор)
(c) Как се ка́зва ма́йка Ви/ти?   (Ири́на)
(d) Как се ка́зва жена́ Ви/ти?   (Мари́я)
(e) Как се ка́зва дъщеря́ Ви/ти?   (Си́лвия)
(f) Как се ка́зва баща́ ти?   (Пол)

9 Mrs Collins has taught her husband some expressions to use in restaurants. He is in Bulgaria for the first time and likes his coffee, soup and tea hot. Read the model and then practise with him. Don't forget that **кафе́** (*coffee*), **су́па** (*soup*), **чай** (*tea*), etc. should be referred to as **то**, **тя** and **той** respectively!

Model: **Сервитьо́р**   Кафе́то Ви, господи́не!
        г-н Ко́линс   Но то е студе́но! (*But it's cold!*)

(a) **Сервитьо́р**   Су́пата Ви, господи́не!
     г-н Ко́линс   _____

(b) **Сервитьо́р**   Ча́ят Ви, господи́не!
     г-н Ко́линс   _____

Nor does Mrs Collins like her beer, wine, lemonade and gin warm (**то́пъл, то́пла, то́пло**). Complete and read out the following:

(c) **Сервитьо́р**   Би́рата Ви, госпо́жо!
     г-жа́ Ко́линс   _____

(d) **Сервитьо́р**   Ви́ното Ви, госпо́жо!
     г-жа́ Ко́линс   _____

(e) **Сервитьо́р**   Лимона́дата Ви, госпо́жо!
     г-жа́ Ко́линс   _____

(f) **Сервитьо́р**   Джи́нът Ви, госпо́жо!
     г-жа́ Ко́линс   _____

10 If asked to show your passport, your reply would be: Запове́дайте, това́ е паспо́ртът ми. How would you reply if asked to show your visa (**ви́за**), your reservation (**резерва́ция**) or your ticket (**биле́т**)?

11 Look at this map of Bulgaria. Then complete and write out the sentences.

(a) Това́ е _____ на Бълга́рия.
(b) На и́зток гра́ницата (*the border*) е _____

(c) На се́вер гра́ницата е река́. Река́та се ка́зва ____

(d) На юг са ____ и ____

(e) Сто́лицата (*the capital*) на Бълга́рия е град (*town*) ____

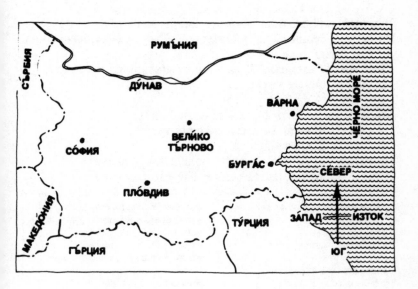

Разби́рате ли?

In the lift

Nikolai and Milena meet in the lift on their way to see Nadya, the secretary. They work for the same advertising agency, but they don't yet know one another.

Никола́й	Здраве́йте!
Миле́на	До́бър ден! Позна́ваме ли се?

Никола́й	Не. Да се запозна́ем! Ка́звам се Никола́й Димитро́в. А Ви́е как се ка́звате?
Миле́на	Аз се ка́звам Миле́на Мари́нова.
Никола́й	Прия́тно ми е! (*They go into the office*.) Е́то и На́дя, секрета́рката. Здраве́й, На́дя!
На́дя	Здраве́йте! Мо́ля, запове́дайте! Ви́е позна́вате ли се?
Никола́й	И да, и не. Миле́на, Ви́е каква́ сте?
На́дя	Миле́на е худо́жничка. Тя е худо́жничката на фи́рмата.
Никола́й	Разби́рам. Това́ е мно́го интере́сна профе́сия.
Миле́на	А Ви́е какъ́в сте?
Никола́й	Аз съм фотогра́ф.
Миле́на	Фотогра́фът съ́що е худо́жник.
На́дя	И́мате ли вре́ме за едно́ кафе́?
Миле́на	Да, разби́ра се.
Никола́й	Аз съ́що. За кафе́ ви́наги и́мам вре́ме!
На́дя	Мо́ля, запове́дайте. Кафе́то е гото́во.

да се запозна́ем	*let's get acquainted*	**(на) и́зток**	*(in/to) the east*
е́то	*here is*	**интере́сен, -сна, -сно**	*interesting*
худо́жник	*artist*	**Македо́ния**	*Macedonia*
фи́рма	*firm*	**наро́дност** (f)	*nationality*
разби́рам	*I understand*	**прия́тно ми е!**	*pleased to meet you!*
разби́ра се	*of course*	**Румъ́ния**	*Romania*
съ́що	*too, also*	**(на) се́вер**	*(in/to) the north*
ви́наги	*always*	**Съ́рбия**	*Serbia*
гото́во	*ready*	**то́пъл (то́пла, то́пло)**	*warm*
Гъ́рция	*Greece*	**Ту́рция**	*Turkey*
Ду́нав	*Danube*	**че́рен (че́рна, че́рно)**	*black*
(на) за́пад	*(in/to) the west*	**(на) юг**	*(in/to) the south*
запозна́йте се	*meet...*		

Вя́рно или́ невя́рно? Decide which of these statements are false and write out correct versions.

1 Никола́й и Миле́на не се позна́ват.
2 Миле́на е секрета́рката на фи́рмата.
3 Миле́на и́ма интере́сна профе́сия.
4 Никола́й е фотогра́ф.
5 Никола́й и Миле́на ня́мат вре́ме за кафе́.

4

КÓЛКО? КÓЛКО Е ЧАСЪ́Т?

How much? How many?
What's the time?

In this unit you will learn how to

● ask about quantity
● ask and tell the time
● use some more numbers

Диалóг

The morning after Mr Johnson arrives at the hotel, Nevena, the ever-obliging receptionist, stops him in the foyer.

Невéна	Дóбър ден, г-н Джóнсън! Ѝмате писмá днес.
г-н Джóнсън	Писмá? Кóлко писмá?
Невéна	Три. Заповя́дайте! Ѝскате ли бългáрски вéстници?
г-н Джóнсън	Съжаля́вам, но не разбѝрам добрé бългáрски.
Невéна	В хотéла нѝе ѝмаме вéстници и списáния и на англѝйски езѝк.
г-н Джóнсън	Товá е чудéсно! Благодаря́!
Невéна	Извинéте, г-н Джóнсън, ѝмате ли óще мáлко врéме?

г-н Джо́нсън	А ко́лко е часъ́т? Часо́вникът ми не рабо́ти.
Неве́на	Часъ́т е едина́йсет и полови́на.
г-н Джо́нсън	Да, и́мам о́коло пет мину́ти свобо́дно вре́ме. Въпро́си ли и́мате?
Неве́на	Са́мо еди́н въпро́с. За ко́лко вре́ме сте в Бълга́рия?
г-н Джо́нсън	За две се́дмици.
Неве́на	Това́ пра́ви четирина́йсет но́щи в хоте́ла, нали́?
г-н Джо́нсън	То́чно така́. Ко́лко е часъ́т сега́?
Неве́на	Ве́че е двана́йсет без два́йсет и пет.
г-н Джо́нсън	Благодаря́. И́мам сре́ща то́чно в двана́йсет часа́. Дови́ждане!

ДЕМОКРАЦИЯ

ВСЕКИДНЕВНИК НА СЪЮЗА НА ДЕМОКРАТИЧНИТЕ СИЛИ

СЪБОТА, 2 НОЕМВРИ 1991

ГОДИНА II, БРОЙ 261 (527)

БЪЛГАРИЯ

КОКТЕЙЛ НА ПОБЕДАТА ДАДЕ СНО́ЩИ В НДК СЪЮЗЪТ НА ДЕМОКРАТИЧНИТЕ СИЛИ. Присъствуваха президентът Желю Желев, членове на правителството, дипломати, депутати, представители на художественотворческата интелигенция, симпатизанти На всички тях председателят на НКС на СДС Филип Димитров изказа най-гореща благодарност. С пожелание усилията да проръкнат до пълно тържество на демокрацията в изстрадалото ни отечество.

С ЦВЕТЯ И ВЕНЦИ ПРЕД ПАМЕТНИЦИТЕ НА НАРОДНИТЕ БУДИТЕЛИ бе отбелязан вчерашният празник в много селища в страната. Спонтанен и непразнуден – в Елена, Габрово, Копривщица, Карлово, Велико Търново и на още много места – те показаха, че е жив плъкът на народните традиции и не е унищожено родолюбовото чувство на българина.

НА МОРСКА ГАРА ВАРНА АКОСТИРА ФРЕГАТАТА НА БРИТАНСКИТЕ ВОЕННОМОРСКИ СИЛИ „МИНЕРВА", която идва тук по покана на нашия военен флот. ЦЕЛТА е да се разшири сътрудничеството между флотите на двете страни. Английските офицери посетиха дома за сираци „Цонко Цонков", като подписаха подарък на децата.

СЛЕД 30-ГОДИШНО ПРЕКЪСВАНЕ БЪЛГАРИЯ И КИТАЙ ПОДНОВИХА КОНТАКТИТЕ СИ ВЪВ ВОЕННАТА ОБЛАСТ независимо че по време на визитата на нашата делегация, ръководена от министър Мутафчиев, не са били подписани никакви документи. По време на посещението делегацията е била приета и от зам.-председателя на КНР Ван Чжъз. Предстои посещение у нас на китайския военен министър.

> **Кой има нужда от индулгенции за стари грехове?**
>
> ДЕПОЛИТИЗАЦИЯ А ЛА ВЪНШНО МИНИСТЕРСТВО
>
> На стр. 3

Ймате писма днес. *You have some letters today.*
Колко писма? *How many letters?*
Искате ли български вестници? *Do you want any Bulgarian newspapers?*
не разбирам добре български. *I don't understand Bulgarian very well.*
ние имаме вестници и списания и на английски език. *We have newspapers and magazines in English too.*
Това е чудесно! *That's wonderful/ marvellous!*
Извинете. *Excuse me.*
още малко *a little more*
А колко е часът? *But what's the time?*
Часовникът ми не работи. *My watch isn't working.*
Часът е единайсет и половина. *The time is half past eleven.*

ймам около пет минути свободно време. *I have about five minutes' free time.*
Въпроси ли имате? *Do you have any questions?*
Само един въпрос. *Just one question.*
За колко време сте в България? *How long are you in Bulgaria for?*
За две седмици *for two weeks*
Това прави четиринайсет нощи в хотела, нали? *That makes fourteen nights in the hotel, doesn't it?*
Точно така. *Exactly so.*
Вече е дванайсет без двайсет и пет. *It's already twenty-five to twelve.*
Ймам среща точно в дванайсет часа. *I have an appointment at twelve o'clock exactly/sharp.*

Въпроси

1 Отговорете, моля! (Try to answer these using full sentences!)

(a) Колко писма има г-н Джонсън?

(b) Иска ли г-н Джонсън български вестници?

(c) Разбира ли г-н Джонсън добре български?

(d) Колко свободно време има г-н Джонсън?

(e) За колко време е той в България? (Don't forget to use **за**!)

(f) В колко часа има той среща? (Here it is **в**!)

2 Вярно или невярно? Write out correct versions of the false statements.

(a) За г-н Джонсън има три писма.

(b) В хотела няма английски вестници и списания.

(c) Г-н Джонсън иска английски вестници.

(d) Невена има много въпроси.

(e) Часът е дванайсет и половина.

(f) Г-н Джонсън е в България за една седмица.

Бележки

Morning, noon and night

The Bulgarians have no real equivalent for *am* and *pm*. To avoid misunderstanding, especially when referring to opening times of shops or to bus or train times, they use the 24-hour clock. Alternatively, in situations not involving travel, immediately after giving the time they insert the word **сутринта** *in the morning*, **следобед** *in the afternoon*, **вечерта** *in the evening* and **през нощта** *at night*. So, if your plane arrives at 9.30 pm you will say: **самолётът пристига в двайсет и един часа и трийсет минути**, but if you are merely getting together with a friend in the evening, you will arrange to meet **в девет и половина вечерта**.

Interestingly, where in English we would say *at one (or two!) in the morning*, the Bulgarians say **в един** (or **два!**) **часа през нощта**. For us the night would seem to end at midnight, while for the Bulgarians it goes on at least until two in the morning!

A further important thing to note is that the Bulgarian word **обед** means *lunch* or *lunchtime* as well as *noon* or *midday*. Noon for Bulgarians, however, is not really such a precise time. It is rather the general period between midday and two. So, if someone invites you for lunch (**на обед**) at midday (**по обед**), make sure you also agree on a precise time, or you could be in for a long wait for your meal!

Запомнёте!

How to:

- Ask *How many?* and *How much?*

Колко писма имате?	*How many letters do you have?*
Колко време имате?	*How much time do you have?*

- Ask *For how long?*

За колко време сте в България?	*How long are you in Bulgaria for?*

- Ask, and say, what the time is

Ко́лко е часъ́т?	*What's the time?*
Часъ́т е то́чно двана́йсет.	*It is exactly twelve o' clock.*

- Beg someone's pardon

Извине́те! or **Извиня́вайте!**	*Excuse me!/I beg your pardon.*

- Seek agreement or confirmation using **нали́?**

Ви́е сте в Со́фия за **четирина́йсет дни, нали́?**	*You are in Sofia for* *fourteen days, aren't you?*
Г-н Джо́нсън е в Со́фия за **14 дни, нали́?**	*Mr Johnson is in Sofia for* *14 days, isn't he?*

- Agree and approve

То́чно така́!	*Just so!/Exactly!/Precisely!*
Това́ е чуде́сно!	*That's wonderful!*

- Indicate the time of day

сутринта́	*in the morning*
следо́бед	*in the afternoon*
вечерта́	*in the evening*
през нощта́	*at night*

 ───── **Грама́тика** ─────

1 Ко́лко? *How many?* and *how much?*

Ко́лко is the question word for quantity:

Ко́лко писма́ и́ма за **г-н Джо́нсън?**	*How many letters are there* *for Mr Johnson?*
Ко́лко свобо́дно вре́ме **и́ма той?**	*How much free time has he got?*
За ко́лко дни е г-н Джо́нсън **в Бълга́рия?**	*How many days is* *Mr Johnson in Bulgaria for?*

When **ко́лко** refers to quantity, it is used to express both *how many?* (with naming words for concrete or countable things) and *how much?* (with abstract or uncountable things).

You also use **ко́лко** when asking questions about the time, such as *what's the time?* or *at what time?*

Ко́лко е часъ́т? — *What's the time?*
В ко́лко часа́ е самоле́тът — *What time is the plane*
    за Ло́ндон? — *for London?*

мно́го	*many, much, a lot of*
ма́лко	*few, a few, a little, not many, not much*

Мно́го is also used as the equivalent of the English *very* or *very much*:

Г-жа́ Ко́линс разби́ра — *Mrs Collins understands*
    бъ́лгарски **мно́го добре́**. — *Bulgarian very well.*
Хоте́лът е **мно́го ху́бав**. — *The hotel is very beautiful/nice.*
Благодаря́ **мно́го**. — *Thank you very much.*
Извиня́вайте **мно́го**! — *I am very sorry!*

2 Plural of nouns

The most common (but not the only) plural ending is -**и**. It occurs with both masculine and feminine nouns.

Masculine nouns

The plural ending -**и** is attached to masculine words in a number of ways:

(*a*) by simply adding -**и** to the singular.

автобу́с	автобу́си	*buses*
рестора́нт	рестора́нти	*restaurants*
учи́тел	учи́тели	*teachers*
ле́кар	ле́кари	*doctors*
тури́ст	тури́сти	*tourists*
хоте́л	хоте́ли	*hotels*

Note that all these masculine nouns, as well as the ones below, have more than one syllable! Most masculine nouns of only one syllable form their plurals differently. You will learn them in Unit 7.

(*b*) by adding -**и** and also changing the final consonant of the singular. One of the most frequent changes is **-к** to **-ц**.

вéстник	вéстници	*newspapers*
езѝк	езѝци	*languages, tongues*
худóжник	худóжници	*artists*
часóвник	часóвници	*watches, clocks*

(*c*) by adding **-и** and also dropping the vowel which comes before the final consonant of the singular. Certain combinations of vowel and consonant, such as **-ец** or **-ър**, favour this method, but there is no simple rule.

америкáнец	америкáнци	*Americans* ⎫
чужденéц	чужденцѝ	*foreigners* ⎬ **-ец** (**е** is dropped)
шотлáндец	шотлáндци	*Scots* ⎭

компю́тър	компю́три	*computers* ⎫
лѝтър	лѝтри	*litres* ⎬ **-ър** (**ъ** is dropped)
мéтър	мéтри	*metres* ⎭

| ден | дни | *days* | (**е** is dropped) |

(*d*) by substituting **-и** for the singular ending in **-й**.

музéй	музéи	*museums*
трамвáй	трамвáи	*trams*
тролéй	тролéи	*trolley buses*

Feminine nouns

The plural of feminine nouns is always **-и**, which replaces the singular ending **-а** or **-я**:

сéдмица	сéдмици	*weeks*
англичáнка	англичáнки	*English women*
минýта	минýти	*minutes*
резервáция	резервáции	*reservations*
дъщеря́	дъщерѝ	*daughters*
стáя	стáи	*rooms*

The few feminine nouns which end in a consonant form their plural by adding **-и** to the singular. You have already come across **нощ**, **вéчер** and **сýтрин**

еднá нощ	мнóго нóщи	*many nights*
еднá вéчер	мнóго вéчери	*many evenings*
еднá сýтрин	мнóго сýтрини	*many mornings*

Neuter nouns

The most common plural endings for neuter nouns are **-а** and **-я**. The choice is determined by the endings in the singular.

(*a*) nouns in **-o** replace the final **-o** by **-a**:

| писмо́ | писма́ | *letters* |
| семе́йство | семе́йства | *families* |

Note that the stress sometimes moves to the final syllable:

| ви́но | вина́ | *wines* |

(*b*) nouns in **-ие** replace the final **-e** by **-я**:

| списа́ние | списа́ния | *magazines* |
| упражне́ние | упражне́ния | *exercises* |

(More neuter plurals in Unit 8!)

3 Разби́рам *I understand* and и́скам *I want* (-a pattern verbs)

As with **и́мам** and **присти́гам**, the endings of these verbs contain the vowel **a**. We can refer to them as **a**-pattern verbs. They are also known as verbs of Conjugation 3. This is the most regular and the most common pattern, and also the easiest to learn:

аз	разби́рам	*I understand*	ни́е разби́раме	*we understand*
ти	разби́раш	*you understand*	ви́е разби́рате	*you understand*
той тя }разби́ра то		*he, she, it understands*	те разби́рат	*they understand*

4 Пра́вя *I make, I do* and рабо́тя *I work* (-и pattern verbs)

аз	пра́вя/ рабо́тя	*I make/do, work*	ни́е пра́вим/ рабо́тим	*we make/do, work*
ти	пра́виш/ рабо́тиш	*you make/do, work*	ви́е пра́вите/ рабо́тите	*you make/do, work*
той тя }пра́ви/ то рабо́ти		*he, she, it makes/ does, works*	те пра́вят/ рабо́тят	*they make/do, work*

As you can see, **пра́вя** and **рабо́тя** have -и- in all their endings except the forms for *I* and *they*. Verbs like **пра́вя** and **рабо́тя** belong to the и-pattern and are known as verbs of Conjugation 2.

Пра́вя can mean both *I make* and *I do*. Here, too, Bulgarian conveniently has one word with a number of different meanings in English. Compare:

Две и две пра́ви че́тири.   *Two and two makes four.*
Какво́ пра́виш?   *What are you doing?*

5 -a and -я: the short definite article

In Unit 3, you were introduced to the Bulgarian equivalent of the English definite article *the*. You learnt to add the endings -ът or -ят to masculine nouns. These forms, known as the full forms, are, however, only used when the noun is the subject in the sentence, determining the ending of the verb, as in the sentence: хоте́лът е мно́го ху́бав *the hotel is very nice*.

Masculine nouns also have a short form of the definite article. This short form has to be used whenever the noun is not the subject in the sentence, after prepositions, for example. The short forms of the definite article (with masculine nouns only, remember!) are -a or -я. Compare:

     Хоте́лът е бли́зо.   *The hotel is near.*
and   Аз съм **в хоте́ла.**   *I'm in the hotel.*
     Музе́ят е на у́лица   *The museum is on*
     „Ива́н Ва́зов"   *Ivan Vazov Street.*
and   Йма мно́го тури́сти   *There are a lot of tourists*
     в музе́я.   *in the museum.*

Street sign
in Sofia.

6 A note on pronunciation

The -**a** and -**я** of the short forms are not fully pronounced, but are reduced to the sounds -**ъ** and -**йъ** respectively.

Although in written Bulgarian a distinction is still made between the short and the long form, when speaking it is normal to ignore the final **т** of the full form and to pronounce the endings as if they were the short form. So, what you will hear for **трамва́ят** and **трамва́я** will be **трамва́йъ**, for **учи́телят** and **учи́теля** you will hear **учи́телйъ** and for **хоте́лът** and **хоте́ла, хоте́лъ**.

Only in formal speech, in news bulletins on the radio or television, for example, or when people feel they need to be 'ultra-correct' in their speech, will you hear the long form articulated in full with the final -**т** pronounced. As you listen to the different speakers on the cassette, see if you can detect any difference.

7 Numerals 11 to 100

11	едина́йсет	16	шестна́йсет
12	двана́йсет	17	седемна́йсет
13	трина́йсет	18	осемна́йсет
14	четирина́йсет	19	деветна́йсет
15	петна́йсет		

The numbers from 11 to 19 are formed by the addition of -**на́йсет**, (the equivalent of the English -teen), to the numbers from 1 to 9. For 11 you add -**на́йсет** to the masculine **еди́н** and for 12 you add -**на́йсет** to **два** not to **две**.

20	два́йсет	25	два́йсет и пет
21	два́йсет и едно́/еди́н/една́	26	два́йсет и шест
22	два́йсет и две/два	27	два́йсет и се́дем
23	два́йсет и три	28	два́йсет и о́сем
24	два́йсет и че́тири	29	два́йсет и де́вет

From 20 upwards the numerals are formed on the principle of *twenty and one*, *twenty and two*, etc. with the word for *and* **и** being inserted between **два́йсет, три́йсет, чети́рисет**, etc. and **едно́, две,**

три, etc. There are alternative more formal spellings and pro-
nunciations – given in brackets – for some numbers. Be careful to
distinguish between **дванайсет** (12) and **двайсет** (20) – all the
teens are longer!

30	трийсет (трѝдесет)	70	седемдесе́т
40	четѝрисет (четирѝйсет,	80	осемдесе́т
	четѝридесет)	90	деветдесе́т
50	петдесе́т	100	сто
60	шейсе́т (шестдесе́т)		

Remember that **едно́** has different forms for the three genders. Also
that **две** has an alternative form **два**, as in **два часа́** *two o'clock*.
(More about this in Unit 8.)

8 Telling the time

Ко́лко е часъ́т?	*What is the time?*
Часъ́т е...	*The time is...*

When telling the time in Bulgarian you begin with the hours and
move on to the minutes. For times up to the half hour you give the
hour first and add the minutes using the word **и**. As in English, the
words for *hours* and *minutes* can be omitted:

Ко́лко е часъ́т?
Едина́йсет часа́ **и** де́сет мину́ти.   (*The time is*)
or   *ten past eleven.*
(Часъ́т е) едина́йсет и де́сет.

Ко́лко е часъ́т?
Де́вет часа́ и два́йсет и пет   (*The time is*) *twenty-five*
   мину́ти.   *past nine.*
or
(Часъ́т е) де́вет и два́йсет и пет.

For times after the half hour you give the number of the next hour
first and take away the minutes from the next hour using the word
без (*without* or *less*):

Кóлко е часъ́т?
(Часъ́т е) сéдем без дéсет.

Кóлко е часí г?
(Часъ́т е) три без пет.

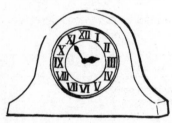

Bulgarian has alternative forms for half past and the quarters:

	Óсем и половúна
or	**óсем и трúйсет**
	Шест и чéтвърт
or	**шест и петнáйсет**
	Пет без чéтвърт
or	**пет без петнáйсет**

9 Налú? *Isn't it so?*

In conversational Bulgarian you will often hear the word **налú** tagged on the end of statements making them into questions seeking confirmation. In English there is no proper one-word equivalent for **налú** and you have to repeat the verb in the negative to achieve the same effect. Bulgarians learning English have great difficulty with our different forms, but as you will see from the following examples, **налѝ** is very easy for us to use.

Хотѐлът е мно́го ху́бав, **налѝ?**	*The hotel is very nice, **isn't it**?*
Вѝе не сте бъ́лгарка, **налѝ?**	*You are not a Bulgarian, **are you**?*
Ѝмате са́мо еди́н въпро́с, **налѝ?**	*You do only have one question, **don't you**?*
Той не и́ска бъ́лгарски вѐстници, **налѝ?**	*He doesn't want Bulgarian newspapers, **does he**?*

Упражнѐния

1 Make full sentences using the information on the bus departures and arrivals board below. Best use the 24-hour clock!

РАЗПИСА́НИЕ (Timetable)		
За: *to*	Замина́ва *Departs*	Присти́га *Arrives*
Малько́вица	6.35	9.15
Ба́нкя	10.10	10.45
Са́моков	11.20	13.30
Бо́ровец	13.50	17.25

Model: Автобу́сът за ..... замина́ва в ..... часа́ и ..... мину́ти и присти́га в ..... часа́ и ..... мину́ти.

Now use the short version of the times omitting **часа́** and **мину́ти**.

2 Looking at the timetable above, answer the following questions, (the actual time is given in brackets):

Model: – (Часъ́т е дѐсет без пет). Слѐд ко́лко мину́ти замина́ва автобу́сът за Ба́нкя? *In how many minutes does the bus leave for Bankya?*
   ● Автобу́сът за Ба́нкя замина́ва слѐд петна́йсет мину́ти.

(*a*) (Часъ́т е еди́найсет и петна́йсет). Слѐд ко́лко мину́ти замина́ва автобу́сът за Са́моков?

(*b*) (Часъ́т е еди́н и полови́на). Слѐд ко́лко мину́ти замина́ва автобу́сът за Бо́ровец?

(*c*) (Часъ́т е шест и два́йсет и пет). Слѐд ко́лко мину́ти замина́ва автобу́сът за Малько́вица?

3 Answer these questions reading out the times on the clocks.

(*a*) В ко́лко часа́ замина́ва
автобу́сът за Пло́вдив?

(*b*) Кога́ присти́га самоле́тът
от Ло́ндон?

(*c*) Кога́ и́ма самоле́т за
Ва́рна?

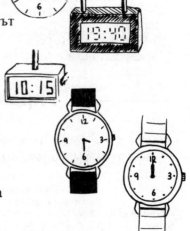

(*d*) Кога́ замина́ваш за
Со́фия?

(*e*) В ко́лко часа́ е сре́щата
на г-н Джо́нсън?

4 Answer the questions below presuming that:

(*a*) you are staying in Bulgaria for 12/15/20 days.
(*b*) you are staying in the hotel for 3/13 nights.
(*c*) you are staying in Varna for one/two weeks.

(i) За ко́лко дни сте в Бълга́рия?
(ii) За ко́лко но́щи сте в хоте́ла?
(iii) За ко́лко се́дмици сте във Ва́рна? (When **в** is used
before words beginning with the letters **в** or **ф** it is extended
to **във**.)

5 Read the notices below:

ЦЕНТРА́ЛНА ПО́ЩА
Рабо́тно вре́ме
(opening hours) от (from)
7 до (to) 20.30 часа́

АПТЕ́КА (*Chemist's*)
Рабо́тно вре́ме
от 9 до 21 часа́

РЕСТОРА́НТ
Рабо́тно вре́ме
от 18 до 23 часа́

ПОДА́РЪЦИ (*Gifts*)
су́трин от 8 до 12 часа́
следо́бед от 16 до 20 часа́

СЛАДКА́РНИЦА
(*Patisserie, Cake-shop*)
су́трин от 10 до 13 часа́
следо́бед от 14 до 19 часа́

A more natural way to read the notices would be to use **рабо́ти** and a 12-hour clock, for example:

Магази́нът за пода́ръци рабо́ти от о́сем часа́ сутринта́ до двана́йсет часа́ на о́бед и от че́тири часа́ следо́бед до о́сем часа́ вечерта́.

Now complete the sentences using the 12-hour clock:

(a) По́щата ..... от 7 часа́ сутринта́ до 8.30 часа́ ......

(b) Апте́ката рабо́ти от 9 .... до 9 ....

(c) Рестора́нтът рабо́ти .. 6 .. 11 часа́ ......

(d) .... рабо́ти .. 10 часа́ .... до еди́н часа́ на о́бед и от 2 часа́ .... до 7 часа́ ....

6 To practise using **ко́лко**, ask questions to which the following could be answers. Concentrate on the numbers involved and don't forget to repeat the prepositions.

(a) В хоте́ла и́ма две америка́нки.

(b) Г-н Джо́нсън е в Бълга́рия за две се́дмици.

(c) Брат ми присти́га след че́тири дни.

(d) Г-н и г-жа́ Ко́линс са в Со́фия от три дни.

(e) Автобу́сът замина́ва в де́сет часа́.

(f) Днес и́маш три писма́ и две ка́ртички (cards)

(g) Г-н Джо́нсън и́ма две деца́.

7 Do you take sugar (**за́хар**) and milk (**мля́ко**)? Read and then answer the questions:

Секрета́рката На́дя пи́е (is drinking) кафе́ с Никола́й и Миле́на. На́дя пи́е кафе́то с ма́лко за́хар. Никола́й и́ска кафе́ с мно́го за́хар, а Миле́на и́ска кафе́ без за́хар. Те оби́чат (like) кафе́то с ма́лко мля́ко.

(a) Какво́ пра́ви На́дя?

(b) С ко́лко за́хар пи́е кафе́то На́дя?

(c) С ко́лко за́хар пи́е кафе́то Никола́й?

(d) Какво́ кафе́ и́ска Миле́на?

(e) Как оби́чат те кафе́то – с мно́го или́ с ма́лко мля́ко?

(f) Как оби́чате кафе́то Ви́е?

Expressions to use

със за́хар *with sugar* (when **с** is used before a word beginning with **с** or **з** it is extended to **със** – remember what happened to **в** before **в** and **ф**?)

без за́хар, с мно́го за́хар, с ма́лко за́хар, с мно́го ма́лко за́хар *with very little sugar*

8 Continuing the milk and sugar theme, this exercise will help you practise different ways of saying the same thing. The short dialogues on the left below present identical situations as those on the right. Complete the right hand column using the model and observing the change to the short definite form with **чай**:

Тури́стка Ча́ят е със за́хар, нали́? В ча́я и́ма за́хар, нали́?

Сервитьо́рка Да, с ма́лко за́хар. Да, и́ма ма́лко за́хар.

Тури́стка Кафе́то е със за́хар, нали́? (*a*) ....
Сервитьо́рка Да, с ма́лко за́хар. ....

Тури́стка Кафе́то е с мля́ко, нали́? (*b*) ....
Сервитьо́рка Да, с ма́лко мля́ко. ....

Тури́стка Ча́ят е с мля́ко, нали́? (*c*) ....
Сервитьо́рка Да, с ма́лко мля́ко. ....

9 You can also use **нали́** in negative questions. Try it here, adapting the statements with **без** (*without*). Notice that the answer can be with **не** or **да**.

Тури́стка Ча́ят е без мля́ко, нали́? В ча́я ня́ма мля́ко, нали́?

Сервитьо́рка Да, без мля́ко е. Не, ня́ма/ Да, ня́ма.

Тури́стка Кафе́то е без мля́ко, нали́? (*a*) ....
Сервитьо́рка Да, без мля́ко е. ....

Тури́стка Кафе́то е без за́хар, нали́? (*b*) ....
Сервитьо́рка Да, без за́хар е. ....

Тури́стка Ча́ят е без за́хар, нали́? (*c*) ....
Сервитьо́рка Да, без за́хар е. ....

10 Use the words in brackets in the plural:

(*a*) Г-н и г-жа́ Ко́линс и́скат ста́я с две _____ (легло́ *bed*).

(*b*)   Г-н и г-жа́ Ко́линс са _____ (чужде́нец)

(*c*)   _____ ли са г-н и г-жа́ Ко́линс? (америка́нец)

(*d*)   Ма́йкъл Джо́нсън не и́ска бъ́лгарски _____ (ве́стник)

(*e*)   Никола́й и́ма мно́го _____ (въпро́с)

(*f*)   Ма́йкъл Джо́нсън разби́ра мно́го _____ (ези́к)

(*g*)   В ЦУМ и́ма мно́го _____ (продава́чка *shop assistant* f)

(*h*)   На булева́рд „Ви́тоша" и́ма спи́рка на _____ но́мер 1, 7 и 9.   (трамва́й)

(*i*)   В сладка́рницата и́ма мно́го _____ (чужденка́ *foreigner* f)

11 Finally, to practise using the full and short definite article, answer the following questions, using the words in brackets with the preposition **до**:

(*a*)   Къде́ е хоте́лът? (рестора́нт)

(*b*)   Къде́ е рестора́нтът? (хоте́л)

(*c*)   Къде́ е теа́търът? (магази́н)

(*d*)   Къде́ е магази́нът? (теа́тър *theatre*)

(*e*)   Къде́ е музе́ят? (парк *park*)

(*f*)   Къде́ е па́ркът? (музе́й)

Разби́рате ли?

Ра́зговор

Mr Antonov has some good news for Nikolai.

г-н Анто́нов	Заповя́дай, Никола́й. Седни́!
Никола́й	Благодаря́.
г-н Анто́нов	И́мам ху́бава новина́. Замина́ваш за А́нглия.
Никола́й	Но... аз не разби́рам англи́йски!
г-н Анто́нов	Ни́що. Във фи́рмата и́ма еди́н англича́нин, който разби́ра бъ́лгарски.
Никола́й	Мно́го инте́ресно! В кой град е фи́рмата?
г-н Анто́нов	В Че́лмсфорд.
Никола́й	Аз не зна́я къде́ е Че́лмсфорд.
г-н Анто́нов	Че́лмсфорд е ма́лък град бли́зо до Ло́ндон.

Николай	Мно́го фотогра́фи ли и́ма там?
г-н Анто́нов	Не, но и́ма мно́го компю́три.
Николай	Чуде́сно! Кога́ замина́вам?
г-н Анто́нов	След три се́дмици.
Николай	За ко́лко дни?
г-н Анто́нов	За два́йсет дни. Ху́бава новина́, нали́?
Николай	Мно́го ху́бава новина́. Благодаря́ мно́го!

седни́!	*sit down!*	**ни́що**	*no matter, never mind*
новина́	*news*	**кой град**	*which town*
замина́вам ваш	*I leave/depart*	**ма́лък, ма́лка, ма́лко**	*small, little*
англи́йски,	*English*	**след**	*after*

Вя́рно или́ невя́рно? (Write out correct versions of the false statements)

1 Николай замина́ва за Шотла́ндия.
2 Той разби́ра добре́ англи́йски.
3 Англича́нинът разби́ра бъ́лгарски.
4 Фи́рмата е в Че́стърфийлд.
5 Фи́рмата е в ма́лък град бли́зо до Ло́ндон.
6 Николай не зна́е къде́ е Че́лмсфорд.
7 Във фи́рмата и́ма мно́го фотогра́фи.
8 Той замина́ва след де́сет дни.

5

ГОВÓРИТЕ ЛИ АНГЛЍЙСКИ? —
Do you speak English?

In this unit you will learn how to

● ask people if they speak your language
● ask people what languages they speak
● say what languages you know

Диалóг

Although you do not need a third person to introduce you to some-one in Bulgaria, Nevena's natural Bulgarian curiosity enables the English hotel guests to get to know one another.

Невéна	Г-н Джóнсън, знáете ли, че в хотéла ѝма и дрýги англичáни?
г-н Джóнсън	Нѝщо чýдно. Англичáни ѝма в мнóго странѝ по светá.
Невéна	Но не мнóго англичáни говóрят бъ̀лгарски! Вѝе говóрите бъ̀лгарски добрé, но г-жá Кóлинс говóри пó-добрé.
г-н Джóнсън	Кой говóри пó-добрé?
Невéна	Г-жá Кóлинс.
г-н Джóнсън	Но коя́ е г-жá Кóлинс? Не зна́я, коя́ е тя.
Невéна	Говóря за англичáнката, коя́то живéе в стáя нóмер дéсет.
г-н Джóнсън	А Вѝе говóрите ли англѝйски, Невéна?

Невéна	За съжалéние, не. Но знáя нáколко дрýги езúка.
г-н Джóнсън	Каквú езúци знáете?
Невéна	Фрéнски, рýски и испáнски. Фрéнски е езúкът, кóйто говóря нáй-добрé.
г-н Джóнсън	Мнóго бълга́ри говóрят чýжди езúци.
Невéна	Товá е вáрно. А, éто г-н и г-жá Кóлинс! (*Calls out to them*) Г-н Кóлинс, г-жá Кóлинс, извинéте за минýта!
г-жá Кóлинс	Разбúра се, госпóжице. Здравéйте!
Невéна	Мóля, запознáйте се. Товá е господúн Джóнсън, англúйски бúзнесмен, кóйто живéе в Чéлмсфорд.
г-жá Кóлинс	Мнóго ми е приятно!
г-н Кóлинс	(*Echoing Mrs Collins in Bulgarian*) Приятно ми е!
Невéна	(*aside*) Кóлко интерéсно! Англичáни, кóйто говóрят бъ́лгарски!

дрýги англичáни   *other English people*

Нúщо чýдно.   *That's hardly surprising.*

по светá   *in the world*

Но не мнóго англичáни говóрят бъ́лгарски.   *But not many English people speak Bulgarian.*

Вúе говóрите бъ́лгарски добрé, но г-жá Кóлинс говóри пó-добрé.   *You speak Bulgarian well, but Mrs Collins speaks better.*

Кой говóри пó-добрé?   *Who speaks better?*

Но коя́ е г-жá Кóлинс?   *But who is Mrs Collins?*

Не знáя.   *I don't know.*

Говóря за англичáнката, коя́то живéе в стáя нóмер дéсет.   *I'm speaking about the Englishwoman who is staying in room number ten.*

А Вúе говóрите ли англúйски?   *And do you speak English?*

За съжалéние.   *Unfortunately.*

Но знáя нáколко дрýги езúка.   *But I know several other languages.*

Каквú езúци знáете?   *What languages do you know?*

фрéнски   *French*

рýски   *Russian*

испáнски   *Spanish*

Фрéнски е езúкът, кóйто говóря нáй-добрé.   *French is the language I speak best.*

Мнóго бълга́ри говóрят чýжди езúци.   *A lot of Bulgarians speak foreign languages.*

Товá е вáрно.   *That's true.*

извинéте за минýта   *excuse me, just a minute*

англúйски бúзнесмен, кóйто живéе в Чéлмсфорд   *an English businessman who lives in Chelmsford*

Кóлко интерéсно!   *How interesting!*

Англичáни, кóйто говóрят бъ́лгарски!   *English people who speak Bulgarian!*

Въпроси

1 Отговорете, моля!

(a) Къде има англичани?

(b) Какъв език говори г-жа Колинс много добре?

(c) Коя е г-жа Колинс?

(d) Колко езика знае Невена?

(e) Какви езици говори Невена?

(f) Къде живее г-н Джонсън?

2 Вярно или невярно? (Write out correct versions of the false statements.)

(a) Много англичани говорят български.

(b) Г-жа Колинс е американката, която живее в стая номер десет.

(c) Г-жа Колинс говори български много добре.

(d) Невена не знае английски.

(e) Тя говори руски най-добре.

(f) Малко българи говорят чужди езици.

Бележки

Does anyone speak English?

You should already be able to cope using your Bulgarian in a number of different situations. However, you will be reassured to know that English is now quite widely spoken in Bulgaria, especially by the younger generation in the larger towns. You will usually find English-speakers on the reception desks of big hotels, in money-changing bureaux, in tourist and air-line offices, and also in the more prestigious places for eating out. With shop-assistants, tram- and bus-drivers and policemen, on the other hand, although you might still venture a timid **говорите ли английски?** you would probably do best to resort to your Bulgarian straight away.

Big or small? When to use capital letters

Bulgarian uses far fewer capital letters than English. The names of nationalities and the national languages all begin with small letters. You will therefore find, for example, **англичанин, англичанка** (англи́йски); испа́нец, испа́нка (испа́нски – *Spanish*); италиа́нец, италиа́нка (италиа́нски – *Italian*); не́мец, немки́ня (не́мски – *German*), and францу́зин, французо́йка (фре́нски – *French*).

Names of places begin with capital letters, but when the place name consists of more than one word, the second often begins with a small letter: **Зла́тни пя́съци** (*Golden Sands*), **Слъ́нчев бряг** (*Sunny Beach*) and **Че́рно море́** (*the Black Sea*).

Adjectives formed from the names of places also begin with small letters: Ло́ндон: **ло́ндонски**, Со́фия: **софи́йски**, Ва́рна: **ва́рненски**.

Giving your phone number

In English, there is no single pattern governing how to write or read out the individual digits in phone numbers. Bulgarians, however, whether speaking or writing, tend to divide up their phone numbers into double digits. So they will write the number 667843, for example as 66–78–43, and when reading it out will say **шейсе́т и шест, седемдесе́т и о́сем, чети́рисет и три**. When answering the phone they will rarely give their number – or their name, for that matter. Instead they tend merely to say „**Да, мо́ля**" or just „**Да?**" and wait for the person making the call to open the conversation.

Abbreviations used in this sign are: бл. = блок (*block*), вх. = вход (*entrance*), Ет. = ета́ж (*floor*) and тел. = телефо́н (*telephone*).

Запомнéте!

How to:

● Ask whether a person speaks a foreign language

Говóрите ли англúйски?	*Do you speak English?*
Знáете ли фрéнски?	*Do you speak (know) French?*
Какъ́в (чужд) езúк говóрите/ знáете?	*What (foreign) language do you speak/know?*
Каквú (чýжди) езúци говóрите?	*What (foreign) languages do you speak?*

● Answer whether, and how well, you speak a language

Говóря добрé фрéнски.	*I speak French well.*
Разбúрам испáнски, но не говóря добрé.	*I understand Spanish but I don't speak well.*
Знáя мáлко рýски.	*I know a little Russian.*
Не разбúрам бъ́лгарски.	*I don't understand Bulgarian.*
Говóря фрéнски нáй-добрé.	*I speak French best.*

● Respond to what you hear

Товá е вя́рно!	*That's true!*
Нúщо чýдно!	*That's hardly surprising.*

● Express interest, agreement or regret

Кóлко интерéсно!	*How interesting!*
разбúра се	*of course/naturally*
за съжалéние	*unfortunately/sadly*

Грамáтика

1 Nationalities

Plural of masculine nouns ending in -(н)ин

This is one of the endings that form names of nationalities or inhabitants of a place. The plural of such names is once again -**и**, but it is not added to the singular. Instead, the -**н** of the singular is dropped:

англича́нин	Englishman	англича́ни	Englishmen
бъ́лгарин	Bulgarian	бъ́лгари	Bulgarians
гра́жданин	citizen	гра́ждани	citizens
лондонча́нин	Londoner	лондонча́ни	Londoners

Plural of adjectives and other defining words

In the plural, no matter what the gender of the noun they describe, all adjectives in Bulgarian end in -**и**. Compare:

чужд ези́к	a foreign language	чу́жди ези́ци	foreign languages
чу́жда страна́	a foreign country	чу́жди страни́	foreign countries
чу́ждо списа́ние	a foreign magazine	чу́жди списа́ния	foreign magazines

Similarly, you will find the -**и** ending in **какви́** (*what*), the plural form of **какъ́в, каква́, какво́**.

Какъ́в ези́к гово́рите?	*What language do you speak?*
Какви́ ези́ци гово́рите?	*What languages do you speak?*

Adjectives which end in -**ски** in the masculine singular remain the same in the plural:

англи́йски ве́стник	an English newspaper
америка́нски би́знесмен	an American businessman
бъ́лгарски куро́рт	a Bulgarian resort
ру́ски гра́жданин	a Russian citizen

англи́йски ве́стници	English newspapers
америка́нски би́знесмени	American businessmen
бъ́лгарски куро́рти	Bulgarian resorts/spas
ру́ски гра́ждани	Russian citizens

2 Друг and дру́ги: *another/other*

друг, дру́га, дру́го	another
дру́ги	other
не́що дру́го	something else

3 Special masculine plural after numbers

In the dialogue you came across two plurals of **език** *language*, one ending in **-и** and the other in **-а**:

Какви **езици** знáете?	*What languages do you know?*
Знáя нáколко **езика**.	*I know several languages.*

The first is the regular plural, (remember the change of **-к** to **-ц**!). The second is the plural form used after any number or after the word **нáколко** *several*. This plural form only occurs in masculine nouns and always ends in **-а** or **-я**. Examples:

Невéна знáе **три езика**.	*Nevena knows three languages.*
Дéсет билéта, мóля.	*Ten tickets, please.*
В Сóфия ѝма **нáколко музéя**.	*In Sofia there are several museums.*

You must also use this special numerical masculine plural in questions after **кóлко** *how many*:

Кóлко **езика** знáе Невéна?	*How many languages does Nevena know?*
Кóлко **билéта** ѝскате, мóля?	*How many tickets do you want, please?*
Кóлко **музéя** ѝма в Сóфия?	*How many museums are there in Sofia?*

4 Говóря *I speak*

This is an **и**-pattern, Conjugation 2 verb:

аз	говóря	*I speak*	нѝе	говóрим	*we speak*
ти	говóриш	*you speak*	вѝе	говóрите	*you speak*
той					
тя }	говóри	*he/she/it speaks*	те	говóрят	*they speak*
то					

5 Знáя *I know*, живéя *I live*

These verbs contain the vowel **-e-** in most of their present tense endings. They are examples of Conjugation 1, **e**-pattern verbs.

Notice that once again the final vowel is the same in the *I* form and in the *they* form:

аз	зна́я/живе́я	*I know/live*	ние	зна́ем/живе́ем	*we know/live*
ти	зна́еш/живе́еш	*you know/live*	вие	зна́ете/живе́ете	*you know/live*
той					
тя }	зна́е/живе́е	*he/she/it*	те	зна́ят/живе́ят	*they know/live*
то		*knows/lives*			

6 The present tense: patterns and meanings

To summarise, Bulgarian verbs have three patterns or conjugations:
Conjugation 1 verbs follow the **e**-pattern
Conjugation 2 verbs follow the **и**-pattern
Conjugation 3 verbs follow the **a**-pattern

The present tense in Bulgarian corresponds in meaning to two distinct tense forms in English. **Неве́на гово́ри фре́нски** might mean, depending on the context, either *Nevena speaks French* or *Nevena is speaking French*. Similarly, **аз у́ча бъ́лгарски** might mean either *I learn Bulgarian* or *I am learning Bulgarian*.

From now on in the vocabulary you will find all verbs given with the endings of both the *I* and the *you* forms (1st and 2nd singular). This will help you to identify the correct conjugation pattern. The endings of the *you* form will always be preceded by the letter to which the endings for the other forms need to be added:

Conjugation 1 живе́я, -éеш; пия, -и́еш (*I drink*)
Conjugation 2 гово́ря, -риш; ми́сля, -лиш (*I think*); у́ча, -чиш (*I learn*)*
Conjugation 3 да́вам, -ваш (*I give*); запо́чвам, -ваш; разби́рам, -раш
*After **ж**, **ч** and **ш** the -**я** in all the *I* and *they* forms changes to -**a**.

And pronunciation too...

The -**я**, -**ят** and -**a**, -**ат** endings of the *I*- and *they*-forms of conjugation 1 and 2 verbs are pronounced -**йъ**, -**йът** and -**ъ**, -**ът**.

7 Кой? *who?*

The question word for *who* in Bulgarian is **кой**. It stands in place of a noun, and you use it to ask for the subject of a sentence no matter whether the subject is masculine, feminine, neuter or even plural.

Ма́йкъл Джо́нсън живе́е в Че́лмсфорд.
Кой живе́е в Че́лмсфорд?   *Who lives in Chelmsford?*
Г-жа́ Ко́линс гово́ри бъ́лгарски по́-добре́.
Кой гово́ри бъ́лгарски по́-добре́? *Who speaks Bulgarian better?*
Мно́го бъ́лгари гово́рят чу́жди ези́ци.
Кой гово́ри чу́жди ези́ци?   *Who speaks foreign languages?*

8 Кой? коя́? кое́? and кой? *which?*

Кой also means *which* when used before a noun, and then it has a different form for each of the three genders and for the plural:

Masculine
Кой? В кой град е фи́рмата?   *Which town is the firm in?*
Кой ези́к гово́рите на́й-   *Which language do you*
  добре́?   *speak best?*

Feminine
Коя́? В коя́ ста́я сте?   *Which room are you in?*

Neuter
Кое́? Кое́ списа́ние и́скате?   *Which magazine do you want?*

Plural
Кой? Кой ези́ци зна́ете?   *Which languages do you know?*

When a feminine, neuter or plural noun (or pronoun) is mentioned in the question itself, the correct alternative form of **кой** has to be used, no matter whether it means *who* or *which*.

Коя́ е г-жа́ Ко́линс?   *Which one is Mrs Collins?*
Кое́ е това́ дете́?   *Who is that child?*
Кой са те?   *Who are they?* or *Which are they?*

9 Госпожа́та, коя́то... *The woman who...*

In expressions like these, the words *who* and *which* relate to the last person or thing mentioned. They are called relative pronouns. In Bulgarian, you have to concentrate not on the distinction between persons and things, but rather on whether the preceding noun is masculine, feminine, neuter or plural. In the singular, you have to use **ко́йто** (кой+то) for masculine, **коя́то** (коя́+то) for feminine and **коéто** (коé+то) for neuter nouns. The plural form is **който** (кой+то). All the forms must be preceded by a comma.

Masculine

Господи́нът, кóйто говóри
бъ́лгарски, е би́знесмен.

*The man who speaks/who is
speaking Bulgarian is a
businessman.*

Feminine

Госпожа́та, коя́то и́ма
въпрóс, у́чи бъ́лгарски.

*The woman who has a question
is learning Bulgarian.*

Neuter

Дете́то, коéто говóри, е синъ́т
на г-н Антóнов.

*The child who is speaking is
Mr Antonov's son.*

Plural

Г-н и г-жа́ Кóлинс са
англича́ни, кóйто живéят
в Ма́нчестър.

*Mr and Mrs Collins are
English people living/
who live/in Manchester.*

Note that in English you can sometimes omit the words *who* and *which*. In Bulgarian the relative pronoun can never be omitted.

10 Аз зна́я, че... *I know that...*

Че is the Bulgarian equivalent of *that*. It is used as the connecting word after certain verbs and, unlike *that*, can never be omitted. It must always be preceded by a comma.

Аз зна́я, **че** Сóфия е
стóлицата на Бълга́рия.

*I know (that) Sofia is the
capital of Bulgaria.*

Зна́ете ли, **че** мнóго бъ́лгари
говóрят англи́йски?

*Do you know (that) many
Bulgarians speak English?*

11 Comparison of doing *well, better* or *best of all*

In Bulgarian, when you want to compare the way in which something is done, you change the adverb, in this case **добрé** (*well*), by adding **по-** and **най-** on the front. You add **по-** when comparing the way in which two things are done and **най-** when you want to compare more than two. The **по-** and **най-** are pronounced with an emphasis, and in the book we will add a stress mark to remind you of this. Examples:

Г-н Джо́нсън гово́ри бъ́лгарски **добре́**, но г-жа́ Ко́линс гово́ри **по́-добре́**.	*Mr Johnson speaks Bulgarian* ***well**, but Mrs Collins* *speaks **better**.*
Неве́на зна́е ня́колко ези́ка, но зна́е фре́нски **на́й-добре́**.	*Nevena knows several* *languages, but knows French* ***best of all**.*

In the same way, the adverbs **бли́зо** *near* and **бъ́рзо** *quickly, fast* become:

по́-бли́зо	*nearer*	**на́й-бли́зо**	*nearest* (of all)
по́-бъ́рзо	*more quickly*	**на́й-бъ́рзо**	*quickest* (of all)

In Bulgarian, you use **от** in comparisons much as you use *than* in English:

Г-жа́ Ко́линс гово́ри бъ́лгарски **по́-добре́ от** г-н Джо́нсън.	*Mrs Collins speaks Bulgarian* ***better than** Mr Johnson.*
Г-жа́ Ко́линс гово́ри **по́-бъ́рзо** **от** г-н Джо́нсън.	*Mrs Collins speaks **more*** ***quickly than** Mr Johnson.*

Упражне́ния

1 Turn the following sentences into questions requiring the answer 'yes' or 'no' by making the words in bold type the focus of your questions. Remember to put the verb immediately after the question word **ли**.

Model: Г-жа́ Ко́линс е **англича́нка. Англича́нка ли** е г-жа́ Ко́линс?   Да.

(*a*) В хоте́ла и́ма **мно́го англича́ни**.
(*b*) **Мно́го бъ́лгари** гово́рят англи́йски.
(*c*) Г-н Анто́нов и Никола́й са **бъ́лгари**.
(*d*) Във фи́рмата рабо́тят **бъ́лгари и англича́ни**.
(*e*) Г-н и г-жа́ Ко́линс са **англича́ни**.

2 The following questions may be useful when you want to ask for something else, or something different, using the Bulgarian equivalent of *another* or *other*. Use **друг, дру́га, дру́го** or **дру́ги** as apprropriate:

(*a*) И́мате ли _____ въпро́си?

(b) Какво́ _____ ви́но и́мате?
(c) Къде́ и́ма _____ ба́нка?
(d) Какви́ _____ ези́ци гово́рите?
(e) И́ма ли _____ рестора́нт до хоте́ла?
(f) Какви́ _____ цига́ри (*cigarettes*) и́мате?
(g) Кога́ и́ма _____ автобу́с за Мальо́вица?
(h) И́мате ли _____ дете́?
(i) Къде́ и́ма _____ апте́ка?
(j) И́мате ли _____ свобо́дни места́?

3 A tourist, map in hand, stops a passer-by and asks which of two places on the map are closer:

(i) Тук на ка́ртата и́ма два хоте́ла. Кой (хоте́л) е по́-бли́зо?

How would you ask about:
(a) рестора́нт   (d) къ́мпинг (*camp-site*)
(b) град   (e) моте́л (*motel*)
(c) куро́рт

When asking the same question about places which are feminine, remember, you have to use **коя́**:

(ii) На ка́ртата и́ма две туристи́чески аге́нции. Коя́ (аге́нция) е по́-бли́зо?

How would you ask the same question about:
(a) апте́ка   (c) сладка́рница
(b) бензиноста́нция (*petrol station*)

4 Use **кой** or **коя́** as appropriate:
(a) _____ град е на́й-бли́зо до куро́рта „Зла́тни пя́съци"?
(b) _____ трамва́й е на́й-бли́зо до у́лица „Ра́ковски"?
(c) _____ спи́рка е на́й-бли́зо до га́рата (*railway station*)?
(d) _____ магази́н е на́й-бли́зо до хоте́л „Ше́ратон"?
(e) _____ туристи́ческа аге́нция е на́й-бли́зо до спи́рката?
(f) _____ ба́нка е на́й-бли́зо до по́щата?

5 Ask questions with **ко́лко**, remembering to put the subject at the end of the question, as in the model: Г-н и г-жа́ Ко́линс и́скат два ча́я. Ко́лко ча́я и́скат г-н и г-жа́ Ко́линс?
(a) Неве́на гово́ри три чу́жди ези́ка.
(b) Те и́скат де́сет биле́та.

(*c*) Сервитьо́рът серви́ра (*serves*) три джи́на.

(*d*) Ма́йкъл Джо́нсън зна́е ня́колко чу́жди ези́ка.

6 In this exercise you need to change a word from the normal masculine plural form to the special numerical plural. (The two forms are often used very near to one another.)

Тури́ст Извине́те, и́ма ли магази́ни до га́рата?
Гра́жданин Да, до га́рата и́ма ня́колко магази́на.

Compose similar questions and answers to the above model using:

(*a*) хоте́л   (*c*) музе́й
(*b*) рестора́нт

7 Choose the correct combinations to make sentences:

(*a*)	мъжа́,	кое́то живе́е в ста́я но́мер де́сет.
Позна́вам	жена́та,	ко́йто присти́га от Ло́ндон.
	англича́ни,	коя́то гово́ри ху́баво бъ́лгарски.
	семе́йството,	ко́йто живе́ят в Бълга́рия.

(*b*)	бъ́лгарина,	коя́то е омъ́жена за англича́нин?
Позна́ваш ли	англича́ни,	ко́йто не пи́ят уи́ски?
	шотла́ндци,	ко́йто замина́ва за А́нглия?
	бъ́лгарката,	ко́йто са же́нени за бъ́лгарки?

8 This exercise draws your attention to the fact that what looks like the same masculine form may have two distinct meanings. For instance, **хоте́ла** can be either *the hotel*, in the non-subject form, or, when used after numerals, *hotels*.

Това́ е хоте́лът. but Е́то хоте́ла.   *Here's the hotel.*
                          Е́то два хоте́ла.   *Here are*
                                           two hotels.

Using the examples as a model, practise pointing to one or two of the following:

(*a*) трамва́й   (*d*) къ́мпинг
(*b*) троле́й   (*e*) компю́тър
(*c*) автобу́с

You will see from the example that after **е́то** you need to add the short definite article to the noun.

— 87 —

9 Michael Johnson writes down his home address and shows it to Nevena saying:

Éто адрéса ми.

What would you say while showing or pointing to the following?

(a) your ticket
(b) your passport
(c) your husband
(d) your son
(e) your luggage (**багáж**)

10 This exercise will help you to practise using double digit numbers – the way people give their telephone numbers in Bulgaria. Read aloud the short dialogue:

На телефóна	Извинéте, 88 – 14 – 26 ли е?
	Да, кажéте!
Substitute	72 – 33 – 19; 47 – 18 – 91; 89 – 12 – 22.

Разбúрате ли?

Рáзговор

Milena goes into the office and sees Nikolai who is busy reading.

Милéна Здравéй, Николáй. Каквó прáвиш?

Николáй Ýча англúйски. Ти знáеш ли англúйски?

Милéна Да, но не мнóго добрé. Мúсля, че е мнóго трýден езúк.

Николáй И аз такá мúсля. Úмам нýжда от учúтел. Познáваш ли учúтели по англúйски?

Милéна Да, познáвам нáколко учúтеля по англúйски, който живéят блúзо.

Николáй Чудéсно. Úмам нýжда и от учéбници по англúйски.

Милéна Аз úмам два мнóго хýбави учéбника, сѫщо и интерéсни англúйски списáния.

Николáй Мнóго добрé, но úмам тóлкова мáлко врéме! Мúсля, че съм вéче стар за чýжди езúци...

Милéна	Глýпости! На кóлко годúни си?
Николáй	На двáйсет и шест.
Милéна	Е да, вя́рно, мнóго си стар...

трýден, трýдна *difficult*	вéче *already*
такá *likewise/just so*	стар *old*
úмам нýжда от *I need*	глýпости! (pl) *nonsense!*
учéбник, -ици *textbook*	на кóлко годúни си? *how old are*
тóлкова *so* (much/little)	*you?*

Вя́рно илú невя́рно? (Write out correct versions of the false statements.)

1 Николáй ýчи фрéнски.
2 Николáй úма нýжда от учúтел.
3 Милéна не познáва учúтели по англúйски.
4 Милéна ня́ма учéбници по англúйски.
5 Николáй ня́ма нýжда от учéбници.
6 Николáй мúсли, че е вéче стар за чýжди езúци.
7 Николáй е на трúйсет и шест годúни.

6

ЙСКАТЕ ЛИ ДА..?

Would you like to..?

In this unit you will learn how to

- say *would you like to..?* and *may I..?*
- answer to *would you like to..?* and *may I..?*
- say you *must* or *have to* do something

 ──────────── **Диалог** ────────────

Michael Johnson is keeping his appointment with Boyan Antonov at the advertising agency.

г-н Джо́нсън	(*Knocking on the office door and going in*): До́бър ден! Мо́же ли? Ка́звам се Ма́йкъл Джо́нсън.
На́дя	О, г-н Джо́нсън, добре́ дошли́! Мо́ля, заповя́дайте.
г-н Джо́нсън	Благодаря́. Тук ли е г-н Анто́нов? Аз и́мам сре́ща с не́го.
На́дя	Да, разби́ра се. Г-н Анто́нов Ви оча́ква.
г-н Джо́нсън	(*At the door into the director's office*) Мо́же ли?
г-н Анто́нов	Заповя́дайте, г-н Джо́нсън. Добре́ дошли́! Ра́двам се да се запозна́я с Вас.
г-н Джо́нсън	Аз съ́що.
г-н Анто́нов	Как се чу́вствате в Со́фия? Надя́вам се, че сте дово́лен от хоте́ла.
г-н Джо́нсън	Да, вси́чко е наре́д.

г-н Анто́нов	И́скате ли да обя́дваме за́едно?
г-н Джо́нсън	Разби́ра се, ня́мам ни́що проти́в. Мо́же ли пъ́рво да оти́дем в ба́нката? Тря́бва да обменя́ пари́.
г-н Анто́нов	Ня́ма пробле́ми. Ба́нката не е дале́че, а ресторáнтът е до не́я.
г-н Джо́нсън	Извиня́вайте, г-н Анто́нов, мо́же ли да гово́рите по́-ба́вно?
г-н Анто́нов	Мо́же, разби́ра се. Ра́двам се, че ня́маме ну́жда от прево́да́ч. Ви́е гово́рите бъ́лгарски мно́го добре́.
г-н Джо́нсън	Но аз и́скам да разби́рам бъ́лгарски о́ще по́-добре́ и да гово́ря по́-добре́ от г-жа́ Ко́линс.

Мо́же ли? *May I* (come in)*?*
О, г-н Джо́нсън, добре́ дошли́!
Oh, Mr Johnson, welcome!
Мо́ля, запове́дайте. *Please,*
do come in.
Г-н Анто́нов Ви оча́ква.
Mr Antonov is expecting you.
Ра́двам се да се запозна́я с Вас.
Pleased to/meet you/ make your
acquaintance.
Аз съ́що. *So am I/Me too.*
Как се чу́вствате в Со́фия?
How are you feeling in Sofia?
Надя́вам се, че сте дово́лен от
хоте́ла. *I hope you are happy*
with the hotel.
Да, вси́чко е наре́д. *Yes,*
everything is fine.
И́скате ли да обя́дваме за́едно?
Would you like to have lunch
together?
Разби́ра се, ня́мам ни́що проти́в.
Certainly, why not.

Мо́же ли пъ́рво да оти́дем в
ба́нката? *Could we* (possibly)
go to the bank first?
Тря́бва да обменя́ пари́. *I have*
to change some money.
ня́ма пробле́ми *no problem*
Ба́нката не е дале́че, а
ресторáнтът е до не́я. *The*
bank is not far and the restaurant
is next to it.
мо́же ли да гово́рите по́-ба́вно?
Could you (please) *speak*
more slowly?
Мо́же, разби́ра се. *I can,*
of course.
Ра́двам се, че ня́маме ну́жда от
прево́да́ч. *I am glad we do not*
need an interpreter.
Но аз и́скам да разби́рам
бъ́лгарски о́ще по́-добре́! *But I*
want to understand Bulgarian even
better.

Въпро́си

1 Отговоре́те, мо́ля!

(*a*) Кой и́ма сре́ща с г-н Анто́нов?
(*b*) Кой оча́ква г-н Джо́нсън?

   (c) Йма ли г-н Джо́нсън пробле́ми в Со́фия?
   (d) Къде́ йска да оти́де пъ́рво г-н Джо́нсън?
   (e) Кой тря́бва да обмени́ пари́?
   (f) Как тря́бва да гово́ри г-н Анто́нов?

2 Вя́рно или́ невя́рно?

   (a) Г-н Джо́нсън не е дово́лен от хоте́ла.
   (b) Г-н Анто́нов йска да обя́два за́едно с г-н Джо́нсън.
   (c) Ба́нката и рестора́нтът са дале́че.
   (d) Г-н Джо́нсън тря́бва да гово́ри по́-ба́вно.
   (e) Г-н Анто́нов и г-н Джо́нсън ймат ну́жда от прево́да́ч.
   (f) Г-н Джо́нсън йска да разби́ра бъ́лгарски по́-добре́.

——————— Беле́жки ———————

Responding to words of welcome

Мо́ля, you will remember, is the set response to **благодаря́**. The Bulgarians also have set formal responses to the traditional words of welcome **Добре́ дошъ́л! Добре́ дошла́!** and **Добре́ дошли́!** These responses are **Добре́ зава́рил! Добре́ зава́рила!** and **Добре́ зава́рили!**, (Lit. *Well met!*). Once again, notice, you use differing forms for the masculine, feminine and plural. Both the words of welcome, and the responses, which are often immediately preceded or followed by **благодаря́**, are used particularly when someone has arrived safely after a long journey. If you cannot manage the full responses nowadays **Благодаря́** will also suffice.

Knocking and entering

In the **Диало́г** at the beginning of this unit you will have noticed Mr Johnson knocked at the door to Nadya's office and immediately went in. In the English-speaking world, this would have been considered rude. Being in Bulgaria, however, he was right not to wait, for it is normal, especially in offices, to knock and enter immediately. When knocking and entering you would do well simultaneously to give out a **Мо́же ли?** in the hope that, if you are a stranger, someone will eventually respond with a **Да, мо́ля?** and invite you to state your business.

Changing money

Sooner or later (probably sooner rather than later) you will need to change some money. This is never difficult in Bulgaria. You will find all manner of official and less-official agencies, from the state bank and the hotels, to the private bank and the 'Change' bureaux down to the 'ordinary man in the street', all equally anxious to exchange your **валу́та** (*hard currency*) into the local currency. The official agencies are indicated by notices such as **ВАЛУТНО БЮРО**, **ОБМЕННО БЮРО** or **ОБМЯНА НА ВАЛУТА** or simply **CHANGE** . Usually the banks and official agencies will present you with a certificate of exchange. The less official brokers will not be keen to do this, so beware!

— Запомнéте! —

How to:

● Say *Welcome!*

To a man:	Добрé дошъ́л!
To a woman:	Добрé дошлá!
To more than one person (and polite):	Добрé дошли́!

- Attract attention

Мо́же ли?   *May I? Excuse me, but...*

- Request politely

Мо́же ли да гово́ря с Вас?	*May I have a word with you?*
Мо́же ли да оти́дем в	*Could we (possibly) go to*
ба́нката?	*the bank?*
Мо́же ли да гово́рите	*Could you (please) speak*
по́-ба́вно?	*more slowly?*

- Ask *May I..?/Can I..?* and respond to the same request

Мо́же ли да обменя́ пари́ тук?	*Can I change (some) money here?*
Да, мо́же.	*Yes, you can.*
Не, не мо́же.	*No, you can't.*

- Say *I'm pleased to/that..., I'm glad...*

Ра́двам се да се запозна́я с Вас!	*Pleased to meet you.*
Ра́двам се, че вси́чко е наре́д!	*I'm pleased/glad everything is all right.*

- Express satisfaction with the state of affairs

Вси́чко е наре́д!	*Everything is fine!*
Ня́ма пробле́м(и)!	*No problem(s)!*

- Agree with a proposal

Ня́мам ни́що проти́в!   *Why not?/I don't mind if I do!*

- Say *I need/don't need*

Ймам ну́жда от учи́тел.	*I need a teacher.*
Ня́мам ну́жда от превода́ч.	*I don't need an interpreter.*

Грама́тика

1 И́скам да *I want to*

Verbs like **и́скам** *I want* and **тря́бва** *I must* need another verb to complete their meaning. When two (or more) verbs are combined in Bulgarian the second verb is introduced by **да**. (Do not confuse it with **да** meaning *yes*!) The **да**-form of the Bulgarian verb corresponds to the English infinitive with or without *to*. An essential difference from English, however, is that the **да**-form has personal endings just like a main verb.

The personal endings of the main verb and the **да**-form may agree or be different, depending on the meaning:

(*a*) When the two verbs share the same subject, both agree with that subject. The following examples go through all the persons:

Йскам да **говоря** български по-добре.	*I want to speak Bulgarian better.*
Йскаш ли да **учиш** английски?	*Do you want to study English?*
Милена **иска** да **отиде** в Англия.	*Milena wants to go to England.*
Ние **искаме** да **обменим** пари.	*We want to change some money.*
Йскате ли да **отидете** в банката?	*Do you want to go to the bank?*
Милена и Николай **искат** да **пият** кафе.	*Milena and Nikolai want to drink coffee.*

(*b*) When the two verbs have different subjects each agrees with its own subject (although the subject word may be omitted!). In the dialogue Mr Antonov asks:

Йскате ли да **обядваме** заедно?

which literally means *Do **you** want that **we** have lunch together?* Now compare the two – with the same subject and with different subjects:

Йскам да **обядвам** с тях.	*I want to have lunch with them.*
Те **искат** да **обядвам** с тях.	*They want me to have lunch with them.*
Той **иска** да **обядва** с тях.	*He wants to have lunch with them.*
Той **иска** да **обядваш** с тях.	*He wants you to have lunch with them.*

So, to make sure you clearly express who wants to do what with whom you have to choose the endings of the **да**-form very carefully. One letter can make all the difference between who gets a meal and who doesn't!

2 Мо́же ли..? *May I..? Could you..?*

Мо́же ли..? is a commonly used phrase which never changes its form. It is used to attract attention, to ask whether something is possible or permitted, or to make a polite request. (**Мо́же** is, in fact, the *it*-form of the verb meaning *can* or *be able*.)

Мо́же ли on its own

Мо́же ли is used on its own to attract attention or to ask *Is it all right?* (for me to do this, that or the other), or *Could you?* (do this, that or the other for me). For instance, you say **Мо́же ли?** on its own:

(*a*) at the door when you want permission to go in
(*b*) when people are in your way and you want to get past
(*c*) when you need to interrupt someone

In a restaurant you use **мо́же ли** on its own just to attract the waiter's attention, or you may add another word to make your meaning clear:

Мо́же ли меню́то?	*Could you bring the menu?*

Similarly, at table, if you want someone to pass something, the milk, for example, you would say:

Мо́же ли мля́кото?	*Could you pass the milk?*

Мо́же ли да..? *May I..?*

This is used to ask if something is possible or permitted. **Мо́же ли да** + main verb is used to formulate full questions. When the main verb involves the speaker (*I* or *we*), **Мо́же ли да..?** can be used to ask for permission, in which case the answer will be **Мо́же,** or **Да, мо́же** and, if you are unlucky, **Не мо́же,** or **Не, не мо́же.**

Мо́же ли да гово́ря с г-н Анто́нов?	*Can I speak to Mr Antonov?*
Не, сега́ не мо́же.	*No, it isn't possible now.*
Мо́же ли да оти́дем в ба́нката?	*Could we (possibly) go to the bank?*
Мо́же, ра́збира се.	*We could, of course.*
Мо́же ли да се́днем до вас?	*Can we sit next to you?*
Разби́ра се, заповя́дайте!	*Certainly, go ahead!*

Мо́же ли да гово́рите по́-ба́вно? *Could you please speak more slowly?*

When the main verb is addressed to someone else, in the 2nd person singular or plural, **Мо́же ли да..?** is used to make a polite request:

Мо́же ли да гово́риш по́-ба́вно?	*Would you please speak more slowly?*
Мо́же ли да се оба́дите по́-къ́сно?	*Could you please ring/ call later?*

3 Тря́бва да... *Must* or *have to*

You use **тря́бва да** + verb for both *must* and *have to*. As with **мо́же ли да..?**, **тря́бва да**... itself stays the same for all persons. The verb that follows changes to fit the subject, which is not always expressed. Again, therefore, you have to be very careful to listen for the ending of the verb to work out the correct meaning.

(аз)	тря́бва да оти́да в Пло́вдив.	*I have to go to Plovdiv.*
(ти)	тря́бва да оти́деш в по́щата.	*You must go to the post office.*
Миле́на	тря́бва да се запозна́е с г-н Джо́нсън.	*Milena must get to know Mr Johnson.*
(ни́е)	тря́бва да оти́дем в ба́нката.	*We have to go to the bank.*
(ви́е, Ви́е)	тря́бва да обмени́те пари́.	*You must change some money.*
(те)	тря́бва да оти́дат в по́щата.	*They have to go to the post office.*

4 A bit more about verbs

Note that some verbs can only be used in the present tense when preceded by а **да**. You will learn more about these verbs in Unit 12, but from now on when listed in the Vocabulary they will all be preceded by (**да**).

5 Ѝмам среща с него *I've a meeting with him*

As in English, personal pronouns have different forms when they are not used as subjects, for instance after prepositions. Compare: *I have a meeting with him* (**аз ѝмам среща с него**), and *he has a meeting with me* (**той ѝма среща с мене**). Both subject and non-subject forms are given below side by side for comparison:

Subject forms		Non-subject forms	
Singular	аз	с мене	*with me*
	ти	от тебе	*from you*
	той	с него	*with him*
	тя	от нея	*from her*
	то	до него	*next to it*
Plural	ние	до нас	*near us*
	вие (Вие)	с вас (Вас)	*with you*
	те	от тях	*from them*

Ѝскате ли да обядвате с мене?	*Would you like to have lunch with me?*
Г-н Джонсън ѝма среща с него.	*Mr Johnson has a meeting with him.*
Това е банката, а ресторантът е до нея.	*That is the bank and the restaurant is next to it.*
Ѝма трѝ писма за Вас.	*There are three letters for you.*
Надя пие кафе с тях.	*Nadya is drinking coffee with them.*

6 Getting to know one another

Verbs that are accompanied by the 'satellite' word **се** are known as reflexive verbs. One of the uses of a reflexive verb is to express the meaning *each other* or *one another*.

Sometimes the same verb can be used with and without **се** with different meanings. Compare the non-reflexive *without* **се**:

Невена ѝска да запознае г-н Джонсън със семейство Колинс.	*Nevena wants to introduce Mr Johnson to the Collins family.*
Г-н Джонсън разбѝра български.	*Mr Johnson understands Bulgarian.*

and the same verbs used *with* **се**:

Николáй и Милéна и́скат да се запознáят.	*Milena and Nikolai want to meet (one another).*
Г-н Антóнов и г-н Джóнсън се разби́рат без преводáч.	*Mr Antonov and Mr Johnson understand one another without an interpreter.*

A number of reflexive verbs, usually denoting feelings or emotions, never appear without **се**: **надя́вам се** *I hope*, **рáдвам се** *I am glad*. There's more about reflexives in Unit 20!)

7 Where to place the се

Strict rules govern the position of **се**. Most importantly it can never be the very first word in a sentence. Like a satellite it remains close to its verb, but:

(*a*) it comes before the verb if there are other words in first position such as pronouns, adverbs, question words or even little words like **да** in a **да**-form or the negative **не**;

(*b*) it follows the verb if the verb is the first word in the sentence.

Before the verb		After the verb
Той се надя́ва, че г-н Джóнсън е довóлен. *He hopes Mr Johnson is pleased.*	but	Надя́вам се, че сте довóлен. *I hope you are pleased.*
Как се чýвствате? *How do you feel?* Не се чýвствам добрé. *I don't feel well.*	but	Чýвствам се добрé. *I feel well.*

(The Appendix has a table to help you with word order.)

Упражнéния

1 Form short dialogues following the model:
   ● И́мате ли резервáция?

– Не, тря́бва ли да и́мам резерва́ция?
● Да, тря́бва.

Use **ви́за/биле́т/бо́рдна ка́рта** (*boarding pass/card*) instead of **резерва́ция**.

2 Using the model: И́скате ли да оти́дем на рестора́нт? ask someone to go:

(*a*) to the opera
(*b*) to a concert
(*c*) to a patisserie
(*d*) to a disco (**дискоте́ка**)

(*e*) to the theatre
(*f*) to a match (**мач**)
(*g*) skiing (**на ски**)
(*h*) to the beach (**плаж**).

3 You fear you have misheard an important telephone message. On the basis of the following questions and answers, see if you can write out the original message in just one sentence.

Кой тря́бва да оти́де в А́нглия? – Никола́й.
В кой град тря́бва да оти́де Никола́й? - В Че́лмсфорд.
Кога́ тря́бва да оти́де Никола́й в Че́лмсфорд? – След три се́дмици.

4 Which of the **мо́же ли?** questions might you use in the following situations. In some of them, a variety of questions may be appropriate.

(i) at the information desk?	(a) Мо́же ли?
(ii) looking for a place in a restaurant?	(b) Мо́же ли да гово́ря с Миле́на?
(iii) in a crowded bus?	(c) Мо́же ли това́?
(iv) at table?	(d) Мо́же ли да се́дна до Вас?
(v) pointing at something in a shop?	(e) Мо́же ли да обменя́ пари́ тук?
(vi) asking for Milena on the phone?	(f) Мо́же ли солта́? (the salt)
(vii) at the Bureau de Change	(g) Мо́же ли една́ ка́рта на Со́фия?
(viii) entering a room?	
(ix) attracting the attention of a waiter?	

5 By using pronouns instead of the names and the nouns in the next two exercises you will be able to practise using the non-subject forms.

(a) Позна́ваш ли Неве́на? И́мам писмо́ от _____ .

(b) Позна́ваш ли Марк? И́мам сре́ща с _____ .

(c) Позна́ваш ли г-н и г-жа́ Ко́линс? И́ма те́лекс за _____ .

6 You are giving directions using a well known place as a reference point. Complete with the appropriate personal pronoun:

(a) Зна́ете къде́ е ба́рът (bar), нали́? Сладка́рница́та е до _____ .

(b) Зна́ете къде́ е сладка́рницата, нали́? Дискоте́ката е до _____ .

(c) Зна́ете къде́ е дискоте́ката, нали́? Бюро́ „Информа́ция" е до _____ .

(d) Зна́ете къде́ е бюро́ „Информа́ция", нали́? По́щата е до _____ .

(e) Зна́ете къде́ е по́щата, нали́? Музе́ят е до _____ .

(f) Зна́ете къде́ е музе́ят, нали́? Магази́нът е до _____ .

7 Introduce yourself and ask for the things listed below.
Model: Ка́звам се _____ . И́мате ли ста́я за ме́не?

писма́ / факс / ве́стници / биле́ти / ма́са (table)

8 Read the following text and make it into a conversation between Nikolai, Mr Antonov and Nadya. It will help you practise using verbs in the *I* form.

Николай иска да говори с г-н Антонов. Г-н Антонов съжалява, но сега няма време за него. Той има среща с г-н Джонсън. Надя пита (*asks*) има ли г-н Антонов нужда от нея. Г-н Антонов мисли, че те нямат нужда от преводач. Той пита Надя може ли да направи (*make*) кафе за тях. Надя няма нищо против.

9 This exercise will help you ask for things you might need in a hotel. Prefacing your answer by Имам нужда от, use the words listed below to reply to the question: От какво имате нужда?

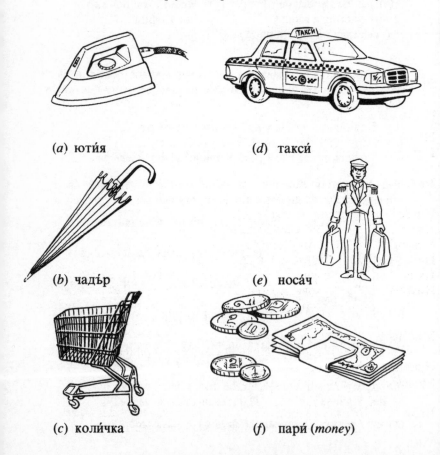

(*a*) ютия

(*d*) такси

(*b*) чадър

(*e*) носач

(*c*) количка

(*f*) пари (*money*)

10 Now for a few useful reflexives. Complete the following sentences without forgetting to alter the position of **ce**. Here is a model to guide you:

Рáдвам се да се запознáя с Вас! – И аз **се рáдвам**.

(*a*) Надя́вам се да отúда във Вáрна. – И аз _____
(*b*) Рáдвам се, че заминáваш за Áнглия. – И аз _____
(*c*) Чýвствам се добрé. – И аз _____

Разбúрате ли?

Рáзговор

(*The telephone rings.*)

Нáдя	Да, мóля?
Клиéнт	Áло, мóже ли да говóря с дирéктора г-н Антóнов?
Нáдя	Съжаля́вам, г-н Антóнов е заéт в момéнта. Мóже ли да се обáдите пó-късно?
Клиéнт	Когá да се обáдя?
Нáдя	Пó-късно следóбед, мóля.
Клиéнт	Благодаря́. Дочýване.
Николáй	Дирéкторът с г-н Джóнсън ли е?
Нáдя	Да. Тря́бва да се запознáеш с нéго.
Николáй	Да, тря́бва, разбúра се. Но сегá г-н Джóнсън и дирéкторът са заéти. Милéна, ти заéта ли си след рáбота? Úскаш ли да отúдем на тéнис?
Милéна	Добрá идéя, но пъ́рво тря́бва да говóря с брат ми. Той úска да отúде с мéне на концéрт.
Николáй	Мóже всúчки зáедно да отúдем на концéрт.
Милéна	Такá е най-добрé. Нáдя, мóже ли да се обáдя по телефóна?
Нáдя	Мóже, разбúра се. И аз тря́бва да се обáдя след тéбе. Úскам да отúда с вас на концéрт.

клиéнт *client, customer*	**дочу́ване** *goodbye* (on the phone)
áло *hello!* (on the phone)	**сегá** *now*
заéт *busy*	**тéнис** *tennis*
в момéнта *at the moment*	**идéя** *idea*
пó-късно *later*	

1 Кой и́ска да говóри с дирéктора?
2 Свобóден ли е г-н Антóнов сегá?
3 Когá трябва да се обáди клиéнтът?
4 Къдé и́ска да оти́де Николáй след рáбота?
5 Къдé и́ска да оти́де брáтът на Милéна с нéя?
6 И́ска ли Нáдя да оти́де с Николáй и Милéна?

7

КОЛКО СТРУ́ВА..?

How much is..?

In this unit you will learn how to

- point out and ask for things
- ask *how much does it cost?*
- shop at Bulgarian open-air fruit markets

Диало́г

Mr and Mrs Collins go to the market to buy fresh fruit and vegetables. They have consulted Nevena for advice about where to shop.

г-жа́ Ко́линс   Неве́на, покаже́те ни, мо́ля, къде́ и́ма магази́н за плодове́ и зеленчу́ци.

Неве́на   На́й-добре́ е да оти́дете на паза́ра. Плодове́те и зеленчу́ците там не са е́втини, но са на́й-пре́сни. Паза́рът не е дале́че.

At the market, Mr and Mrs Collins become so carried away that they speak to each other in Bulgarian.

г-жа́ Ко́линс	Виж, Джордж, та́зи жена́ прода́ва ху́бави зеленчу́ци. Да ку́пим дома́ти от не́я.
г-н Ко́линс	Зеленчу́ци? Дома́ти? А-ха́...
Продава́чка	Заповя́дайте, мо́ля, вземе́те си!
г-н Ко́линс	Какви́ са те́зи зеленчу́ци?
Продава́чка	Това́ са ти́квички, господи́не. Да Ви дам ли?
г-н Ко́линс	Не, благодаря́. Жена́ ми не оби́ча ти́квички.
Продава́чка	В Бълга́рия ня́ма мно́го мъже́, кои́то пазару́ват!
г-н Ко́линс	Мо́ля? Не разби́рам.
г-жа́ Ко́линс	Жена́та и́ска да ка́же, че мъже́те в Бълга́рия не оби́чат да пазару́ват.
г-н Ко́линс	О, аз ня́мам ни́що проти́в да пазару́вам! Да́йте ми, мо́ля, еди́н килогра́м дома́ти. Жена́ ми оби́ча дома́ти.
г-жа́ Ко́линс	Ко́лко стру́ват дома́тите?
Продава́чка	Че́тири ле́ва.
г-жа́ Ко́линс	А пъ̀пешите?
Продава́чка	Шест ле́ва и петдесе́т стоти́нки за килогра́м.
г-жа́ Ко́линс	Претегле́те ми то́зи пъ̀пеш, ако́ оби́чате.
Продава́чка	Гото́во! Пъ̀пешът е два килогра́ма и полови́на.
г-жа́ Ко́линс	Какви́ дру́ги плодове́ и́мате?
Продава́чка	И́маме я́бълки, пра́скови и гро́зде.
г-жа́ Ко́линс	Да́йте ми еди́н килогра́м от те́зи я́бълки и полови́н килогра́м бя́ло гро́зде.
Продава́чка	Вси́чко три́йсет и о́сем ле́ва и шейсе́т стоти́нки, мо́ля.
г-жа́ Ко́линс	Джордж, плати́, ако́ оби́чаш. (*Popping a grape into her mouth.*) Ммм, гро́здето е мно́го сла́дко. Джордж, купи́ о́ще еди́н килогра́м.
г-н Ко́линс	Добре́, добре́. Добре́, че и́ма о́ще мъже́, кои́то пазару́ват с удово́лствие...

Покажéте ни, мóля къдé има
магазѝн за плодовé и
зеленчýци.   *Please show us
where there is a greengrocer's.*
Нáй-добрé е да отѝдете на
пазáра.   *You'd do best to go to
the market.*
Плодовéте и зеленчýците там не
са éвтини.   *The fruit and
vegetables are not cheap there.*
нáй-прéсни   *freshest*
Виж, Джордж, тáзи женá
продáва хýбави зеленчýци.
*Look, George, this woman is selling
nice vegetables.*
Да кýпим домáти от нéя.   *Let's
buy some tomatoes from her.*
А-хá...   *Aha...*
Вземéте си!   *Help yourself!*
тéзи   *these*
тѝквички   *courgettes/zucchinis*
Да Ви дам ли?   *Shall I give you
some?*
Женá ми не обѝча тѝквички.
My wife doesn't like courgettes.
В Бългáрия нáма мнóго мъжé,
кóйто пазарýват!   *In Bulgaria,
there aren't many men who do
the shopping.*
Женáта ѝска да кáже, че мъжéте
в Бългáрия не обѝчат да
пазарýват.   *What the woman
means is that men in Bulgaria don't
like shopping.*
О, аз нáмам нѝщо протѝв да
пазарýвам.   *Oh, I don't mind
shopping.*

Дáйте ми, мóля, едѝн килогрáм
домáти.   *Please give me one
kilogram of tomatoes.*
Кóлко стрýват домáтите?   *How
much are the tomatoes?*
чéтири лéва   *four levs*
А пъпешите?   *And the melons?*
Шест лéва и петдесéт стотѝнки
за килогрáм.   *Six levs and fifty
stotinkas a kilogram.*
Претеглéте ми тóзи пъпеш, акó
обѝчате.   *Weigh this melon for
me, if you please.*
Готóво! Пъпешът е два
килогрáма и половѝна.   *There
you go! The melon is 2¹/₂ kilograms.*
Каквѝ дрýги плодовé ѝмате?
What other fruit do you have?
Ѝмаме áбълки, прáскови и
грóзде.   *We have apples,
peaches and grapes.*
едѝн килогрáм от тéзи áбълки
one kilogram of these apples
половѝн килогрáм бáло грóзде
half a kilogram of white grapes
платѝ, акó обѝчаш   *pay, (if you)
please*
Грóздето е мнóго слáдко.   *The
grapes are very sweet.*
Купѝ óще едѝн килогрáм.   *Buy
another kilogram.*
Добрé, че...   *It's a good thing that...*
ѝма óще мъжé, кóйто пазарýват
с удовóлствие.   *there still are
men who gladly do the shopping.*

Въпрóси

1   Отговорéте, мóля!

(a) Къдé е нáй-добрé да отѝдат г-н и г-жá Кóлинс за
плодовé и зеленчýци?

(b) Каквѝ са плодовéте и зеленчýците на пазáра?

(c) Каквó не обѝча г-жá Кóлинс?

(*d*) Ко́лко килогра́ма дома́ти и́ска г-н Ко́линс?

(*e*) Какви́ плодове́ прода́ва жена́та?

(*f*) Ко́лко стру́ва вси́чко?

2   Вя́рно или́ невя́рно?

(*a*) Г-н и г-жа́ Ко́линс и́скат Неве́на да им пока́же сладка́рницата.

(*b*) Г-н Ко́линс и́ска да ку́пи ти́квички.

(*c*) Г-н Ко́линс е еди́н от те́зи мъже́, който оби́чат да пазару́ват.

(*d*) Г-жа́ Ко́линс и́ска да ѝ прете́глят еди́н пъ́пеш.

(*e*) Г-жа́ Ко́линс и́ска еди́н килогра́м пра́скови.

(*f*) Гро́здето е мно́го сла́дко и г-жа́ Ко́линс и́ска да ку́пи о́ще.

——— Беле́жки ———

More about money

Since the early 1880s, shortly after the liberation of Bulgaria from the Ottoman Empire, the basic Bulgarian currency unit has been the

лев (*lev*, Lit. *lion*, after the rampant lion that is the official emblem of free Bulgaria). The sub-unit (one hundred to every lev) is the стотинка (*stotinka*, from **сто** meaning *hundred*). Although there are coins for 1, 2 and 5 levs, levs come mainly in notes, in denominations of 1, 2, 5, 10, 20, 50, 100, 200 and 500.

Buying fruit

The best place to buy fruit is at one of the many open-air markets. Here you will find a great variety of seasonal fruit and vegetables being offered for sale by individual stall-holders, all eager that you should leave your money with them. It is normal practice almost everywhere for you to select your own fruit. Sometimes the stall-holder will even offer you something to taste.

Fruit and vegetables are sold by the kilogram – not by the pound – and even cucumbers and melons are usually sold by weight. When buying quantities less than a kilogram, the weight is usually calculated in grams or fractions of a kilogram. So if you want half a kilogram of tomatoes you say **Половин килограм домати, моля**. And if you want less than a pound, of cheese, say, you say **триста грама сирене, моля**. (Not that Bulgarians ever buy in such small quantities!)

Stall-holders in the open-air markets and assistants in the greengrocers will either wrap the produce in newspaper – if they have any – or expect to tip the produce straight into your shopping bag as it is weighed. If you are offered a plastic bag, you must expect to pay for it. So best go with an adequate supply of your own.

Bulgaria is a Mediterranean-type country and a 'bridge to the East', but you will not be expected to haggle over the prices of fruit and vegetables. Although not always marked up, the prices you will be given when you ask **Колко струва?** (or **Колко струват?**) will be firm. As with waiters, the arithmetic of stall-holders is not always reliable, and overcharging is not unknown. So do tot up the various items yourself, preferably in Bulgarian, and aloud!

In Bulgaria, courgettes (or zucchinis if you prefer) are more like small marrows. They are light in colour and larger than the ones we are used to.

—— Запомнéте! ——

How to:

● Ask someone to give you/show you something

Дáйте ми, мóля, дéсет билéта!	*Please give me ten tickets.*
Покажéте ми, мóля, товá списáние!	*Please show me this magazine.*

● Ask how much something costs

Кóлко стрýва пъпешът?	*How much is the melon?*
Кóлко стрýват ябълките?	*How much do the apples cost?*

● Make suggestions

Да отúдем на пазáра!	*Let's go to the market.*
Да кýпим домáти от тáзи женá!	*Let's buy some tomatoes from this woman.*

● Give advice

Нáй-добрé е да отúдете на пазáра!	*You'd do best to go to the market.*

● Express your likes and dislikes

Обúчам грóзде.	*I like grapes.*
Обúчам да пазарýвам.	*I like shopping.*
Не обúчам прáскови.	*I don't like peaches.*
Не обúчам да ýча.	*I don't like studying.*

 —— Грамáтика ——

1 More masculine plurals

Masculine nouns of one syllable have a plural ending all of their own. If they end in a consonant they add **-ове** to the singular. If they end in **-й** they add **-еве**. Some nouns keep the stress on the first syllable, while in others the stress jumps either to the middle or to the final syllable.

ключ	–	клю́чове	*keys*	плод	–	плодове́ *fruit*
плик	–	пли́кове	*envelopes*	брой	–	бро́еве *numbers;*
сок	–	со́кове	*juices*			*copies*
нож	–	ножо́ве	*knives*			
град	–	градове́	*towns*			

Only very few masculine nouns of one syllable form their plurals differently. Two common examples are:

брат – бра́тя *brothers*	мъж – мъже́ *men/husbands*

2 Using *the* with plural nouns: adding -те and -та

The Bulgarian equivalent of *the* is again added to the end of the word.

Singular

		with *the*	
пъпеш	*a melon*	пъпешъ́т	*the melon*

Plural

		with *the*	
пъпеши	*melons*	пъпешите	*the melons*

There are two alternative plural forms of *the*: -те and -та. Which you need depends entirely on the final letters of the plural form. Gender plays no part whatsoever. Once again, though, you will notice an element of rhyme, or vowel harmony.

(*a*) -те is added to plurals in -и or -е:

зеленчу́к: зеленчу́ци	–	зеленчу́ците	*the vegetables*
плод: плодове́	–	плодове́те	*the fruit*
пра́сковa: пра́скови	–	пра́сковите	*the peaches*
я́бълка: я́бълки	–	я́бълките	*the apples*

(*b*) -та is added to plurals in -a and -я:

ви́но: вина́	–	вина́та	*the wines* (Note the stress change!)

детé: децá	–	децáта	*the children*
писмó: писмá	–	писмáта	*the letters*
брат: брáтя	–	брáтята	*the brothers*

3 Telling people what to do

Дáйте ми, мóля!	*Please give me.*
Вземéте си, мóля!	*Please take.*
Покажéте ми, мóля!	*Please show me.*

These are all commands or requests in the polite plural. You have already come across a number of similar forms (all ending in -те) **заповя́дайте! здравéйте!** and **кажéте!** and also **запомнéте!** These forms are all known as imperatives. There is a singular imperative, for situations when you would need to use the singular **ти** form, and a plural imperative, for situations when you would use **Вúе** or **вúе.**

The endings of the imperative are either -**й** (-**йте**) or -**ú** (-**éте**).

(*a*) In **a**-pattern verbs and verbs with an *I*-form ending in two vowels you replace the present tense endings of the *I*-form with -**й** or -**йте**:

Present tense	Imperative singular	Imperative plural	
паркúрам (*I park*)	не паркúрай!	не паркúрайте!	*don't park*
рáдвам се	рáдвай се!	рáдвайте се!	*be happy*
игрáя	игрáй!	игрáйте!	*play*
пúя	пúй!	пúйте!	*drink*

(*b*) In most **e**- and **и**-pattern verbs the ending of the *I*-form of the present tense is replaced by -**ú** in the singular and -**éте** in the plural:

Present tense	Imperative singular	Imperative plural	
(да) покáжа	покажú!	покажéте!	*show*
(да) сéдна	седнú!	седнéте!	*sit down*
(да) кýпя	купú!	купéте!	*buy*
(да) платя́	платú!	платéте!	*pay*

Note that in these verbs the stress is on the final syllable in the singular and on the penultimate syllable in the plural.

Some common irregular imperatives.

	Present	**Singular**	**Plural**	
(да)	ви́дя	виж!	ви́жте!	*look*
(да)	дам	дай!	да́йте!	*give*
(да)	ям	яж!	я́жте!	*eat*
(да)	до́йда	ела́!	ела́те!	*come*

4 (да) дам *I give*

This verb follows the **e**-pattern, but the *I*-form is irregular. In the present tense **дам** only occurs after **да**. The examples below are therefore accompanied by **тря́бва**:

аз	тря́бва да дам	*I must give*	ни́е тря́бва да даде́м	*we must give*
ти	тря́бва да даде́ш	*you must give*	вие тря́бва да даде́те	*you must give*
той тя } то	тря́бва да даде́	*he, she, it must give*	те тря́бва да дада́т	*they must give*

5 Да́йте ми! покаже́те ми! *Give me, show me*

When using verbs like *give* and *show* you usually need to mention both what you give or show (the direct object), and the person to whom the thing is given or shown (the indirect object).

Да́йте **ми**, мо́ля, еди́н
килогра́м гро́зде!
*Please give **me** a kilogram of grapes.*

Покаже́те **ми**, мо́ля,
та́зи ка́ртичка!
*Please show **me** this post card.*

Претегле́те **ми**, мо́ля,
то́зи пъ̀пеш!
*Please weigh this melon for **me**.*

In English, you often need two words (a preposition like *to* or *for* and a naming word or a pronoun like *me*) to express the indirect object: *Give it to me*, or *Weigh it for me*. Bulgarian, however, usually manages without the preposition. Happily, the forms of the pronoun are the same as those used to express possession (see Unit 3). Here are the subject pronouns followed by the indirect object pronouns:

(аз)	ми	*to me*	(ние)	ни	*to us*
(ти)	ти	*to you*	(вие)	ви	*to you*
(той)	му	*to him*			
(тя)	й	*to her*	(те)	им	*to them*
(то)	му	*to it*			

6 Where to put the indirect object pronoun

Like the reflexive pronoun **се**, the indirect object usually comes immediately before the verb:

Йскам да **ти** покажа София.   *I want to show **you** Sofia.*
Може ли да **ни** покажете   *Could you show **us** the market?*
пазара?

(Watch the stress of **покажете**. This is the *you*-form, NOT the imperative!)

If the verb is the first word in the sentence, the pronoun comes immediately after the verb:

Покажете **ни** менюто, моля.   *Please show us the menu.*
Дайте **ми** менюто, моля!   *Please give me the menu!*

7 Да Let's! and shall we?

Да can be used with the *we*-form to express the English *let's!* or *shall we?*

Да отидем на пазара!   *Let's go to the market!*
Да купим пъпеша!   *Let's buy the melon!*
Да платим!   *Let's pay!*

If we add **ли** and turn these examples into questions, the affirmative answer will involve two different usages of **да**:

Да отидем ли на пазара?   *Shall we go to the market?*
Да, да отидем!   *Yes, let's!*
Да купим ли пъпеша?   *Shall we buy the melon?*
Да, да купим!   *Yes, let's!*

8 Тóзи, тáзи, товá and тéзи: *this, these*

In situations where in English you use *this* or *these* – when pointing to or referring to something or someone nearby – in Bulgarian you have to select one of four slightly different forms:

Masculine	**тóзи** голя́м магази́н	*this large shop*
Feminine	**тáзи** стáра женá	*this old woman*
Neuter	**товá** хýбаво детé	*this beautiful child*
Plural	**тéзи** млáди мъжé	*these young men*

9 Éвтин and пó-éвтин *Cheap* and *cheaper*

To say that something is cheaper, bigger or more beautiful, for example, (i.e. to make the comparative form of the adjective), all you do is place **пó-** on the front, as you did with the adverbs in Unit 5. The adjectives, however, have to be changed according to gender, depending on what noun they go with. So you say:

Тóзи пъ́пеш е éвтин/ **пó-éвтин**.	*This melon is cheap/cheaper.*
Тáзи кáртичка е хýбава/ **пó-хýбава**.	*This card is beautiful/ more beautiful.*
Товá ви́но е слáдко/ **пó-слáдко**.	*This wine is sweet/sweeter.*
Тéзи крáставици са éвтини/ **пó-éвтини**.	*These cucumbers are cheap/ cheaper.*

As with the adverbs, the **пó-** is emphasised, and we will again add a stress mark to remind you of this.

If you want to compare one thing (or person) with another, you use **от** in place of the English *than*, just as you did with the adverbs:

Я́бълките са пó-éвтини **от** прáсковите.	*The apples are cheaper than the peaches.*
Невéна е пó-хýбава **от** Нáдя.	*Nevena is more beautiful than Nadya.*

When there is a preposition before the noun, you have to use **откóлкото** instead of **от**:

В Бълга́рия зеленчу́ците са по́-е́втини **отко́лкото** в А́нглия.	*In Bulgaria the vegetables are cheaper than in England.*
На паза́ра плодове́те са по́-пре́сни **отко́лкото** в магази́ните.	*At the market the fruit is fresher than in the shops.*

 ## Упражне́ния

1 Select from the regular and numerical plural forms in the box (all masculines!) to complete these sentences:

(*a*)	И́мате ли ____.	пли́ка, пли́кове
(*b*)	На́дя и́ска да ку́пи два ____.	
(*c*)	Два ____, мо́ля.	бана́на, бана́ни (*banana*)
(*d*)	Оби́чаш ли ____?	
(*e*)	Да ви дам ли два ____?	пъ́пеша, пъ́пеши
(*f*)	Г-жа́ Ко́линс оби́ча ____.	
(*g*)	Мо́ля, да́йте ни ____!	но́жа, ножо́ве
(*h*)	Е́то тук и́ма ня́колко ____.	
(*i*)	Г-н Джо́нсън и́ска да оти́де в ня́колко бъ́лгарски ____.	гра́да, градове́
(*j*)	Ру́се и Тъ́рново са ____ в Бълга́рия.	

2 Public notices are often instructions, sometimes given in the singular, sometimes in the plural. You would do well to note – and observe! – the following common instructions:

Бутни́!	*Push.*
Дръпни́!	*Pull.*
Не пи́пай!	*Don't touch.*
Плате́те на ка́сата!	*Pay at the cash desk.*
Пазе́те чистота́!	*No litter* (Lit. *Observe cleanliness*).
Не газе́те трева́та!	*Keep off the grass!*

Which of the notices would you expect to find:
(*a*) in a shop   (*c*) on doors into a shop
(*b*) in a park   (*d*) near live electricity cables

3   Ask the appropriate questions using the phrases given below and
choosing between **павилио́н** (*kiosk*), **телефо́н, апте́ка** and **ба́нка**.

Model: Мо́же ли да ми ка́жете къде́ и́ма павилио́н?
Тря́бва да ку́пя биле́ти.

(*a*) Тря́бва да се оба́дя на мъжа́ ми.
(*b*) Тря́бва да обменя́ пари́.
(*c*) Тря́бва да ку́пя аспири́н.
(*d*) Тря́бва да ку́пя ве́стници.

4   Imagine you are in a chemist's. Ask for the items listed below
using Мо́же ли да ми пока́жете and either:

(*a*) **то́зи,**   (*c*) **това́** or
(*b*) **та́зи,**   (*d*) **те́зи.**

ка́рта   ча́ша (*glass/cup*)
чадъ́р   списа́ния
крем (*cream*)   кре́мове
списа́ние   ча́ши
ножо́ве   лека́рство (*medicine*)

5   You've now moved to the open-air market. Ask for the items
below using the model: Ко́лко стру́ват дома́тите? Да́йте
ми еди́н килогра́м дома́ти:

(*a*) кра́ставици (*cucumbers*)   (*c*) я́бълки

(*b*) ти́квички   (*d*) пра́скови

6 Give affirmative answers to these questions following the model: Да ку́пим ли крем? Да, да ку́пим!

(a) Да оти́дем ли на Ви́тоша?
(b) Да оти́дем ли на те́нис?
(c) Да плати́м ли сега́?
(d) Да се оба́дим ли на Никола́й?

7 To practise saying what you do and do not like doing, and also to make sure you have not forgotten how to use the construction with **да**, answer the following questions:

(a) Оби́чате ли да пъту́вате (*travel*)?
Да, мно́го оби́чам _____.
(b) Оби́чате ли да игра́ете (*play*) те́нис?
Не, не оби́чам _____.
(c) Оби́чате ли да пазару́вате? Не, не оби́чам _____.
(d) Оби́чате ли да ка́рате ски (*to go skiing*)?
Да, мно́го оби́чам _____.
(e) Оби́чате ли да гово́рите чу́жди ези́ци?
Да, мно́го оби́чам _____.

8 First read aloud these polite (plural) forms of a number of common instructions. Then use their familiar, singular forms, as if you were talking to a child or a good friend:

(a) Купе́те мля́ко, мо́ля! (d) Ви́жте, мо́ля!
(b) Ела́те, мо́ля! (e) Каже́те, мо́ля!
(c) Седне́те, мо́ля! (f) Да́йте, мо́ля!

9 Try rearranging the words below to make proper sentences:

(a) ли, да дам, Ви, солта́..?
(b) пока́жете, ста́ята, мо́же ли, да, ни..?
(c) ни, да́йте, мо́ля, ключа́!
(d) това́, покаже́те, списа́ние, ми, мо́ля..!
(e) да, мо́же ли, пъпеш, ми, даде́те, то́зи..?

10 Practise some comparisons by making complete sentences out of the words below. With the exception of (d) you have to use the definite forms throughout.

Model: Пъпеш/бана́н/голя́м
Пъпешъ́т е по́-голя́м от бана́на.

(a) Я́бълки/пра́скови/е́втини

(*b*) Дома́ти/ти́квички/пре́сни
(*c*) Пъ́пеш/гро́зде/сла́дък
(*d*) На́дя/Неве́на/заета
(*e*) Кра́ставици/ти́квички/голе́ми

Разби́рате ли?

Ра́зговор

Nadya is at the post office (**В по́щата**).

На́дя	Мо́же ли една́ ка́ртичка от Со́фия, мо́ля?
Продава́чка	Коя́ да Ви дам?
На́дя	Та́зи с фонта́ните и Дворе́ца на култу́рата.
Продава́чка	Та́зи ли?
На́дя	Не та́зи, до нея́ и́ма о́ще една́. Да́йте ми и ка́ртичката с Университе́та.
Продава́чка	Не́що дру́го?
На́дя	Да, и́скам и де́сет биле́та за трамва́я.
Продава́чка	Заповя́дайте. Да Ви дам ли пли́кове и ма́рки?
На́дя	А да – два пли́ка и две ма́рки за Аме́рика. Покаже́те ми, мо́ля, и та́зи ка́рта на Со́фия.
Продава́чка	Е́то, ви́жте. Това́ е но́ва ка́рта на Со́фия.
На́дя	Ко́лко стру́ва?
Продава́чка	Ка́ртата стру́ва осемна́йсет ле́ва.
На́дя	Ко́лко тря́бва да Ви дам вси́чко?

| Продава́чка | Ка́ртичките са че́тири ле́ва, биле́тите са петна́йсет, пли́ковете и ма́рките са шестна́йсет и петдесе́т. Това́ пра́ви петдесе́т и три ле́ва и петдесе́т стоти́нки. |

фонта́н *fountain*
Дворе́ц на култу́рата *Palace of Culture*
ма́рка *stamp*

(да) пока́жа, -жеш *to show*
нов *new*
си́рене *white cheese (feta)*

Вя́рно или́ невя́рно?

1 Дворе́цът на култу́рата е в Со́фия.
2 В по́щата и́ма ня́колко ка́ртички с Дворе́ца на култу́рата.
3 На́дя не и́ска ни́що дру́го.
4 На́дя и́ска шест пли́ка и шест ма́рки.
5 Ка́ртичките стру́ват два ле́ва и де́сет стоти́нки.
6 На́дя тря́бва да даде́ петдесе́т и три ле́ва и петдесе́т стоти́нки.

8

КАКВО́ МИ ПРЕПОРЪ́ЧВАТЕ?

What can you recommend?

In this unit you will learn how to

- order a meal in a restaurant
- say what Bulgarian dishes you prefer
- recommend dishes to someone else

Диало́г

Mr Antonov and Mr Johnson, his guest from England, are about to order a meal.

Анто́нов	Какво́ да поръ́чаме?
г-н Джо́нсън	Мо́же ли да ви́дя меню́то?
Анто́нов	Заповя́дайте! (*Opening the menu and pointing.*) Ето, това́ са су́пите и сала́тите. Това́ са бъ́лгарските специалите́ти.

г-н Джо́нсън	Какво́ ми препоръ́чвате?
Анто́нов	Шо́пската сала́та е типи́чно бъ́лгарска. Тя е с дома́ти, кра́ставици и си́рене.
г-н Джо́нсън	Добре́, една́ шо́пска сала́та за ме́не.
Анто́нов	И́скате ли тарато́р?
г-н Джо́нсън	Какво́ е тарато́р?
Анто́нов	Това́ е су́па от ки́село мля́ко и кра́ставици. Серви́ра се студе́на. Мно́го е вку́сна.
г-н Джо́нсън	Не, благодаря́. Предпочи́там то́пла су́па. (*Reading and pointing.*) Е́то та́зи – пи́лешка су́па.
Анто́нов	Препоръ́чвам Ви тога́ва то́зи бъ́лгарски специалите́т – пъ́лнени чу́шки.
г-н Джо́нсън	Добре́, да взе́мем пъ́лнени чу́шки.
Анто́нов	(*To the waiter*) Мо́же ли..?
Сервитьо́р	Заповя́дайте, мо́ля.
Анто́нов	Две шо́пски сала́ти, една́ пи́лешка су́па, еди́н тарато́р и два пъ́ти пъ́лнени чу́шки.
Сервитьо́р	Ко́лко хляб?
Анто́нов	Че́тири бе́ли хле́бчета, мо́ля.
Сервитьо́р	Не́що за пи́ене?
Анто́нов	А, да. Да взе́мем ли бути́лка ви́но, г-н Джо́нсън?
г-н Джо́нсън	Не, благодаря́. Аз оби́чам бъ́лгарските вина́, но на о́бед не пи́я алкохо́л. И́мате ли пло́дови со́кове?
Сервитьо́р	Не, за съжале́ние. Са́мо ко́ла, лимона́да и гази́рана вода́.
г-н Джо́нсън	За ме́не една́ гази́рана вода́, ако́ оби́чате.
Сервитьо́р	А за Вас, господи́не? Бя́лото ви́но е мно́го ху́баво.
Анто́нов	Добре́, тога́ва за ме́не ча́ша бя́ло ви́но, мо́ля.
Сервитьо́р	Не́що дру́го?
Анто́нов	Не, благодаря́.

Какво́ да поръ́чаме? *What shall we order?*

Мо́же ли да ви́дя меню́то? *Can I see the menu?*

Éто, това́ са су́пите и сала́тите. *Look, here are the soups and the salads.*

Това́ са бъ́лгарските специалите́ти. *These are the Bulgarian specialities.*

Какво́ ми препоръ́чвате? *What can you recommend (me)?*

Шо́пската сала́та е типи́чно бъ́лгарска. *The 'shopska' salad is typically Bulgarian.*

тарато́р *tarator (Bulgarian cold summer soup)*

Това́ е су́па от ки́село мля́ко и кра́ставици. *It is a soup made of yoghurt and cucumbers.*

Серви́ра се студе́на. *It is served cold.*

Мно́го е вку́сна. *It is delicious.*

Предпочи́там то́пла су́па. *I prefer a hot soup.*

Éто та́зи – пи́лешка су́па. *This one here – chicken soup.*

Препоръ́чвам Ви тога́ва то́зи бъ́лгарски специалите́т. *Then I recommend you this Bulgarian speciality.*

пъ́лнени чу́шки *stuffed peppers*

два пъ́ти *twice*

Ко́лко хляб? *How much bread?*

че́тири бе́ли хле́бчета *four white bread rolls*

Не́що за пи́ене? *Anything to drink?*

Да взе́мем ли бути́лка ви́но? *Shall we take a bottle of wine?*

на о́бед не пи́я алкохо́л. *I don't drink alcohol at lunchtime.*

Йма́те ли пло́дови со́кове? *Have you any fruit juices?*

гази́рана вода́ *soda-water*

ако́ оби́чате *if you please*

Бя́лото ви́но е мно́го ху́баво. *The white wine is very good.*

Тога́ва за ме́не ча́ша бя́ло ви́но. *A glass of white wine for me, then.*

Не́що дру́го? *Anything else?*

Въпро́си

1 Отгово́ре́те, мо́ля!

(*a*) Какво́ и́ска да ви́ди г-н Джо́нсън?

(*b*) Какво́ препоръ́чва г-н Анто́нов?

(*c*) Какво́ е тарато́р?

(*d*) Какво́ предпочи́та г-н Джо́нсън?

(*e*) Какво́ и́ска г-н Джо́нсън за пи́ене?

(*f*) Кой поръ́чва ча́ша ви́но?

2 Вя́рно или́ невя́рно?

(*a*) Шо́пската сала́та е с ки́село мля́ко и кра́ставици.

(*b*) Тарато́рът се серви́ра студе́н.

(*c*) Пъ́лнените чу́шки са бъ́лгарски специалите́т.

(*d*) Г-н Анто́нов и г-н Джо́нсън не поръ́чват хляб.

(*e*) Г-н Джо́нсън и́ска не́що за пи́ене, но не алкохо́л.

(*f*) На о́бед г-н Анто́нов пи́е са́мо лимона́да.

Бележки

Food and eating out

The Bulgarians enjoy eating out. They go as much for the company as for the food, which is usually served on the cold side, warm rather than hot. They eat lots of bread and spend a long time over their meals, especially in the evenings. The more popular, smaller restaurants often get full, noisy and full of cigarette smoke, so go early, and if the weather is good, try and find a table outside! Unless you are known to the waiter, the service can be very slow, so allow plenty of time for your meal.

In most large towns there are plenty of places to choose from. Starting from the top in terms of price you might try some of the following:

Хотéл-рестора́нт – *Hotel and restaurant* or plain **Рестора́нт**. There are lots of restaurants with menus that differ little. Most of the large hotels will have a restaurant open to non-residents. Some are quite smart, with waiters in black ties. If you go out in a group to a smart restaurant you may be asked on entering **Ко́лко ду́ши сте?** *How many are you?* (i.e. *How many are there in your group?*). The menus in such establishments tend to be very long, but it is rare for all the dishes to be available at any one time. It is best to ask the waiter **Какво́ и́мате?** *What do you have?* or, less provocatively, **Какво́ ми препоръ́чвате?** *What can you recommend?* rather than choose an elaborate meal only to be disappointed when half the dishes you want are 'off'. All restaurants serve alcohol.

Механа́ – *Mehana Tavern*. Usually decorated in rustic folk-style, they concentrate on national dishes. Sometimes cramped and rather dark, they usually have far more atmosphere than the hotel restaurants.

Пицари́я – *Pizzeria*. Italian-style fast food has at last found its way into Bulgaria's urban centres. Establishments tend to be small and generally bright and welcoming.

Би́ра-ска́ра – *Beer and grill*. These are very popular, cheap and typically Bulgarian. Not great on decor, they serve beer, freshly grilled meat balls called **кюфте́та** and delicious spicy sausages called **кебáпчета**. Order any number and eat with bread and a piquant sauce made of tomatoes, red peppers and chopped onions.

On the beer label above **пиво** might be translated as *ale*. It is an alternative, more old-fashioned word for **бира**, which is derived from the Italian *birra*.

Закусвáлня – *Snack-bar*. These are essentially self-service establishments, very functional, often with limited seating. Pop in for a sandwich, maybe toasted, a cup of coffee or a **кóла** – usually a Coca-Cola or a Pepsi. Many such snack-bars have foreign names, usually English.

There are also many small street bars, almost all serving alcohol, and a variety of night-clubs.

Bulgarian restaurants do not serve good English tea. If you do order **чéрен чай** (*black tea*), you will probably be brought a cup of hot water, some sugar and a tea bag, and be expected to make your own at the table. Hot tea, usually a herbal infusion, is normally drunk

when you are unwell! Often when referring to food in menus, recipes and on packaging, the Bulgarians put the adjective after the noun, as on the packet of tea you can see above.

Запомнéте!

How to:

- Ask *What can you recommend?* and recommend something yourself

Какво́ ми препоръ́чваш?	*What can you recommend (me)?*
Препоръ́чвам ти та́зи су́па.	*I recommend you this soup.*
Препоръ́чвам ви/Ви това́ ви́но.	*I recommend you this wine.*

- Ask for someone's preference and express your own

Ви́е какво́ предпочи́тате?	*What do you prefer?*
Предпочи́там то́пла су́па.	*I prefer hot soup.*

- Say *once, twice,* etc.

еди́н път	*once* (Lit. *one time*)
два пъ́ти	*twice*
три пъ́ти	*three times*
че́тири пъ́ти, etc.	*four times*

● Ask for something to eat or drink

Нещо за ядене, моля!	*Something to eat, please.*
Нещо за пиене, моля!	*Something to drink, please.*

● Say *please* in a more formal way

Ако обичате.	*If you please.*

● Say a *glass of..., a cup of..., a bottle of...*

чаша вино	*a glass of wine*
чаша кафе	*a cup of coffee*
бутилка вино	*a bottle of wine*

Граматика

1 *The* with adjectives

When an adjective is added to a noun used with the definite article, the definite article moves from the noun to the adjective:

Feminine	салатата *the salad*	becomes	шопската салата *the 'shopska' salad*
Neuter	виното *the wine*	becomes	червеното вино *the red wine*
Plural	супите *the soups*	becomes	топлите супи *the hot soups*

If you use more than one adjective, you only put the definite article on the end of the first adjective:

специалитетите *the specialities*	becomes	хубавите български специалитети *the lovely Bulgarian specialities*

As you can see, the definite article added to adjectives is the same as the definite article added to nouns of the same gender. Only with masculine nouns is there any change, and you will learn about this in Unit 9.

2 More neuter plurals

Many neuter nouns ending in -(**ч**)**е** form their plural by adding -**та**:

едно́ хле́бче	– че́тири хле́бчета	*four bread rolls*
едно́ кафе́	– три кафе́та	*three coffees*
едно́ парче́	– две парче́та	*two pieces*

Some words adopted from other languages, words like **меню́**, **такси́** and **уи́ски**, which are considered neuter nouns, also take this plural ending:

ня́колко меню́та	–	*several menus*
мно́го такси́та	–	*many taxis*
ня́колко уи́скита	–	*several whiskies*

Be careful not to confuse these plurals with singular feminine nouns used with the definite article – they both end in -**та**!

When neuter plurals like **меню́та** and **парче́та** are used with the definite article, they end in a double -**тата**, and the resulting 'rhyme' creates the distinctive Bulgarian 'machine-gun' effect!

хле́бчетата	*the bread rolls*	меню́тата	*the menus*
кафе́тата	*the coffees*	такси́тата	*the taxis*
парче́тата	*the pieces*	уи́скитата	*the whiskies*

3 Два and две: two times two

You have already briefly come across these two forms of the numeral for two in Unit 4. **Два**, as in **два часа́**, remember, goes with masculine nouns denoting things and animals (but not persons). **Две** goes with neuter and feminine nouns.

Masculine		Feminine	Neuter
два тарато́ра	but	две сала́ти	две парче́та
два со́ка		две ма́рки	две писма́
два пли́ка		две ча́ши	две такси́та
два килогра́ма		две ста́и	две места́

4 Двáма, *two* and трúма *three*: persons

You have to use special forms of certain numerals with masculine nouns for people. These forms exist for the numerals from *two* to *six*, but you will probably only come across **двáма** *two* and **трúма** *three*. These numerals are used with the normal plural of the noun, not with the special counting form:

двáма англичáни и трúма америкáнци	*two Englishmen and three Americans*

двáма дýши *two people* (Lit. *two souls*)

---

5 Бя́ло and бéли, я and e: fickle vowels

Depending on stress and the vowels that occur in the following syllable, you will find that the vowels **я** and **e** may alternate. Happily, the rules governing these alternations are well-defined. The changes are confusing, though, and you would do well to learn the rules, perhaps putting a slip of paper between these pages, so you can find them easily.

я is used either	(a)	if it is stressed and the vowel in the following syllable is **a, o, y** or **ъ**;
or	(b)	if it is stressed and occurs in the final syllable.
e is used either	(a)	if it is stressed and the vowels **e** or **и** occur in the following syllable;
or	(b)	if it is unstressed.

So you will find:

бял, бя́ла, бя́ло *white*	but	**бéли**
мя́сто *place*	but	**местá** (note the stress change!)
свят *world*	but	по **светá** *around the world*

6 Плод and плóдов сок: *Fruit* and *fruit juice*:

By adding **-ов** (**-ова, -ово, -ови**) to a noun you can often form an adjective with the meaning *made of...* If the noun is feminine or neuter, you first have to remove the final vowel.

плод:	пло́дов сок	*fruit juice*
	пло́дова то́рта	*fruit gateau*
	пло́дово пюре́	*fruit purée*
	пло́дови то́рти	*fruit gateaux* or *pieces of fruit gateau*
гро́зде:	гро́здова раки́я	*grape brandy*
сли́ва:	сли́вова раки́я	*plum brandy*
портока́л:	портока́лов сок	*orange juice*
я́бълка:	я́бълков сок	*apple juice*

 ————— **Упражне́ния** —————

1 The Bulgarian verbs for *order* (**да) поръ́чам**, *recommend* **препоръ́чвам** and *prefer* **предпочи́там** sound very much alike. Practise them using the following words in place of the words in bold:

Model: Сервитьо́рът препоръ́чва **бя́лото ви́но**, но аз предпочи́там **черве́но**. Да поръ́чаме **черве́но ви́но!**

(a) пи́лзенска (*pilsner*) би́ра, бъ́лгарска би́ра;
(b) гро́здова раки́я, сли́вова раки́я;
(c) пи́лешка су́па, зеленчу́кова (*vegetable*) су́па.

2 In a restaurant, which of the Bulgarian words for *order*, *recommend* and *prefer* would you use to complete these sentences?

(a) Коя́ су́па ми ____ -ате?
(b) Г-н Анто́нов и́ска да ____ -а бути́лка ви́но.
(c) Кое́ ви́но ____ -ате, черве́ното или́ бя́лото?
(d) Г-н Анто́нов ____ -а пъ́лнените чу́шки.
(e) Да ____ -ме то́зи бъ́лгарски специалите́т!
(f) Г-н Джо́нсън ____ -а пло́дов сок, а не ви́но.
(g) И́скате ли да ____ -ате шо́пска сала́та?

3   Here are the ingredients for tarator soup:

> ки́село мля́ко
> една́ кра́ставица
> че́сън (*garlic*)
> сол
> о́лио (*vegetable oil*)
> о́рехи (*walnuts*)

Now answer the question: Какво́ и́ма в тарато́ра?

4   Read aloud the following list of drinks and cakes:

> нес (кафе́) = *instant* (*coffee*)
> кафе́ еспре́со = *espresso*
> че́рен чай
> ме́нтов чай
> би́лков чай
> пло́дова то́рта
> шокола́дова (*chocolate*) то́рта
> о́рехова то́рта
> портока́лов сок
> гро́здов сок
> я́бълков сок
> сок от я́годи (*strawberries*)

Now, using **и́ма**, say what is on offer in the way of:

(*a*) coffee   (*c*) cakes
(*b*) tea   (*d*) fruit juices

Words you might need to know are: **би́лка** *herb*, **ме́нта** *peppermint* and **о́рех** *walnut*

5   So as to fix in your mind the correct use of the different Bulgarian words for *two*, use **два**, **две** or **два́ма** as appropriate. Here you can again see the special plural form of masculine nouns used after numbers – but not after **два́ма** and **три́ма**.

(*a*) Да́йте ми ____ о́рехови то́рти.

(b) Да поръчаме ____ гро́здови со́ка и ____ сала́ти.

(c) Там и́ма ____ свобо́дни места́.

(d) ____ деца́ игра́ят те́нис. (Remember the singular of деца́ is дете́.)

(e) Да ку́пим ____ пли́ка и ____ ма́рки.

(f) Да́йте ни ____ лимо́нови сладоле́да (*lemon ice-creams*), мо́ля.

(g) В ста́ята и́ма ____ бъ́лгарски студе́нти.

(h) И́скаш ли да поръчаме ____ тарато́ра?

(i) В хоте́ла и́ма ____ англича́нки.

(j) Ни́е сме са́мо ____ ду́ши. (*There are only two of us.*)

(k) И́маме ну́жда от ____ ча́ши.

(l) До га́рата и́ма ____ магази́на.

6   Choose a soup and another item from the list below and order:

(a) just for yourself

(b) another combination for yourself and a companion

(c) a third combination for your family of four

Меню́

зеленчу́кова су́па

вегетариа́нска (*vegetarian*) су́па

омле́т (*omelette*) със си́рене

омле́т с кашкава́л (*yellow cheese*)

омле́т с шу́нка (*ham*)

кюфте́та (*meatballs*)

---

7   You go into a snack-bar (**закусва́лня**) with a group of friends. Complete the dialogue below, acting as the customer:

Продава́чка	Какво́ оби́чате, мо́ля? (*What would you like?*)
Клие́нт	(Ask what sandwiches they have.)
Продава́чка	И́маме са́ндвичи с шу́нка и с кашкава́л.
Клие́нт	(Ask for two sandwiches with ham and one with cheese.)
Продава́чка	Дру́го? (*Anything else?*)
Клие́нт	(Ask for one orange juice, two cokes and three coffees.)

8   Now you want two coffees, two bread rolls and two meat balls.

Ask how much they are in two ways, with and without the numeral.

(i) (a) Ко́лко стру́ват две ____? (кафе́та, кафе́тата)
   (b) Ко́лко стру́ват ____?
(ii) (a) Ко́лко стру́ват две ____? (хле́бчета, хле́бчетата)
   (b) Ко́лко стру́ват ____?
(iii) (a) Ко́лко стру́ват две ____? (кюфте́та, кюфте́тата)
   (b) Ко́лко стру́ват ____?

9 In a Sofia restaurant your dining partner praises the food – all except the chicken soup and the Bulgarian yoghurt. You agree. Using the words in brackets, follow the model to give your reaction in more precise terms.

Your partner Сала́тата е мно́го вку́сна!
You   Да, шо́пската сала́та е мно́го вку́сна!

This will help you remember that the definite article moves from the noun to the defining word!

(a) Су́пата е мно́го вку́сна!   (вегетериа́нска)
(b) Чу́шките са мно́го вку́сни!   (пъ́лнени)
(c) Гро́здето е мно́го вку́сно!   (бя́ло)
(d) Су́пата не е мно́го вку́сна!   (пи́лешка)
(e) Я́бълките са мно́го вку́сни!   (черве́ни)
(f) То́ртата е мно́го вку́сна!   (пло́дова)
(g) Хле́бчетата са мно́го вку́сни!   (бе́ли)
(h) Мля́кото не е мно́го вку́сно!   (бъ́лгарско, ки́село)

10 Now, using the model Препоръ́чвам Ви черве́ното ви́но, recommend your companion the following:

(a) бя́ло ви́но   (d) шокола́дова то́рта
(b) сли́вова раки́я   (e) бъ́лгарски специалите́ти
(c) вегетариа́нска су́па   (f) пи́лзенска би́ра

Разби́рате ли?

Ра́зговор

Nadya and Milena meet in front of the office early one morning.

Надя	Здравей, Милена. Още е рано за работа. Да отидем в сладкарницата.
Милена	Не е ли затворена?
Надя	Колко е часът?
Милен	Осем и половина.
Надя	Трябва да е отворена вече.
(*Inside*)	
Сервитьорка	Какво обичате, моля?
Надя	Какво има за закуска?
Сервитьорка	Сандвичи, кифли, банички.
Милена	Нещо сладко?
Сервитьорка	Има кекс, има също плодова торта.
Надя	За мене един сандвич и парче торта.
Милена	За мене същото.
Сервитьорка	Значи два сандвича и две парчета торта. Друго?
Надя	И две кафета.
Сервитьорка	Нес или еспресо?
Милена	Еспресо, моля. Имате ли портокалов сок?
Сервитьорка	Не, само ябълков.
Милена	Добре, два ябълкови сока, ако обичате.
(*The waitress comes back with the order.*)	
Надя	Може ли да платим веднага?
Сервитьорка	Разбира се. Ето, това е сметката.

рано	*early*	**нещо сладко**	*something sweet*
сладък, сладка	*sweet*	**кекс**	*(sponge) cake*
затворен	*closed*	**само**	*only*
отворен	*open*	**(да) платя, -тиш**	*to pay*
закуска	*breakfast*	**веднага**	*immediately*
кифла	*bun*	**сметка**	*bill*
баничка	*cheese roll*	**значи**	*so/that is to say*

1 Колко е часът?
2 Рано ли е за работа?
3 Затворена ли е сладкарницата?
4 Какво има за закуска?
5 Какво поръчват Надя и Милена за ядене?
6 Какво поръчват те за пиене?

9

С КАКВО́ МО́ГА ДА ВИ ПОМО́ГНА?

How can I help you?

In this unit you will learn how to

- ask for help
- offer assistance
- describe things and people

Диало́г

Mrs Collins uses her superior knowledge of Bulgarian to assist Nevena to help two young Americans.

Неве́на	А́ло, мо́же ли да гово́ря с г-жа́ Ко́линс?
г-жа́ Ко́линс	Да, на телефо́на. С какво́ мо́га да Ви помо́гна, Неве́на?
Неве́на	Две момче́та от Аме́рика ня́мат пари́ и и́мат ну́жда от прево́дач. Мо́жете ли да им

	помо́гнете? Те са го́сти на на́шия хоте́л.
г-жа́ Ко́линс	Къде́ са сега́ момче́тата?
Неве́на	На лети́щето. Мо́жете ли да оти́дете на лети́щето?
г-жа́ Ко́линс	Ми́сля, че мо́га. Какъ́в е пробле́мът?
Неве́на	Митнича́рите не мо́гат да наме́рят бага́жа на момче́тата. Ня́ма го в ми́тницата.
г-жа́ Ко́линс	Мно́го неприя́тно! Надя́вам се да мо́га да помо́гна!

(At the airport)

г-жа́ Ко́линс	До́бър ден! Аз съм превода́чката.
Митнича́р	Не мо́жем да наме́рим бага́жа на те́зи момче́та. Ку́фарите и ча́нтите, който но́сят, не са те́хни.
г-жа́ Ко́линс	Разби́рам. Това́ е бага́жът на ня́кой друг.
Митнича́р	То́чно така́. Мо́ля, пи́тайте ко́лко ча́нти и ку́фари и́мат.
г-жа́ Ко́линс	Джон ка́зва, че и́ма еди́н ку́фар и две ча́нти. Кен и́ма два ку́фара.
Митнича́р	Как изгле́ждат ча́нтите и ку́фарите им?
г-жа́ Ко́линс	Джон ка́зва, че ча́нтите му са си́ни. Една́та ча́нта е голя́ма, а дру́гата – ма́лка. Ку́фарът му е че́рен. Кен ка́зва, че не́говите ку́фари са съ́що че́рни, но не са голе́ми.
Митнича́р	Ела́те да ви пока́жа ня́колко ку́фара и ча́нти. Пи́тайте мо́гат ли да наме́рят тук своя́ бага́ж.

(Mrs Collins translates, then continues)

г-жа́ Ко́линс	Да, че́рните ку́фари са на Кен, а ма́лката си́ня ча́нта е на Джон. Дру́гата ча́нта на Джон я ня́ма. Дру́гият че́рен ку́фар съ́що го ня́ма.
Митнича́р	Ви́жте, о́нзи висо́к мъж но́си голя́ма си́ня ча́нта и еди́н че́рен ку́фар!
Пъ́тник	*(Coming up to the others)* Извине́те, мо́жете ли да ми ка́жете къде́ е ми́тницата? Това́ не е мо́ят бага́ж.
Митнича́р	Ми́сля, че сега́ вси́чко е наре́д! Благодаря́, госпожа́ Ко́линс.
г-жа́ Ко́линс	Ня́ма защо́.

Да, на телефо́на. *Yes, speaking.*
С какво́ мо́га да Ви помо́гна? *How can I help you?*
две момче́та *two boys*
Мо́жете ли да им помо́гнете? *Can you help them?*
го́сти на на́шия хоте́л *residents at our hotel*
на лети́щето *at the airport*
Мо́жете ли да оти́дете на лети́щето? *Could you get out to the airport?*
Ми́сля, че мо́га. *I think I can.*
Митнича́рите не мо́гат да наме́рят бага́жа на момче́тата. *The customs men can't find the boys' luggage.*
Ня́ма го в ми́тницата. *It's not at the customs.*
Мно́го неприя́тно! *Very unpleasant!*
Надя́вам се да мо́га да помо́гна. *I hope to be able to help.*
Не мо́жем да наме́рим... *We can't find...*
Ку́фарите и ча́нтите, кои́то но́сят, не са те́хни. *The suitcases and bags which they're carrying aren't theirs.*
Това́ е бага́жът на ня́кой друг. *This is someone else's luggage.*
пи́тайте *ask*
Джон ка́зва, че и́ма еди́н ку́фар и две ча́нти. *John says that he has one suitcase and two bags.*

Как изгле́ждат ча́нтите и ку́фарите им? *What do their bags and suitcases look like?*
ча́нтите му са си́ни. *His bags are blue.*
Една́та ча́нта е голя́ма, а дру́гата – ма́лка. *One of the bags is big and the other small.*
че́рен *black*
не́говите ку́фари са съ́що че́рни, но не са голе́ми. *His suitcases are black, too, but they are not big.*
Ела́те да ви пока́жа ня́колко ку́фара и ча́нти. *Come and let me show you several suitcases and bags.*
Пи́тайте мо́гат ли да наме́рят тук сво́я бага́ж. *Ask if they can find their luggage here.*
Че́рните ку́фари са на Кен. *The black suitcases are Ken's.*
дру́гата ча́нта на Джон я ня́ма. *John's other bag is missing.*
дру́гият че́рен ку́фар съ́що го ня́ма. *The other black suitcase is missing, too.*
о́нзи висо́к мъж но́си голя́ма си́ня ча́нта и еди́н че́рен ку́фар. *That tall man is carrying a big blue bag and a black suitcase.*
пъ́тник *passenger, traveller*
ми́тница *customs*
това́ не е мо́ят бага́ж. *This is not my luggage.*
Ня́ма защо́. *You're welcome/ Don't mention it.*

Въпро́си

1 Отговоре́те, мо́ля!

(a) Кой и́ска да гово́ри с г-жа́ Ко́линс?
(b) Къде́ са момче́тата сега́?
(c) Откъде́ са момче́тата?
(d) От какво́ и́мат ну́жда те?
(e) Какво́ не мо́гат да наме́рят митнича́рите?
(f) Ко́лко ку́фара и́ма Кен?
(g) Какво́ но́си висо́кият мъж?

2   Вя́рно или́ невя́рно?

(*a*) Момче́тата са в хоте́ла.

(*b*) Г-жа́ Ко́линс не мо́же да оти́де на лети́щето.

(*c*) Г-жа́ Ко́линс мо́же да им помо́гне.

(*d*) Ку́фарите и ча́нтите, който но́сят момче́тата, са на ня́кой друг.

(*e*) Ку́фарите на Кен са голе́ми.

(*f*) Висо́кият мъж не мо́же да наме́ри своя́ бага́ж.

Беле́жки

Getting about

For travel within the larger towns you will find a well-developed network of trams, buses and trolley-buses. Movement is slow and, especially in the rush hours, not always a pleasant experience. Services are, however, frequent and still relatively cheap. There is no underground anywhere in Bulgaria, although construction work has been under way in Sofia for some time.

There are no conductors on Bulgarian buses, trams or trolley-buses. You have to buy tickets in advance. Do this at one of the many small street kiosks with their minuscule, low-down windows through which, if you are lucky, you will just be able to see the assistant's hands and small blocks of tickets prepared for sale. The tickets are all one price and can be used for bus, tram and trolley bus.

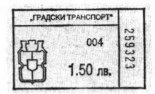

A bus ticket from Sofia.

You get on by any door. Once on, and in rush hours, you may have to push a bit: make sure you punch a ticket as soon as possible in one of the small machines fixed to the sides of the vehicle. The driver will not want to see your ticket, but ticket inspectors, dressed in plain clothes, make regular checks. To be caught without a punched ticket, inevitably leads to altercation and most probably a fine. Most locals have season tickets.

If you want to move about more quickly, take a taxi. There are plenty of them. They should all have meters, but it's as well to try and agree on at least an approximate fare in advance. Inflation and soaring petrol costs have meant that with the older type of meter the sum indicated sometimes has to be multiplied ten or fifteen times. Seat belts are fitted and should be worn. Often, however, they are in a bad state of repair and the driver will probably suggest you ignore them or merely lay them across your lap.

Sometimes taxi drivers will take more than one customer at a time. How they calculate fares then is anybody's guess. And if your destination doesn't suit them, they may refuse to take you.

———————— **Запомнéте!** ————————

How to:

● Ask for and offer help

Мóжете ли да ми помóгнете?	*Can you help me?*
С каквó мóга да Ви помóгна?	*How can I help you?*
Мóга ли да Ви помóгна с нéщо?	*Can I help you with anything?*

● Say that *something* or *somebody is* missing

(Къдé е кýфарът?)
Нáма го./Кýфарът го нáма. *It's missing./*
The case is missing.

(Къдé е г-н Антóнов?)
Нáма го./Г-н Антóнов *He's not in./*
го нáма. *Mr Antonov is not in.*

(Там ли е г-жá Кóлинс?)
Нáма я./Г-жá Кóлинс я нáма. *She's not in./*
Mrs Collins is not in.

● Say *one* (*of the*...)

Masculine
Едиият куфар го няма.   *One (of the) case(s) is missing.*
Feminine
Едната чанта е голяма.   *One (of the) bag(s) is large.*
Neuter
Едното момче е тук.   *One (of the) boy(s) is here.*

● Respond to unpleasant news

Много неприятно!   *Very unpleasant.*

● Respond to being thanked

Няма защо.   *You're welcome./*
            Don't mention it.

 ——————— **Граматика** ———————

1 Мога да *I can, I am able to*

The Bulgarian verb expressing ability or a particular skill to do things is **мога** *I can/I am able to/I am in a position to*. **Мога** belongs to the **e**-pattern. The *he/she/it*-form **може** with its distinct usage will be familiar to you from Unit 6. In addition to the change of personal endings, there is a change of **г** to **ж** in all forms containing **e** in the ending:

Мога requires a **да**-form of the following main verb:

(аз)	мога		(ние)	можем
(ти)	можеш		(вие)	можете
(той) (тя) (то) }	може		(те)	могат

(Аз) мога да карам ски.   *I know how to ski.*
(Ти) можеш да говориш   *You can speak English.*
   английски.
Митничарите не могат да   *The customs officers cannot*
   намерят багажа.   *find the luggage.*

2 -ият and -ия: *the* with masculine adjectives

(*a*) To make a masculine adjective definite, you add -**ият** to the simple masculine form (or -**ия** if the phrase is not the subject in the sentence):

| висо́к мъж | *a tall man* | висо́кия(т) мъж | *the tall man* |
| млад мъж | *a young man* | мла́дия(т) мъж | *the young man* |

(*b*) If the adjective ends in -**ски**, you only need to add -**ят** or -**я**:

англи́йски – англи́йския(т)
бъ́лгарски – бъ́лгарския(т)

(*c*) If the adjective loses **и** or **ъ** from its ending in the feminine, neuter and plural, then it does so in the definite form as well:

добъ́р (добра́, добро́, добри́)
добри́я(т) бъ́лгарин *the kind Bulgarian*

(*d*) If there is **я** in the basic form, it will naturally be affected by the rules governing the change of **я** to **е** before **и** (see Unit 8):

бял – бе́лия(т)
голя́м – голе́мия(т)

(*e*) If you use more than one adjective, you only add -**ият** or -**ия** to the first adjective:

| висо́кият млад мъж | *the tall young man* |
| голе́мият че́рен ку́фар | *the large black case* |

3 *My, your, his, her,* etc.

When you say **мъжъ́т ми** *my husband*, **ку́фарът Ви** *your suitcase* or **бага́жът им** *their luggage*, you are using a noun in the definite form followed by a short possessive pronoun (see Unit 3). It is also possible to express the same meaning, but with a different emphasis, by a full possessive adjective which comes before the noun and bears the definite article. Like all adjectives, the full possessive adjectives have different endings depending on whether they are used with masculine, feminine, neuter or plural words. Here are examples used with the Bulgarian for *my* and *your*:

ку́фарът ми/ти	becomes	мо́ят/тво́ят ку́фар	*my/your case*
ча́нтата ми/ти	becomes	мо́ята/тво́ята ча́нта	*my/your bag*
дете́то ми/ти	becomes	мо́ето/твое́то дете́	*my/your child*
деца́та ми/ти	becomes	мо́ите/тво́ите де́ца	*my/your children*

4 Бага́жът ми or мо́ят бага́ж?

Normally you can use the short possessive pronoun, as explained in Unit 3. However, for purposes of contrast, when the ownership is being emphasised, as in the sentence: *this bag is **mine**, not yours*, for example, you must use the full possessive adjective with the definite article.

Мо́ите ку́фари са голе́ми.	*My cases are big.*
Тво́ите са ма́лки.	*Yours are small.*
Тво́ят син е в А́нглия.	*Your son is in England.*
Мо́ят син е в Бълга́рия.	*My son is in Bulgaria.*
Това́ не е мо́ят бага́ж.	*This is not **my** luggage.* (i.e. it belongs to someone else)
Това́ тво́ята ча́нта ли е?	*Is this **your** bag?* (i.e. not someone else's?)

5 Ча́нтата е мо́я *The bag is mine*

The possessive adjective can sometimes be used without the definite article to render the English independent possessives like *mine, yours, his, hers,* etc. Usually this happens when there is no word following the possessive word as in:

Тво́я ли е та́зи ча́нта?	*Is this bag yours?*
Да, ча́нтата е мо́я.	*Yes, the bag is mine.*
Твой ли е то́зи бага́ж?	*Is this luggage yours?*
Не, не е мой.	*No, it isn't mine.*
Тво́е ли е това́ дете́?	*Is this child yours?*
Да, мо́е е.	*Yes, it is mine.*
Тво́и ли са те́зи ку́фари?	*Are these suitcases yours?*
Да, мо́и са.	*Yes, they are mine.*

Each subject pronoun has a different full possessive adjective. Turn now to the Appendix and you will find a very useful list of all the forms. Look at the list when you do the exercises.

6 Свой, своя́, свóе and свóи *John's own* or *someone else's?*

When in English you say *John is carrying his bag*, or *they are looking for their cases*, it is not clear whether John is carrying his own or somebody else's bag and whether they are looking for their own or someone else's cases. In Bulgarian, to avoid this ambiguity, you use a special form **своя́(т)** (**своя́та, свóето, свóите**) no matter whether it is *his*, *her* or *their own*.

Here are the different forms, definite and indefinite:

Subject Pronoun той/то/тя/те	Masculine	Feminine	Neuter	Plural
	своя́(т)	своя́та	свóето	свóите
	свой	своя́	свóе	свóи

And here are some examples – the gender forms agree with the word that follows:

> Джон не мóже да намéри своя́ багáж/своя́та чáнта/ свóите кýфари.
>
> *John cannot find his luggage/ his bag/his cases.* (i.e. his own)

but

> Митничáрят не мóже да намéри нéговия багáж.
>
> *The customs officer cannot find his case.* (i.e. John's, not the customs officer's case!)

> Англичáнката нóси своя́ бáгаж/своя́та чáнта/ свóите кýфари.
>
> *The English woman is carrying her* (own) *luggage/bag/cases.*

but

> Г-жá Кóлинс нóси нéйния багáж.
>
> *Mrs Collins is carrying her luggage.* (i.e. not her own)

> Джон и Кен тъ́рсят своя́ багáж/своя́та чáнта/свóите кýфари.
>
> *John and Ken are looking for their luggage/bag/cases.* (i.e. their own)

but

> Митничáрите тъ́рсят тéхния багáж.
>
> *The customs officers are looking for their luggage.* (i.e. John and Ken's)

Here is a summary of the different ways you can express possession. Remember that the full possessive forms are used for stronger emphasis or contrast.

Тази ча́нта е на Джон. *This bag is John's.*	Това́ е не́говата ча́нта. *This is his bag.*
Тази ча́нта е не́гова. *This bag is his.*	Това́ е ча́нтата му. *This is his bag.*
Това́ е ча́нтата на Джон. *This is John's bag.*	

7 Ня́ма го *He isn't here*

With **ня́ма** you don't use **той, тя, то, те** but rather **го, я, го** and **ги** for the person(s) absent or the thing(s) missing. These are short object pronouns, the non-subject equivalents *him, her, it, them* and you will learn more about them in Unit 11.

Къде́ е бага́жът? Ня́ма **го**.	*Where is the luggage? It's missing.*
Къде́ е ча́нтата? Ня́ма **я**.	*Where is the bag? It's missing.*
Къде́ са ку́фарите? Ня́ма **ги**.	*Where are the cases? They're missing.*

Oddly enough, you have to use the short object pronoun even if you also name the person or thing, so you get a repetition:

Ча́нтата я ня́ма.	*The bag is missing.*
Момче́то го ня́ма.	*The boy is not here.*
Ку́фарите ги ня́ма.	*The suitcases are missing.*
Бага́жът им го ня́ма.	*Their luggage is missing.*

Помогне́те **ми/му**, мо́ля!　　　*Please help me/him!*
(Indirect object pronoun, as if you were saying *give a hand to me/him*.)

✔ ——— Упражне́ния ———

1　Look again at the **Диало́г** and then rearrange the words below to make sentences:

(*a*) Ви, мо́га, да, помо́гна, какво́, с..?

(*b*) от, и́мат, момче́тата, Аме́рика, ну́жда, прево́дач, от.

(c) не, бага́жа, момче́тата, митнича́рите, мо́гат, на, да наме́рят.

(d) бага́ж, не, това́, мо́ят, е.

(e) си́ня, на, ма́лката, е, ча́нта, Джон.

2 Answer the following questions as appropriate to your own skills and abilities:

(a) Мо́жете ли да игра́ете те́нис?

(b) Мо́жеш ли да ка́раш ски?

(c) Мо́жете ли да плу́вате?

(d) Мо́жете ли да ка́рате кола́?

(e) Мо́жеш ли да игра́еш на ка́рти?

3 Read the following short dialogue:

You   Извине́те, мо́жете ли да ми пока́жете къде́ е спи́рката на трамва́й но́мер четирина́йсет?

Passer-by Съжаля́вам, не мо́га. Аз съ́що съм тури́ст.

Now use the same pattern to ask to be shown the way to:

(a) the chemist's
(b) the customs
(c) the Sheraton Hotel
(d) the stop for trolley bus No. 2
(e) the Central Railway Station

4   Match the questions with the answers on the right:

(i) Кой пъпеш искате,   (a) Не, ниският.
    големия или малкия?
(ii) Кой е Вашият куфар?   (b) Английския.
(iii) Високият мъж ли е   (c) Черния.
      англичанин?
(iv) Кой вестник искате?   (d) Синият.
(v) Кой чадър да Ви дам?   (e) Малкия.

5   Repeat the dialogue below substituting the word in bold with different words from the box. Make sure you change the defining words (all underlined) according to gender.

Your friend   Твоята **чанта** ли е това?
You   Не, тази **чанта** не е моя. Моята **чанта** е червена.

куфар, портмоне   *purse (wallet)*   молив   *pencil*
чадър, папка   *folder*   бележник   *diary*
писалка   *pen*

---

6   Disaster has struck: you have lost your wallet, your luggage, your umbrella, your diary, your folder and your money. Making up separate sentences for each item, tell a policeman that they are missing. You may find the words in Ex. 5. useful. And don't forget that the word for *money* **пари** is always plural!

7   Read the story below about a tourist who has lost his way in Sofia. First answer the questions to test your understanding, then turn the story into a dialogue between a tourist and a policeman.

Турист пита един полицай (*policeman*) може ли да му помогне. Туристът не може да намери своя хотел. Полицаят пита как се казва неговият хотел. Туристът отговаря (*answers*), че не знае името на хотела. Той знае само, че хотелът е близо до спирката на тролей номер едно и тролей номер пет. Полицаят пита знае ли господинът на коя улица е хотелът. Туристът отговаря, че не знае улицата, но знае, че хотелът е близо до Университета. Полицаят казва, че има два хотела близо до Университета. Единият се казва „София“, другият се казва „Сердика“. Туристът сега вече знае името на хотела. Неговият хотел се казва „Сердика“. Той благодари на полицая.

(a) Какво не може да намери туристът?
(b) Знае ли туристът името на хотела?
(c) Къде е хотелът?
(d) Колко хотела има до Университета?
(e) Как се казва неговият хотел?

8 Complete the answers in the following dialogue using **го, я** or **ги** as arpropriate:

На телефона: (a) Извинете, там ли е Невена?
Няма...
(b) Извинете, там ли е г-н Джонсън?
Няма...
(c) Извинете, там ли е директорът?
Няма...
(d) Извинете, там ли са Николай и Милена?
Няма...
(e) Извинете, там ли е секретарката?
Няма....

Разбирате ли?

Разговор

Milena goes into a café and sees that there are two free seats at the table where Mr and Mrs Collins are having coffee.

Милéна	Извинéте, мóже ли да сéдна до Вас?
г-жá Кóлинс	Разбѝра се, заповя́дайте! Местáта са свобóдни.
Милéна	(*to the waitress*) Еднó кафé и едѝн сладолéд, мóля. (*to Mr and Mrs Collins*) Днес е мнóго тóпло, налѝ?
г-жá Кóлинс	Да, наѝстина. Врéмето е хýбаво за турѝсти.
Милéна	На почѝвка ли сте в Бѝлгария?
г-жá Кóлинс	Да, ѝскаме да отѝдем с мъжá ми на „Злáтни пя́съци", но пѝрво ѝмаме мáлко рáбота в Сóфия.
Милéна	Вѝе говóрите мнóго добрé бѝлгарски.
г-жá Кóлинс	Благодаря́, аз тря́бва да говóря добрé бѝлгарски, защóто бѝлгарският езѝк е мóята профéсия.
Милéна	Разбѝрам. Сѝгурно сте преводáчка.
г-жá Кóлинс	Тóчно такá.
Милéна	Да се запознáем! Кáзвам се Милéна Марѝнова.
г-жá Кóлинс	Прия́тно ми е, Виктóрия Кóлинс.
г-н Кóлинс	Аз съм Джордж Кóлинс.
Милéна	Вѝе сѝгурно сте англичáни.
г-жá Кóлинс	Да, англичáни сме.
Милéна	Едѝн мой колéга заминáва скóро за Áнглия. И аз мнóго ѝскам да отѝда ня́кой ден.
г-жá Кóлинс	Пожелáвам Ви скóро да мóжете да отѝдете.
Милéна	Надя́вам се. Мóга ли да ви помóгна с нéщо докатó сте в Сóфия?
г-жá Кóлинс	Мѝсля, че мóжете. Тря́бва да отѝдем в Централна пóща, а не знáем къдé е.

(да) сéдна, -неш	*to sit*	**защóто**	*because*
наѝстина	*indeed*	**сѝгурно сте преводáчка**	*you*
врéме	*weather*		*must be an interpreter*
на почѝвка	*on holiday*	**докатó**	*while*
отговáрям, -ряш	*to answer*		

Вя́рно или́ невя́рно?

1 До г-н и г-жа́ Ко́линс ня́ма свобо́дни места́.
2 Вре́мето е мно́го то́пло.
3 Г-н и г-жа́ Ко́линс са на почи́вка в Бълга́рия.
4 Г-н и г-жа́ Ко́линс ня́мат ра́бота в Со́фия.
5 Г-жа́ Ко́линс гово́ри добре́ бъ́лгарски, защо́то е преводáчка.
6 Миле́на замина́ва ско́ро за А́нглия.
7 Г-н и г-жа́ Ко́линс зна́ят къде́ е Центра́лна по́ща.

A small café in Sofia.

10

КАКВО́ ЩЕ БЪ́ДЕ ВРЕ́МЕТО?

What's the weather going to be like?

In this unit you will learn how to

- discuss the weather
- offer your opinion
- talk about future events

 —————————— **Диало́г** ——————————

Nikolai and Nadya make plans for two outings and keep an eye on the weather.

Никола́й	(*Nikolai rushes into the office*) На́дя, здраве́й! Мо́жеш ли да ми помо́гнеш? Тря́бва да организи́рам екску́рзия до Ви́тоша за г-н Анто́нов и за на́шия го́ст от А́нглия.
На́дя	По́-споко́йно, Никола́й! Говори́ по́-ба́вно. Защо́ бъ́рзаш то́лкова?
Никола́й	Защо́то тря́бва да поръ́чам такси́ и да запа́зя ма́са в рестора́нта за у́тре.
На́дя	Ня́ма пробле́ми. На́й-ва́жно е вре́мето да бъ́де ху́баво.

Николай	Вя́рно. И́маш ли ве́стник с прогно́за за вре́мето?
На́дя	Не, но мо́жем да чу́ем прогно́зата по ра́диото. *(Some time later they are listening to the radio)*
Ра́дио	У́тре вре́мето ще бъ́де преди́мно слъ́нчево, но ветрови́то. По висо́ките планини́ ще и́ма разкъ́сана о́блачност с преваля́вания на места́. Температу́ри между́ осемна́йсет и два́йсет и два гра́дуса.
Николай	Жа́лко, вре́мето на Ви́тоша ня́ма да е мно́го ху́баво. На Ви́тоша си́гурно ще вали́ дъжд. И си́гурно г-н Джо́нсън не но́си туристи́чески обу́вки.
На́дя	Ни́що, не е фата́лно. Предла́гам да оти́дете на юг – в Ме́лник. Там вре́мето си́гурно ще е ху́баво. На Ви́тоша мо́же да оти́дете в съ́бота.
Николай	Добра́ иде́я, но какво́ ще е вре́мето в съ́бота?
На́дя	Спо́ред прогно́зата в кра́я на се́дмицата ня́ма да вали́ и ще бъ́де по́-то́пло.
Николай	Ше́фът ще се съгласи́ ли с но́вия план?
На́дя	Ще се съгласи́. Аз ще гово́ря с не́го. В Ме́лник е изключи́телно краси́во.
Николай	Да, зна́я. На́дя, предла́гам и ти да до́йдеш. Съгла́сна ли си?
На́дя	Съгла́сна съм. Ще до́йда с удово́лствие!

да организи́рам екску́рзия до Ви́тоша *to organise an outing to Mount Vitosha.*
По́-споко́йно! *Take it easy!*
Защо́ бъ́рзаш то́лкова? *What's the hurry?*
да поръ́чам такси́ и да запа́зя ма́са *to order a taxi and reserve a table*
у́тре *tomorrow*
Най-ва́жно е вре́мето да бъ́де ху́баво. *The main thing is for the weather to be fine.*
прогно́за за вре́мето *weather forecast*
мо́жем да чу́ем прогно́зата по ра́диото. *We can hear the forecast on the radio.*

вре́мето ще бъ́де преди́мно слъ́нчево. *The weather will be mainly sunny.*
ветрови́то *windy*
По висо́ките планини́ ще и́ма разкъ́сана о́блачност с преваля́вания на места́. *Over the high mountains there will be broken cloud with showers in places.*
температу́ри между́ осемна́йсет и два́йсет и два гра́дуса *temperatures between 18° and 22° Centigrade*
Жа́лко. *What a pity.*

вре́мето на Ви́тоша ня́ма да е мно́го ху́баво. *The weather on Mount Vitosha isn't going to be very good.*	спо́ред прогно́зата *according to the forecast*
	в кра́я на се́дмицата *at the weekend*
си́гурно ще вали́ дъжд. *It will most probably rain.*	ня́ма да вали́ *it isn't going to rain*
си́гурно г-н Джо́нсън не но́си туристи́чески обу́вки. *Mr Johnson probably doesn't have walking shoes with him.*	Ше́фът ще се съгласи́ ли с но́вия план? *Will the boss agree to the new plan?*
не е фата́лно *it isn't fatal*	Аз ще гово́ря с не́го. *I'll speak to him.*
Предла́гам да оти́дете на юг. *I suggest you go south.*	изключи́телно краси́во *exceptionally beautiful.*
Там вре́мето си́гурно ще е ху́баво. *The weather is sure to be good there.*	предла́гам и ти да до́йдеш. *I suggest you come too.*
в съ́бота *on Saturday*	Съгла́сна ли си? *Do you agree?*
какво́ ще е вре́мето? *What is the weather going to be like?*	Съгла́сна съм *I agree*
	Ще до́йда с удово́лствие! *I'd love to come!* (Lit. I'll come with pleasure!)

Въпро́си

1 Отгово́ре́те, мо́ля!

(*a*) Защо́ бъ́рза Никола́й?

(*b*) Как мо́гат Никола́й и На́дя да разбера́т (*find out*) прогно́зата?

(*c*) Какво́ ще бъ́де вре́мето на Ви́тоша у́тре?

(*d*) Какво́ предла́га На́дя?

(*e*) Каква́ е прогно́зата за кра́я на се́дмицата?

(*f*) Кой ще гово́ри с ше́фа?

2 Вя́рно или́ невя́рно?

(*a*) Никола́й тря́бва да организи́ра екску́рзия до Ви́тоша за г-н Джо́нсън и г-н Анто́нов.

(*b*) Той тря́бва да ку́пи биле́ти за автобу́с за у́тре.

(*c*) Във ве́стника и́ма прогно́за за вре́мето, но На́дя ня́ма ве́стник.

(*d*) У́тре вре́мето на Ви́тоша ще бъ́де ху́баво.

(*e*) Г-н Джо́нсън си́гурно но́си туристи́чески обу́вки.

(*f*) Ше́фът ня́ма да се съгласи́ да оти́де в Ме́лник.

———————— Бележки ————————

Relying on the weather

Bulgaria has a continental climate – hot summers and cold winters. The extremes of temperatures are, however, tempered by the Black Sea in the east and the Aegean to the south. At the Black Sea resorts, even in the summer there is usually a slight breeze and the temperatures are bearable. In the winter, you will find the coldest weather to the north of the Balkan Mountains which stretch from the west to the east of the country. In the Thracian Plain to the south of the Balkan range, and in the valleys leading down towards Greece, the winters are milder.

In the spring and autumn the weather is less reliable. Particularly in March and April, and sometimes into May, you can expect a good deal of rain. So do take an umbrella. In the higher mountains, of course, rain at these times usually means snow, and snow in Bulgaria means skiing. In the Rila Mountains to the south of Sofia and also on Mount Vitosha, which majestically rises to more than 2,500 metres, just half an hour's drive from the centre of the capital city, you can often ski in May.

Getting out of town

Everywhere in Bulgaria there are mountains. The accessibility of the mountains is, of course, wonderful, but do go prepared for rapid changes of weather, especially in the spring and autumn. It can be sunny and warm in the valleys and snowing hard higher up.

The distances in Bulgaria are not great, and it is well worth hiring a car to get out of town. (Book well in advance!) There are some very good roads – as well as many very bad ones – and the favourable exchange rate makes petrol inexpensive. Do remember though, Bulgarian driving patterns are rather like the climate, a mixture of continental and Mediterranean. Remember too that Bulgarian traffic police make on-the-spot fines and are particularly hot on speeding and unauthorised overtaking.

The rail network is small and trains are slow, so, unless you hire a car, you may prefer the increasingly large selection of cross-country buses. For speedy travel between the coast and Sofia, you could try the internal air services. You'll have to book in advance, and do take your passport with you. In fact, it's best to take your passport wherever you go – just in case!

———— Запомнéте! ————

How to:

● Ask *what will the weather be like?*

Каквó ще бъ́де врéмето?   *What's the weather going to be?*

● Describe the weather

Тóпло е.
It's warm.

Слъ́нчево е.
It's sunny.

Ветровѝто е.
It's windy.

Студéно е.
It's cold.

Óблачно е.
It's cloudy.

Валѝ дъжд.
It's raining.

Валѝ сняг.
It's snowing.

● Evaluate a situation

Хýбаво е/Не е хýбаво.	It's fine/bad.
Интерéсно е/Не е интерéсно.	It's interesting/not interesting.
Вáжно е/Не е вáжно.	It's important/not important.
Не е фатáлно.	It's not fatal.

● Make a suggestion

| Предлáгам да отúдем на Вúтоша. | I suggest we go to Mount Vitosha. |
| Предлáгам да отúдете в Мéлник. | I suggest you go to Melnik. |

● Agree or disagree

For a man
| Съглáсен съм. | I agree. |
| Не съм съглáсен. | I disagree. |

For a woman
| Съглáсна съм. | I agree. |
| Не съм съглáсна. | I disagree. |

● Express regret

| Жáлко! | What a pity! |

Грамáтика

1 Слъ́нчево е *It's sunny*

When describing the weather in Bulgarian you do not need an equivalent of the English *it*:

| Слъ́нчево е | It is sunny |
| Я́сно е. | It is clear. |

As you see, you use the neuter form of the corresponding adjective and put **e** after the 'weather' word. You follow the same pattern for sentences describing the situation in more general terms:

Тъ́мно е.	It is dark.
Рáно е.	It is early.
Къ́сно е.	It is late.

You can also begin with the actual word for *weather*:

Врéмето е мнóго лóшо днес.   *The weather is very bad today.*
Врéмето днес е я́сно.   *It is clear today.*

Very often weather sentences begin with a reference to where and when it is warm, cold, dark, etc. In such cases the verb **e** comes before the neuter adjective:

В Мéлник ви́наги е тóпло.   *In Melnik it is always warm.*
През зи́мата е студéно.   *In winter it is cold.*
В стáята е тъ́мно.   *It is dark in the room.*

2 Вали́ (дъжд) *It's raining*

For descriptions of the weather involving precipitation Bulgarian uses the *it*-form of an old verb meaning *fall*: **вали́**. Depending on the context, **вали́** can mean *it is raining* or *it is snowing*. To be more specific you add the words for *rain* or *snow*:

Вали́ дъжд.   *It is raining.*
Вали́ сняг.   *It is snowing.*

3 Чудéсно е, че... *It is wonderful that...*

Some evaluating expressions like *it is wonderful* or *it is important* are linked to further statements. If the linking word in English is *that*, in Bulgarian you use **че**:

Чудéсно е, **че** сте тук!   *It's wonderful (that) you are here.*
Жáлко е, **че** ня́маме врéме.   *It's a pity (that) we have no time.*

In English, you often omit *that*. In Bulgarian, you can never leave out **че**.

If the linking word is *to*, followed by a verb, you need a **да**-form of the following verb:

Вáжно е **да присти́гнем**   *It's important for us to get there*
  наврéме.   *on time.*
Прия́тно е **да пъту́ваш** с колá.   *It's pleasant to travel by car.*

Note that the verb **e** always comes second no matter what other word is used in first position:

Не **e** вя́рно, че...   *It is not true that...*
Мнóго **e** прия́тно да...   *It is very pleasant to...*

4 (Аз) Ще до́йда *I will come* (future tense)

It is very easy to refer to future events in Bulgarian. You merely
insert **ще** in front of the verbal forms for the present tense. With (**да**)
до́йда, therefore, you say:

(аз)	**ще до́йда**	*I'll come*	(ни́е)	**ще до́йдем**	*we'll come*
(ти)	**ще до́йдеш**	*you'll come*	(ви́е)	**ще до́йдете**	*you'll come*
(той)					
(тя) }	**ще до́йде**	*he/she/it*	(те)	**ще до́йдат**	*they'll come*
(то)		*will come*			

To say *I will not*, *you will not*, etc. instead of **ще** you insert **ня́ма**
followed by **да**:

(аз)	**ня́ма да** до́йда	*I won't come*
(ти)	**ня́ма да** до́йдеш	*you won't come*
(той)	**ня́ма да** до́йде	*he won't come*
(ни́е)	**ня́ма да** до́йдем	*we won't come*
(ви́е)	**ня́ма да** до́йдете	*you won't come*
(те)	**ня́ма да** до́йдат	*they won't come*

5 Аз ще съм and аз ще бъ́да *I will be*

You have two verb forms to choose from to express *I will be* or *I am
going to be*, etc. The form with **бъ́да**, etc. tends to be more formal:

(аз)	ще съм/ ще бъ́да	*I will be*	(ни́е)	ще сме/ ще бъ́дем	*we will be*
(ти)	ще си/ ще бъ́деш	*you will be*	(ви́е)	ще сте/ ще бъ́дете	*you will be*
(той)					
(тя) }	ще е/	*he, she, it*	(те)	ще са/	*they will be*
(то)	ще бъ́де	*will be*		ще бъ́дат	

Аз ще съм/бъ́да в Пло́вдив у́тре.	*I will be in Plovdiv tomorrow.*
Той ще е/бъ́де на екску́рзия в съ́бота.	*He will be going on an* *excursion on Saturday.*

To say *I will not*, etc. you simply replace **ще** with **няма да**:

Няма да съм/бъда в София.   Няма да сме/бъдем
                           свободни.
Няма да си/бъдеш свободен. Няма да сте/бъдете във
                           фирмата.
Няма да е/бъде на тенис.   Няма да са/бъдат в
                           Пловдив.

6 In what manner?

A great number of words that tell us *how* or *in what manner* something is done (adverbs) can be formed from adjectives. In English, you often add -**ly** to adjectives to form adverbs. In Bulgarian, many adverbs look exactly like the neuter form of an adjective because they end in -**o**:

Adverbs

Той говори много бързо.   *He speaks very quickly.*
Трябва да говориш   *You must speak more calmly.*
по-спокойно.
Лесно ще намерим такси.   *We'll find a taxi easily.*

Adjectives

Таксито е много бързо.   *The taxi is very quick.*
Обичам спокойно море.   *I like a calm sea.*
Това е лесно упражнение.   *This is an easy exercise.*

Adverbs are also used to make adjectives more specific as in:

Времето ще бъде **предимно**   *The weather will be*
слънчево.   *predominantly sunny.*
Мелник е **изключително**   *Melnik is an exceptionally*
красиво градче.   *beautiful little town.*

7 Най- for *biggest* and *best*

To say that something or someone is *the biggest* or *the best* or *the most beautiful*, (i.e. to make the superlative form of the adjective), you place **най-** on the front of the adjective, and, usually, the definite article on the end.

На́й-голе́мият пъпеш е тук.	*The biggest melon is here.*
Та́зи англича́нка е **на́й**-ху́бавата.	*This English woman is the most beautiful one.*
Това́ е **на́й**-сла́дкото ви́но.	*This is the sweetest wine.*
На́й-е́втините кра́ставици са на паза́ра.	*The cheapest cucumbers are at the market.*

But, as in English, you can sometimes use the superlative without the definite article:

Вре́мето е **на́й**-то́пло в Ме́лник.	*The weather is hottest in Melnik.*

Упражне́ния

1 To practise talking about the weather, first read the following short dialogue:

- Днес е слъ́нчево, но ветрови́то. У́тре ще бъ́де ли съ́що слъ́нчево и ветрови́то?
- Не, у́тре ня́ма да бъ́де слъ́нчево и ветрови́то.

Now complete these dialogues following the same pattern:

(a) Днес е о́блачно и мра́чно (*dull*). _____?
   Не, _____.

(b) Днес е мъгли́во (*foggy*). _____?
   Не, _____.

(c) Днес е то́пло и слъ́нчево. _____?
   Не, _____.

(d) Днес е студе́но и вла́жно (*damp*). _____?
   Не, _____.

(e) Днес е дъждо́вно (*rainy*). _____?
   Не, _____.

2 Agree or disagree with the following comments, using the model:

- Студе́но е.
- Наи́стина, мно́го е студе́но. (*Indeed, it is very cold*)
- Не съм съгла́сен/съгла́сна. Изо́бщо не е студе́но. (*I don't agree. It isn't cold at all.*)

(a) Горе́що е. (*It's hot.*)
(b) Къ́сно е. (*It's late.*)
(c) Заба́вно е. (*It's amusing.*)
(d) Интере́сно е.
(e) Ле́сно е. (*It's easy.*)

3 Choose a good reason for the statements below from the list on the right:

(i) Г-н Джо́нсън ня́ма да   (a) защо́то е къ́сно и
   оти́де на екску́рзия, ...   ня́ма трамва́и.
(ii) Ня́ма да оти́да на   (b) защо́то е мно́го ра́но.
   Ви́тоша, ...
(iii) Тря́бва да поръ́чаме   (c) защо́то ля́тото (*the
   такси́, ...   summer*) е дъ́лго и то́пло.
(iv) В Бълга́рия и́ма мно́го   (d) защо́то ня́ма
   тури́сти, ...   туристи́чески обу́вки.
(v) Сладка́рницата е   (e) защо́то ще вали́ дъжд.
   затво́рена, ...

4 You turn on the radio and hear the following weather forecast:

У́тре в ця́лата (*the whole*) страна́ ще бъ́де я́сно и горе́що. По Черномо́рието (*Black Sea Coast*) ще и́ма слаб (*light*) до уме́рен (*moderate*) и́зточен (*from the east*) вя́тър. Температу́рата на въ́здуха (*air*) между́ два́йсет и о́сем и три́йсет и два гра́дуса, а на мо́рската вода́ (*the sea water*) – о́коло два́йсет и три гра́дуса.

Now, using full sentences, try to answer the following questions.

(a) О́блачно ли ще бъ́де у́тре?
(b) Ще и́ма ли си́лен (*strong*) вя́тър по Черномо́рието?
(c) Ко́лко горе́що ще бъ́де?
(d) Каква́ ще бъ́де температу́рата на море́то?

5 Imagine you are Nikolai and complete this conversation:

Миле́на   Ще до́йдеш ли днес с нас на те́нис, Никола́й?
Никола́й   (*I won't come because I haven't got time.*)
Миле́на   Жа́лко. Кога́ ще и́маш вре́ме?
Никола́й   (*Tomorrow.*)
Миле́на   Къде́ предла́гаш да оти́дем у́тре?
Никола́й   (*I suggest we go on an outing. Do you agree?*)
Миле́на   Какво́ ще бъ́де вре́мето?

Николáй   (*The weather will be sunny and warm.*)
Милéна   Добрé, съглáсна съм.

6 Use **бъ́рзо** *quickly*, **лéсно** *easily*, **трýдно** *with difficulty/not easily* or **пó-тúхо** *more quietly* to complete these sentences:

(*a*) Г-н Антóнов ще се съгласú _____.
(*b*) _____ ще намéрим гáрата.
(*c*) _____ ще намéрим багáжа.
(*d*) Шшш! Говорú _____!

Разбúрате ли?

Рáзговор

Milena succumbs to gentle persuasion and agrees to go to Melnik.

Николáй   Здравéй, Милéна!
Милéна   Ти ли си, Николáй? Защó не си на екскýрзия?
Николáй   Врéмето е лóшо.
Милéна   Не изглéжда лóшо, слъ́нчево е.
Николáй   Да, но úма сúлен вя́тър и на Вúтоша валú.
Милéна   Вя́рно, там вúнаги е пó-студéно.
Николáй   Да, защóто е висóко. Затовá úскаме да отúдем в Мéлник ýтре.
Милéна   В Мéлник е чудéсно. Сúгурно ще бъ́де тóпло, защóто е на юг.
Николáй   Úскаш ли да дóйдеш и ти, Милéна?
Милéна   Възмóжно ли е?
Николáй   Разбúра се, че е възмóжно. Нáдя съ́що ще дóйде. Ще бъ́де пó-интерéсно с две хýбави момúчета. (Note that although момúче means *girl*, the word itself is neuter!)
Милéна   Добрé, съглáсна съм. Когá заминáвате?
Николáй   В сéдем и половúна.
Милéна   Сериóзно? Но товá е ужáсно рáно!
Николáй   Шегýвам се, защóто зна́я, че не обúчаш да стáваш рáно. Срéщата ни е в дéвет и половúна пред хотéла на г-н Джóнсън.

изгле́ждам, -даш	to look, seem	ужа́сно	terribly
си́лен, си́лна	strong	шегу́вам, -ваш се	I'm joking
затова́	that is why	ста́вам, -ваш	to get up
възмо́жно	possible	пред	in front of
серио́зно?	are you serious?		

Вя́рно или́ невя́рно?

1 Никола́й не е на екску́рзия, защо́то вре́мето на Ви́тоша е ло́шо.

2 На Ви́тоша ви́наги е по́-то́пло.

3 Ме́лник е на и́зток.

4 Миле́на е съгла́сна да оти́де в Ме́лник.

5 Миле́на оби́ча да ста́ва ра́но.

6 Сре́щата на Никола́й с г-н Джо́нсън е пред хоте́ла му.

11

ПЛАН ЗА СЛЕ́ДВАЩАТА СЕ́ДМИЦА

A plan for the coming week

In this unit you will learn how to

- refer to the days of the week
- use some time expressions
- give the date
- use some more numbers

Диало́г

Mr Johnson firms up plans for his second week in Bulgaria.

г-н Анто́нов   (*Looking at his diary*) Днес е четвъ́ртък, четирина́йсети май. Ве́че е четвъ́ртият ден от Ва́шия престо́й. Оста́ват о́ще де́сет дни. Тря́бва да напра́вим план за сле́дващата се́дмица.

г-н Джо́нсън   В понеде́лник и́скам да оти́да в Бо́ровец, за да разгле́дам хоте́лите. Жена́ ми и синъ́т ми и́скат да до́йдат през зи́мата на ски в Бълга́рия.

г-н Анто́нов   И́скате ли ня́кой да Ви придружи́?

— **163** —

г-н Джо́нсън	Не, благодаря́. Ще нае́ма кола́ и ще оти́да сам.
г-н Анто́нов	Добре́, ка́кто предпочи́тате. Във вто́рник преди́ о́бед сме пока́нени на изло́жба на плака́ти. След това́ е заплану́ван о́бед с худо́жника, ко́йто организи́ра изло́жбата. Следо́бед тря́бва да отгово́рим на фи́рмата, от коя́то ще ку́пим компю́три. И́мам една́ молба́ към Вас – да ни даде́те съве́т за на́й-изго́дните цени́.
г-н Джо́нсън	Разби́ра се. Ще оти́дем ли сле́дващата се́дмица в Пло́вдив?
г-н Анто́нов	Да. Пло́вдивският панаи́р запо́чва на два́йсети май, в сря́да. Ще оти́дем на пъ́рвия ден, за да и́маме вре́ме да разгле́даме вси́чко.
г-н Джо́нсън	Кога́ ще бъ́дат пре́говорите?
г-н Анто́нов	На вто́рия и тре́тия ден. Тря́бва да поръ́чаме ня́кои брошу́ри и маши́ни за фи́рмата. Разчи́таме на Ва́шата по́мощ.
г-н Джо́нсън	Разби́ра се, аз съм тук, за да помо́гна на фи́рмата Ви.
г-н Анто́нов	За съжале́ние, на два́йсет и вто́ри май тря́бва да се въ́рна в Со́фия. На то́зи ден тря́бва да посре́щна делега́цията, коя́то присти́га от Япо́ния. Никола́й ще бъ́де с Вас до кра́я на се́дмицата.
г-н Джо́нсън	Тога́ва ще обясня́ на Никола́й кои́ проду́кти са на́й-подходя́щи и кои́ са на́й-съвре́менните маши́ни.
г-н Анто́нов	Отли́чно, това́ ще е изключи́телно поле́зно за нас. На́дя, обади́ се на Никола́й и пи́тай го свобо́ден ли е. Кажи́ му за пла́новете на г-н Джо́нсън. Обясни́ му защо́ разчи́таме на не́го за сле́дващия пе́тък.
г-н Джо́нсън	Извине́те, Боя́не, кога́ ще се въ́рнем от Пло́вдив?
г-н Анто́нов	А, да! С Никола́й ще се въ́рнете в съ́бота, а в неде́ля сте пока́нени у нас на го́сти.
г-н Джо́нсън	Благодаря́. Вто́рата ми се́дмица в Бълга́рия изгле́жда до́ста интере́сна!

Днес е четвъ́ртък, четиринáйсети май. *Today is Thursday May 14.*

четвъ́ртият ден от Вáшия престóй *the fourth day of your stay*

Остáват óще дéсет дни. *There are still 10 days left.*

Тря́бва да напрáвим план за слéдващата сéдмица. *We must make a plan for the coming week.*

В понедéлник... *On Monday...*

за да разглéдам хотéлите *(In order) to take a look at the hotels*

Йскате ли ня́кой да Ви придружи́? *Would you like someone to accompany you?*

Ще наéма колá. *I'll hire a car.*

кáкто *as*

Във втóрник преди́ óбед сме покáнени на изло́жба на плакáти. *On Tuesday, before lunch we are invited to a poster exhibition.*

След товá е заплану́ван óбед. *After that a lunch has been planned.*

който организи́ра... *who is organising...*

Ймам еднá молбá към Вас. *I have a favour to ask of you.*

съвéт за нáй-изгóдните цени́ *advice concerning the most favourable prices*

Плóвдивският панаи́р запóчва на двáйсети май. *The Plovdiv Trade Fair begins on May 20.*

в сря́да *on Wednesday*

на пъ́рвия ден *on the first day*

да разглéдаме вси́чко *to look round everything*

Когá ще бъ́дат прéговорите? *When will the talks be?*

на втóрия и трéтия ден *on the second and third day*

ня́кои брошу́ри и маши́ни *certain brochures and machines*

Разчи́таме на Вáшата пóмощ. *We are relying on your help.*

за да *(in order) to*

на двáйсет и втóри май тря́бва да се въ́рна в Сóфия. *On May 22 I must return to Sofia.*

На тóзи ден тря́бва да посрéщна делегáцията, коя́то присти́га от Япóния. *That day I must meet the delegation arriving from Japan.*

до крáя на сéдмицата *until the end of the week*

ще обясня́ на Николáй кой продýкти са нáй-подходя́щи. *I'll explain to Nikolai which products are the most suitable.*

кои са нáй-съврéменните маши́ни *which are the most up-to-date machines*

отли́чно *excellent*

полéзно *useful*

пи́тай го свобóден ли е *ask him whether he is free*

Кажи́ му за плáновете на г-н Джóнсън. *Tell him about Mr Johnson's plans.*

Обясни́ му защó разчи́таме на нéго за слéдващия пéтък. *Explain to him why we are counting on him for next Friday.*

в недéля сте покáнени у нас на гóсти. *on Sunday you are invited to our place.*

дóста *pretty (very), quite*

Въпрóси

1 **Отговорéте, мóля!**

(*a*) За когá тря́бва да напрáвят план г-н Антóнов и г-н Джóнсън?

(*b*) Защо́ г-н Джо́нсън и́ска да оти́де в Бо́ровец?

(*c*) Кога́ са пока́нени на изло́жба г-н Джо́нсън и г-н Анто́нов?

(*d*) Защо́ ще оти́дат на панаи́ра на пъ́рвия ден?

(*e*) Кога́ тря́бва да се въ́рне в Со́фия г-н Анто́нов?

2   Вя́рно или́ невя́рно?

(*a*) Г-н Джо́нсън и́ска ня́кой да го придружи́ до Бо́ровец.

(*b*) Панаи́рът в Пло́вдив запо́чва на два́йсети май.

(*c*) Пре́говорите ще бъ́дат на пъ́рвия и вто́рия ден.

(*d*) Г-н Анто́нов ще посре́щне делега́ция, коя́то присти́га от Фра́нция.

(*e*) Ма́йкъл Джо́нсън и Никола́й ще се въ́рнат от Пло́вдив в съ́бота.

──────────── **Беле́жки** ────────────

Of high days and holidays

Although Bulgaria is on the south-eastern fringe of Europe, and for nearly five centuries was within the Ottoman Empire, the people share with us most of the traditional feast days in the Christian calendar. They have, however, belonged to the Eastern Orthodox branch of Christianity, and occasionally there are differences of emphasis. They place less importance on Christmas and more on Easter, for example, and sometimes the dates of Easter in Bulgaria and in Western Europe and America do not coincide.

The Bulgarian Orthodox service on the Saturday night before Easter Sunday is a very beautiful occasion with candles, rich vestments and wonderful singing.

The Bulgarians also have a number of special days in their calendar that are to do with nationality, their cultural identity and the political experiences of their recent past rather than with religion. March 3 (**тре́ти март**), for example, is a public holiday: they then celebrate the end of the Russo-Turkish War of 1877-8 and their liberation from the Ottoman Empire.

May 24 (**два́йсет и четвъ́рти май**) is a very old holiday. It has a cultural significance for all the Slav peoples and has survived numerous changes of regime. It is dedicated to Saints Cyril and Methodius, the so-called 'apostles of the Slavs' whom the Bulgarians regard very much as their own. This holiday, which is probably Bulgaria's most popular 'high day', celebrates the achievements of Bulgarian culture through the ages and has traditionally seen street parades, singing, dancing and other public festivities.

Запомнéте!

How to:

● Give the date

Днес е шéсти юни.	*Today is June 6.*

● Say *on* with a date

на петнáйсети май	*on May 15*

● Say *on* with days of the week

в понедéлник	*on Monday*
във втóрник	*on Tuesday*
в срядá	*on Wednesday*
в четвъ́ртък	*on Thursday*
в пéтък	*on Friday*
в съ́бота	*on Saturday*
в недéля	*on Sunday*

● Ask for advice/a favour

Мóля, дáйте ми съвéт.	*Please give me some advice.*
Какъ́в съвéт ще ми дадéте?	*What advice would you give me?*
Ймам еднá молбá към Вас.	*I have a favour to ask of you.*

● Say *rely on*

Разчúтайте на мéне!	*Rely (count) on me.*
Разчúтам на нéго.	*I am relying on him.*

● State your purpose

Ще отúдем рáно, за да ймаме врéме.	*We'll go early so as to have time.*

Обади́ се на Никола́й, за да го пи́таш кога́ ще до́йде.	*Ring Nikolai (in order) to ask him when he'll be coming.*

● Invite someone home

Ела́(те) у нас на го́сти.	*Come to our place.*

 ——————— **Грама́тика** ———————

1 Пъ́рви, вто́ри, тре́ти *First, second, third*

The numerals indicating order (ordinals) are used as adjectives:

Masculine	Feminine	Neuter
пъ́рви *first*	пъ́рва	пъ́рво
вто́ри *second*	вто́ра	вто́ро
тре́ти *third*	тре́та	тре́то
четвъ́рти *fourth*	четвъ́рта	четвъ́рто

From *fifth* on, you obtain the masculine forms by adding -и to the number. For feminine and neuter words you replace -и with -а or -о as above. Note the occasional shift of stress.

(пет)	пе́ти	*fifth*		едина́йсети	*eleventh*
(шест)	ше́сти	*sixth*		двана́йсети	*twelfth*
(се́дем)	се́дми	*seventh*	} (with loss of е before м)	трина́йсети	*thirteenth*
(о́сем)	о́сми	*eighth*		четирина́йсети	*fourteenth*
(де́вет)	деве́ти	*ninth*		петна́йсети	*fifteenth*
(де́сет)	десе́ти	*tenth*		шестна́йсети	*sixteenth*

Note that the -на́йсети, -на́йсета, -на́йсето endings are pronounced -на́йсти, -на́йста and -на́йсто.

For numbers consisting of more than one word you add -и (-а, -о) only to the last part of the number:

два́йсет и пъ́рви	*twenty-first*
два́йсет и вто́ри	*twenty-second*
два́йсет и тре́ти	*twenty-third*

Like all other adjectives, the ordinal numerals also have definite forms:

вто́рата се́дмица	*the second week*
четвъ́ртият ден	*the fourth day*

You will find a full list of all the numerals in the Appendix on p. 309.

2 Пъ́рви януа́ри *January 1*

To give the date in Bulgarian you say **днес е** *today is* followed by the day and the masculine ordinal numeral in the indefinite form:

(днес е) вто́рник, тре́ти февруа́ри	*(today is) Tuesday February 3*

Here are some dates together with the names of all the months. Certain of the dates are particularly important in the Bulgarian calendar. The significance of some of them is explained in the **Беле́жки**.

пъ́рви	**януа́ри**	*January 1*	(1.I.)
о́сми	**февруа́ри**	*February 8*	(8.II.)
тре́ти	**март**	*March 3*	(3.III.)
два́йсет и ше́сти	**апри́л**	*April 26*	(26.IV.)
два́йсет и четвъ́рти	**май**	*May 24*	(24.V.)
вто́ри	**ю́ни**	*June 2*	(2.VI.)
десе́ти	**ю́ли**	*July 10*	(10.VII.)
четирина́йсети	**а́вгуст**	*August 14*	(14.VIII.)
деве́ти	**септе́мври**	*September 9*	(9.IX.)
три́йсети	**окто́мври**	*October 30*	(30.X.)
десе́ти	**ное́мври**	*November 10*	(10.XI.)
два́йсет и пе́ти	**деке́мври**	*December 25*	(25.XII.)

The names of the months are spelt with a small letter. When you write the number of the month in figures, you normally use Roman numerals, as in the brackets.

3 101 and above

101	сто и едно́	300	три́ста
110	сто и де́сет	400	че́тиристотин
123	сто два́йсет и три	500	пе́тстотин
200	две́ста	600	ше́стстотин

700	сéдемстотин	1 000	хилядá
800	óсемстотин	2 000	две хѝляди
900	дéветстотин	1 000 000	едѝн мк лиóн

(Note the change of stress in **хилядá** and **две хѝляди!**)

4 През хилядá дéветстотин деветдесéт и трéта годѝна *In 1993*

To give the date in years, you use the preposition **през**. For numbers of more than 1,000 you use **през** plus **хилядá** *thousand* followed by the hundreds and the tens. Only the last element of the number is an ordinal, which agrees with годѝна:

Родéн съм **през хилядá****дéветстотин седемдесéт****и втóра годѝна.**

I was born in 1972. (Note that in Bulgarian you have to say '*I am born*'.)

5 *When*: prepositions in time expressions

Here are some of the most common prepositions used with time expressions. Try to learn the expressions as whole phrases.

в срядá	*on Wednesday*
до десéти ноéмври	*before/until November 10*
за две сéдмици	*for 2 weeks*
	(looking to the future)
от еднá сéдмица	*for a week**
	(looking to the past)
на óсми март	*on March 8*
от срядá **до** пéтък	*from Wednesday till Friday*
предѝ óбед	*before lunch*
предѝ три дни	*3 days ago*
през деня̀	*during the day*
през есентá	*in autumn*
през нощтá	*at night*
през пролеттá	*in spring*
през (мéсец) януáри	*in January*
след еднá сéдмица	*a week later/in a week*

*Note that with expressions like **от** еднá сéдмица when they answer the question '*How long have you been here for?*' Bulgarian uses the present tense:

От кóлко врéме сте в Бългáрия?	*How long have you been in Bulgaria for?*
В Бългáрия съм **от** еднá сéдмица.	*I've been in Bulgaria for a week.*

6 Го and я *Him* and *her*

The most frequent substitute for things or persons when they are not subjects are the short object pronouns. (This does not refer to nouns after prepositions – see Unit 6.)

Кой тъ́рси багáжа?	*Who is looking for the luggage?*
Митничáрите **го** тъ́рсят.	*The customs officers are looking for it.*
Кой нóси чáнтата?	*Who is carrying the bag?*
Висóкият мъж **я** нóси.	*The tall man is carrying it.*

The short object pronouns usually precede the verb, but if the verb comes first in the sentence, they come second:

Пи́тайте **ги** мóгат ли да намéрят свóя багáж.	*Ask them if they can find their luggage.*

Like other short pronoun forms, they are normally unstressed, unless preceded by **не**.

Here are all the short object pronouns (subject forms in brackets):

(аз)	**ме**	*me*	(ни́е)	**ни**	*us*
(ти)	**те**	*you*	(ви́е)	**ви/Ви**	*you*
(той)	**го**	*him/it*			
(тя)	**я**	*her/it*	(те)	**ги**	*them*
(то)	**го**	*it*			

(You'll find the indirect object pronouns in Unit 7.)

7 Ще обясня́ на Николáй *I'll explain to Nikolai*

In Unit 7, you learned what pronouns to use with verbs that require an indirect object – the person to whom or for whom something is done. If, however, you want to use the person's name or a noun, you need to introduce it by the preposition **на** (which in most cases corresponds to the English *to*). Here are examples with some of the most common verbs that require an indirect object in Bulgarian: (да) дам, (да) помо́гна, (да) обясня́ and (да) ка́жа.

Той ще даде́ съве́т **на момче́то.**	*He will give the boy some advice.*
Г-жа́ Ко́линс мо́же да помо́гне **на момче́тата.**	*Mrs Collins can help (give help to) the boys.*
Ма́йкъл Джо́нсън ще обясни́ сво́ите пла́нове **на Никола́й.**	*Michael Johnson will explain his plans to Nikolai.*
Никола́й ще ка́же **на Миле́на** за но́вия план.	*Nikolai will tell Milena about the new plan.*

8 Ще му обясня́ *I'll explain to him*

Compare the examples in the last section with their alternatives where the short indirect object pronouns replace **на** + noun and move to the left of the verb:

Той ще **му даде́** съве́т.	*He'll give him some advice.*
Г-жа́ Ко́линс мо́же да **им помо́гне.**	*Mrs Collins can help them.*
Ма́йкъл Джо́нсън ще **му обясни́** сво́ите пла́нове.	*Michael Johnson will explain his plans to him.*
Никола́й ще **ѝ ка́же** за но́вия план.	*Nikolai will tell her about the new plan.*

You will also find **на** used with the full non-subject pronouns when you could use a short one. This is done to highlight a contrast, as in:

Ще се оба́дя **на не́я** (не на не́го!) instead of Ще ѝ се оба́дя.	*I'll ring her* (not him).
Ще помо́гна **и на те́бе** (не са́мо на тях) instead of Ще ти помо́гна.	*I'll help you too* (not just them).

(There is a list of the full non-subject pronouns in Unit 6!)

9 Ни́е сме пока́нени *We are invited*

Some verbal forms can be used with the verb *to be* as in *we are* or *we have been invited*. In such sentences you are not interested in who does the inviting but who is or has been invited. That is why they are called passive sentences. Such -ed forms of the verb are known as passive participles. In Bulgarian, you form the passive participle of most verbs by replacing the personal endings by -ен:

(да) покáня becomes покáнен

   Аз съм покáнен   *I am invited*

This is the masculine form to which you can then add the feminine, neuter or plural endings: **тя е покáнена, то е покáнено, нíе сме покáнени.**

A-pattern verbs add -ан, so запланýвам *to plan* becomes **запланýван** (-а, -о, -и) *planned.*

Конферéнцията е   *The conference is planned*
запланýвана за сéдми   *for September 7.*
септéмври.

A small number of verbs add -ян or -т. You will find some of them among the participles listed in the Appendix.

Упражнéния

1 Read this notice found just inside the entrance to a department store:

ПÁРТЕР (*ground floor*):	подáръци и козмéтика (*cosmetics*)
I ЕТÁЖ (*floor*):	всúчко за детéто
II ЕТÁЖ:	обýвки
III ЕТÁЖ:	мъжка и дáмска конфéкция
	(*men's and ladies' ready-made clothes*)
IV ЕТÁЖ:	килúми (*carpets*)
V ЕТÁЖ:	рестоáнт, тоалéтна

Now answer Каквó úма:

(*a*) на пáртера?   (*d*) на трéтия етáж?
(*b*) на първия етáж?   (*e*) на четвъртия етáж?
(*c*) на втóрия етáж?   (*f*) на пéтия етáж?

2 Try using some object pronouns by replacing the names and filling the spaces with the Bulgarian for *him, her,* etc.

Обадú се: (*a*) на Марк и ... покани (*invite*) у нас на гóсти.

(b) на Невéна и ... поканú у нас на гóсти.
(c) на Николáй и ... поканú у нас на гóсти.
(d) на г-н и г-жá Антóнови и ... поканú у нас на гóсти.

3 You are looking at your diary and making plans for the days ahead. Following the model complete the sentences with the appropriate days of the week or time expressions:

Днес е понедéлник. След три дни ще бъде четвъртък. Ще кýпя билéт (for за) четвъртък.

(a) Днес е четвъртък. След два дни ще бъде ...... Ще запáзя мáса (for) ......
(b) Днес е недéля. След пет дни ще бъде ...... Ще отúда на излóжбата (on) ......
(c) Днес е втóрник. Ýтре ще бъде ...... Ще кýпя билéт (for tomorrow).

4 When Nikolai applied for a passport for his business trip (командирóвка) to England he had to fill in a form like this. You'll find the new words in the vocabulary at the end of this unit.

| ИМЕ | *Николай Иванов Димитров* | |
| СОБСТВЕНО | БАЩИНО | ФАМИЛНО |

МЯСТО И ДАТА НА РАЖДАНЕ ...*Варна, 24. VII. 1966г.*...

НАРОДНОСТ ...*българин*...

ГРАЖДАНСТВО ...*българско*...

СЕМЕЙНО ПОЛОЖЕНИЕ ...*неженен*...

ЦЕЛ НА ПЪТУВАНЕТО ...*командировка*...

ПРЕСТОЙ ОТ ...*5. VI.*... ДО ...*19. VI. 1993*... година.

Now prepare and complete a similar form for yourself – in Bulgarian, of course!

5 Look carefully at these travel advertisements, below and overleaf, and then answer the questions:

INTERTOUR IMPEX	**ЕКСКУРЗИИ! ЕКСКУРЗИИ! ЕКСКУРЗИИ!**
Франция, Италия, Германия, Гърция, Турция..! ● **София – Милано – Тревизо – Венеция – Флоренция – Рим – София** (със самолет) 16.XII. – 23.XII.1991 г. записвания до 5.XI.91. Цена: 12 000 лв. ● **София – Будапеща – Прага – Париж – Братислава – София** (с луксозен автобус) 8.XII. – 16.XII.1991 г. записвания до 5.XI.1991 г. Цена: 260 щ. долара + 1970 лв. ● **София – Сегед – Братислава – Мюнхен – Братислава – Сегед – София** (с луксозен автобус) 23.XI. – 1.XII.1991 г. записвания до 5.XI.1991 г. Цена: 240 щ. долара + 1470 лв. ● **София – Истанбул – София** (с автобус) 17.XI. – 20.XI.1991 г. записвания до 30.X.1991 г. Цена: 570 лв.	Очаквайте и нашите нови програми за посрещане на Нова година в **СОЛУН** и **ИСТАНБУЛ** а за любителите на екзотичните страни подготвяме екскурзии до **ЕГИПЕТ, СИНГАПУР, МАЛАЙЗИЯ..!** Записвания: в бюрото на „Интертур импекс", София ул. „Света София" N 1 тел. 80-15-25 и 87-45-98 02/88-42-11, 02/72-09-56 Пловдив: 22-25-60, 34-91-62 Стара Загора: 5-41-84 Варна: 22-34-70 Ямбол: 2-23-70 Русе: 2-42-69 Шумен: 5-60-35

MUSSI-RSS

ФИРМА „МУСCИ-РСС"

организира
три-, четири- и шестдневни

ЕКСКУРЗИИ ДО ИСТАНБУЛ

пътуване с турски автобус всеки понеделник. Опитен
екскурзовод. Престой в Люлебургас и Одрин

Справки и записвания:
ул. „Братя Пашови" No 8, ап. 4
тел. 65-75-33 и 52-38-15

(a) Which agency offers three-, four- and six-day trips to Istanbul?
(b) Which agency offers New Year trips to Istanbul?
(c) Which of the trips with firm dates are by bus and which by air?
(d) Which agency offers an experienced guide?
(e) How much is the excursion to Florence and Rome?
(f) Read aloud the from ... to ... dates for all trips organised by INTERTOUR IMPEX.

6 Read the following page from Nadya's diary for the week ahead. This exercise will help you practise talking about future events:

Понеде́лник	Да помо́гна на Никола́й с докуме́нтите (*documents*).
Вто́рник	Да ка́жа на ше́фа за да́тата (*the date*) на изло́жбата. (Two different meanings of **на** here, notice!)
Сря́да	Да отгово́ря на писмо́то на худо́жника. (Here too!)
Четвъ́ртък	Да изпра́тя пока́ни (*send invitations*) на вси́чки, който рабо́тят във фи́рмата.
Пе́тък	Да се оба́дя на коле́гата в Пло́вдив.
Съ́бота	Да ку́пя пода́рък на сина́ на Анто́нови. (And here...)
Неде́ля	Да пока́жа на Миле́на но́вите плака́ти.

Now answer Какво́ ще пра́ви На́дя?

(a) в понеде́лник?   (e) в пе́тък?
(b) във вто́рник?   (f) в съ́бота?
(c) в сря́да?   (g) в неде́ля?
(d) в четвъ́ртък?

Now, instead of using the days of the week, use dates starting from Monday, May 18, to ask Nadya **Какво́ ще пра́виш на..?**

Разби́рате ли?

Ра́зговор

Ken changes his air ticket – with a little help from his friends.

Неве́на	Добро́ у́тро, г-жа́ Ко́линс! Замина́вате ли ве́че?
г-жа́ Ко́линс	Да, оти́ваме във Ва́рна. Преди́ да зами́нем и́мам една́ молба́. Ако́ и́ма писма́ за нас, мо́ля да ни ги изпра́тите в хоте́л „Оде́са“. Ще бъ́дем там до четвъ́рти ю́ни.
Неве́на	Разби́ра се. Разчи́тайте на ме́не. На добъ́р път и прия́тно прека́рване. (*She sees Ken obviously anxious to speak to Mrs Collins.*) Ви́жте, Кен и́ска да Ви ка́же не́що.
г-жа́ Ко́линс	(*After having exchanged a few words with Ken.*) Неве́на, Кен и́ска да въ́рне своя́ биле́т на авиокомпа́ния „Балка́н“. Той ня́ма да мо́же да пъту́ва на два́йсет и вто́ри ю́ли. И́ска да оти́де в Копри́вщица, за да ви́ди фолкло́рния фестива́л.
Неве́на	Добре́. Ще се опи́там да помо́гна и на не́го. И́мам прия́телка в „Балка́н“. Еди́н моме́нт, ще и́скам съве́т от не́я. (*After speaking on the phone.*) Вси́чки биле́ти от два́йсет и вто́ри ю́ли до двана́йсети а́вгуст са прода́дени. И́ма биле́ти за сря́да, трина́йсети а́вгуст.
г-жа́ Ко́линс	Мо́ля, запазе́те еди́н биле́т за трина́йсети а́вгуст.

Невена	(*Finishes conversation and rings off.*) Кажете на Кен, че мо́же да оти́де в бюро́ „Балка́н" в понеде́лник и да въ́рне биле́та на прия́телката ми. Тя гово́ри англи́йски.
г-жа́ Ко́линс	Благодаря́ Ви за помощта́!
Кен	Благодаря́, Неве́на!
Невена	Ня́ма защо́. Аз съм тук, за да пома́гам на го́стите на хоте́ла.

(да) зами́на, -неш	*to leave*	**по́мощ** (f)	*help*
(да) изпра́тя, -тиш	*to send*	**ба́щино и́ме**	*patronymic*
на добъ́р пъ́т	(*have a*) *good/safe journey*	(father's name)	
прия́тно прека́рване	*have a good time!*	**гра́жданство**	*citizenship*
авиокомпа́ния	*airline*	**(да) пока́ня, -ниш**	*to invite*
пъту́ване	*journey*	**ра́ждане**	*birth*
фолкло́рен фестива́л	*folk festival*	**семе́йно положе́ние**	*marital status*
опи́там, -таш	*to try*	**со́бствено и́ме**	*given name*
прода́ден	*sold*	**фами́лно и́ме**	*surname*
		цел (f)	*aim, purpose*

Вя́рно или́ невя́рно?

1 Ако́ и́ма писма́ за г-н и г-жа́ Ко́линс, Неве́на ще им ги изпра́ти във Ва́рна.

2 Г-н и г-жа́ Ко́линс ще бъ́дат във Ва́рна до четвъ́рти ю́ли.

3 Кен и́ска да въ́рне сво́я биле́т.

4 Кен мо́же да пъту́ва на два́йсет и вто́ри ю́ли.

5 Вси́чки биле́ти от два́йсет и вто́ри ю́ли до двана́йсети а́вгуст са прода́дени.

6 Кен тря́бва да оти́де в бюро́ „Балка́н" във вто́рник.

12
ПОЧА́КАЙ, НЕ ПОРЪ̀ЧВАЙ О́ЩЕ!
Wait, don't order yet!

In this unit you will learn how to

● use negative imperatives to tell people not to do things
● choose between two verbs describing the same situation
● talk about being on time
● select a table in a restaurant

Диало́г

Nadya and Milena are looking for a table in a café.

Миле́на	На́дя, ела́! Тук и́ма свобо́дна ма́са.
На́дя	Не оби́чам да ся́дам до врата́та.
Миле́на	Ха́йде да се́днем до прозо́реца тога́ва.
На́дя	Добре́, какво́ ще поръ̀чаме?
Миле́на	Не поръ̀чвай о́ще. Никола́й тря́бва да до́йде след ма́лко. Да го поча́каме.
На́дя	Ня́мам ни́що проти́в, но той ви́наги закъсня́ва.
Миле́на	Така́ ли? Надя́вам се, че днес ня́ма да закъсне́е. Но́ся му два англи́йски уче́бника.
На́дя	Той ня́ма да до́йде за уче́бниците, а за да те ви́ди.
Миле́на	Какво́ и́скаш да ка́жеш?
На́дя	Не ви́ждаш ли, че те харе́сва?
Миле́на	О, не зна́я, мо́же би... Все едно́, не оби́чам да ча́кам.

(*Milena gets up*)

На́дя	Къде́ оти́ваш?
Миле́на	Оти́вам да се оба́дя на Никола́й по телефо́на и да го попи́там защо́ не и́два.
На́дя	Неде́й да оти́ваш! Поча́кай о́ще ма́лко. Си́гурна съм, че ще до́йде. Е́то го, и́два.
Никола́й	Здраве́йте, моми́чета. Извине́те за закъсне́нието. Отда́вна ли ме ча́кате?
На́дя	Не, са́мо от две мину́ти.
Миле́на	(*significantly*) Ка́кто ка́зва На́дя, ти ви́наги си то́чен...
Никола́й	Ха-ха! На́дя и́ма чу́вство за ху́мор.
На́дя	Ха́йде, ня́ма ли да се́днеш?
Никола́й	Ще се́дна, разби́ра се. Оби́чам да ся́дам до ху́бави моми́чета!

Не оби́чам да ся́дам до врата́та. *I don't like sitting by the door.*

Ха́йде да се́днем до прозо́реца тога́ва. *Let's sit by the window then.*

Не поръ́чвай о́ще. *Don't order yet.*

Никола́й тря́бва да до́йде след ма́лко. *Nikolai should be coming soon.*

Да го поча́каме. *Let's wait for him.*

той ви́наги закъсня́ва *he's always late*

днес ня́ма да закъсне́е *today he won't be late*

Но́ся му два англи́йски уче́бника. *I have two English textbooks for him.*

Той ня́ма да до́йде за уче́бниците. *He won't be coming for the textbooks.*

за да те ви́ди *(in order) to see you*

Какво́ и́скаш да ка́жеш? *What do you mean?*

Не ви́ждаш ли, че те харе́сва? *Can't you see he likes you?*

мо́же би *maybe*

Все едно́, не оби́чам да ча́кам. *All the same, I don't like waiting.*

Къде́ оти́ваш? *Where are you going?*

Оти́вам да се оба́дя на Никола́й. *I'm going to phone Nikolai.*

да го попи́там защо́ не и́два *to ask him why he isn't coming*

Неде́й да оти́ваш. *Don't go.*

Поча́кай о́ще ма́лко. *Wait a bit longer.*

Си́гурна съм, че ще до́йде. *I'm sure he'll come.*

Извине́те за закъсне́нието. *Sorry I'm late.*

Отда́вна ли ме ча́кате? *Have you been waiting long for me?*

Ка́кто ка́зва На́дя... *As Nadya says...*

ти ви́наги си то́чен *you are always punctual*

Ха-ха! *Ha-ha!*

чу́вство за ху́мор *sense of humour*

ня́ма ли да се́днеш? *Won't you sit down?*

Ще се́дна. *I will sit down.*

Въпроси

1 Отговорете, моля!

    (*a*) Какво не обича Надя?

    (*b*) Защо Милена казва на Надя да не поръчва още?

    (*c*) Защо според Надя ще дойде Николай?

    (*d*) Защо Милена отива да се обади на Николай?

    (*e*) Къде обича да сяда Николай?

2 Вярно или невярно?

    (*a*) Николай трябва да дойде след половин час.

    (*b*) Надя казва, че Николай винаги е точен.

    (*c*) Николай харесва Милена.

    (*d*) Милена няма нищо против да чака.

    (*e*) Надя е сигурна, че Николай ще дойде.

——— Запомнете! ———

How to:

- Say *Don't* (do something)

Не отивай! Не отивайте!	*Don't go.*
Недей да чакаш! } **Недейте да чакате!**	*Don't wait.*

- Say *Let's* (do something)

Хайде да се обадим **на Николай.**	*Let's ring Nikolai.*
Хайде да седнем!	*Let's sit down.*

- Ask someone to wait

Почакай/почакайте малко!	*Wait a minute.*

- Excuse yourself for being late

Извинете за закъснението.	*Forgive me for being late./*
Извинявайте за закъснението.	*I am sorry for the delay.*

- Ask someone to be more explicit

Какво искаш да кажеш?	*What do you mean?*

● Say *Maybe*

Мо́же би ще до́йда.   *Maybe/Perhaps I'll come.*

 ——————— **Грама́тика** ———————

1 Verb twinning

If you look carefully at the dialogue you will notice that it contains a number of verbs which differ slightly in Bulgarian, but which are translated in a similar way in English. Here is a list of these 'twinned' verbs in alphabetical order with the significant differences highlighted:

A	B	
ви́ждам	(да) ви́дя	*to see*
закъсня́**вам**	(да) закъсне́я	*to be late*
и́д**вам**	(да) до́йда	*to come*
ка́з**вам**	(да) ка́жа	*to say*
поръ́ч**вам**	(да) поръ́чам	*to order*
ся́дам	(да) се́д**на**	*to sit*
харе́с**вам**	(да) харе́сам	*to like*
ча́кам	(да) **по**ча́кам	*to wait*

In Bulgarian, an action can be seen from two different points of view, or aspects: either as incomplete and still going on (column A), or as momentary and complete (column B). We refer to verbs in column A as imperfective and those in column B as perfective verbs. In fact, you can think of each verb as having a 'twin' with which it forms an 'aspectual pair', and when you come across a new verb you should try and learn it together with its twin. You will find a list of twinned pairs in the Appendix (pages 323-5).

Formally, the verbs in a pair may differ in one of four main ways:

(*a*) Imperfective verbs (A) often have the suffix -**ва**-, as in закъсня́**вам**, ка́з**вам** and поръ́ч**вам**;

(*b*) Perfective verbs (B) often have the suffix -**на**-, as in се́д**на**, запо́ч**на** and ста́**на** (*to get up*);

(*c*) Perfective verbs frequently have extra letters (a prefix) added on the front as in **на**пра́вя, **по**пи́там and **по**ча́кам;

(d) There may be some other internal alternation of letters, often a change of vowel or consonant, as in разби́рам – (да) разбера́, затва́рям – (да) затво́ря (*to close*), оти́вам – (да) оти́да (*to go*) and ви́ждам – (да) ви́дя (*to see*).

Some verbs such as **обя́двам**, **организи́рам**, **парки́рам** and **пъту́вам** have the same form for both imperfective and perfective. They are identical twins!

Occasionally, two very different verbs form an imperfective/perfective pair, **и́двам** and **(да) до́йда**, for example. In the dialogue, remember, you came across Éто го, **и́два** and Никола́й тря́бва да **до́йде** след ма́лко.

2 Imperfective and perfective – which to use when

Which of a pair with the present tense?

In the present tense you always use an imperfective verb because the action is still going on:

Къде́ оти́ваш?	*Where are you going?*
Какво́ ка́зва той?	*What is he saying?*
Ви́ждаш ли табе́лката?	*Can you see the notice?*

You also use an imperfective verb when making generalisations:

Г-н Джо́нсън оби́ча ху́баво ви́но.	*Mr Johnson loves good wine.*
Никола́й ви́наги закъсня́ва.	*Nikolai is always late.*

You normally cannot use perfective verbs to describe actions in the present tense. The only exception is when you envisage a completed action that is not really taking place yet – it is still potential. This happens:

(a) when you say that you *want* to, *have* to or *can* do something using verbs like **и́скам (да)**, **тря́бва (да)**, **мо́же (да)**:

Ѝскам **да поръ́чам** сала́та.	*I want to order a salad.*
Тря́бва **да оти́да** в ба́нката.	*I have to go to the bank.*
Мо́же ли **да се́дна** до Вас?	*May I sit next to you?*

(b) after words such as **кога́то** (*when*) and **ако́** (*if*) indicating that an action will only take place if certain conditions are fulfilled, as in **когато дойде** (*when he comes*) and **ако дойде** (*if he comes*);

(*c*) after **за да** (*in order to*) or just **да** on its own, when there is a sense of purpose or a need to 'get something done'. Here again there is an emphasis on the completion of an action:

Той идва, за да те види.	*He is coming* (*in order*) *to see you.*
Отивам да се обадя.	*I am going off to phone.*

Which of a pair with the future tense?

You will usually need to use the perfective twin when talking about future events:

Ще седна до прозореца.	*I'll take a seat by the window.*
Утре **няма да закъснея.**	*Tomorrow I won't be late.*
Ще направя както ми казвате.	*I'll do what you tell me.*
Ще Ви донеса менюто.	*I'll bring you the menu.*

In all these examples you are concerned with one specific occasion and concentrating on getting something done.

Sometimes, however, when you are not concerned with one specific occasion or not concentrating on getting something done, you use the imperfective twin:

(*a*) Винаги **ще ставам** рано.	*I'll always get up early.*
(*b*) **Ще чакам** до 11 часа.	*I'll wait until 11 o'clock.*

Here you are referring either (*a*) to something you are going to do regularly in the future, or (*b*) to something that is going to go on for some time.

3 With да and without

The verbs that have been listed with (**да**) are all perfective verbs. They were listed in this way so as to indicate that perfective verbs cannot be used without a 'prop' such as **да** (or **когато** or **ако**) in the present tense.

You should note, however, that **да** is not used exclusively with perfective verbs. In generalisations when there is no concentration on the need to complete an action or achieve a result, it can also be used with imperfectives. Thus you can say **обичам да помагам** *I like to help* and **не обичам да сядам до прозореца** *I don't like sitting by the window*. In both cases you are making generalisations.

4 *Do* and *don't*

If you look back to Unit 7 where – among other things – you learnt how to give instructions, you will see that almost all the verbs were used in their perfective forms: **вземете си! дайте ми! претеглете ми този пъпеш!** etc. In fact, you almost always use the perfective twin in positive instructions, when you are telling someone to do something specific on a particular occasion:

Седнете до прозореца!	*Sit by the window.*
Затвори вратата!	*Close the door.*
Направи кафе!	*Make some coffee.*

On the other hand you use the imperfective twin in negative instructions, when you want to stop someone from doing something, no matter whether it is on a specific occasion or as a general rule.

Не сядайте до прозореца!	*Don't sit by the window.*
Не затваряйте вратата!	*Don't close the door.*
Не прави кафе!	*Don't make any coffee.*

Almost the only time you use the imperfective twin in positive instructions is when you issue a general prohibition valid not just on one particular occasion. You will find the following notice on doors, for example:

Затваряйте вратата!	*Close the door.* (i.e. always)

You will also find that Bulgarians use the imperfective **Извинявайте много!** in preference to the perfective **Извинете!** for *Excuse me!* when they want to be especially polite or insistent.

5 Недей(те) да *Don't!*

Instead of using **не** with the special command (imperative) forms of the verb, you can tell someone not to do something by using **недей да** or **недейте да**:

Недей да спираш тук!	*Don't stop here.*
Недейте да спирате тук!	

Недей да закъсняваш!   *Don't be late.*
Недейте да закъснявате!

You can see that this is followed by the normal present tense endings of the *you* form of the verb, in the singular or plural as the occasion demands. The verb must be in the imperfective, remember, because it is a negative command. You will also have noticed that in Bulgarian, imperative forms are usually followed by an exclamation mark, thereby emphasising the urgency of the situation.

Don't forget that there is a list of imperatives in the Appendix and that positive command forms are explained in Unit 7.

6 Обичам and харесвам *To love* and *to like*

Both **обичам** and **харесвам** may be translated as *I like*:

Обичам класическа музика.   *I like/love classical music.*
Харесвам тази музика.   *I like/love this music.*
Обичам сладолед.   *I like/love ice-cream.*
    (i.e. all ice-cream)
Харесвам този сладолед.   *I like/love this ice-cream.*

As you can see from these examples, however, **харесвам** is normally used with individual, specified things, while **обичам** is used for more general statements. But when you use **обичам** with people it always means *I love*:

Обичам това момиче.   *I love that girl.*
Обичам те!   *I love you!*

When **харесвам** is used with people it simply means *I like*, nothing more exciting, alas!

Do remember though that when you want to say you like doing something, you have to use **обичам да**, as in **обичам** (or more likely **не обичам) да чакам.**

 ———————— **Упражнения** ————————

1   In the short dialogue below you will find the 'twin' verbs for *to leave*: **оставям** (a/я-pattern and imperfective) and **(да) оставя**

(и-pattern and perfective). First work out which is which and note how they are used.

В театъра

Николай Ако искаш, остави чантата на гардероба (*cloakroom*).

Милена Няма да я оставя.

Николай Защо?

Милена Виж табелката (*notice*): Не оставяйте ценности на гардероба! (*Valuables left at your own risk*)

Николай В такъв случай (*in that case*), недей да я оставяш. Остави само чадъра.

Now complete the following sentences with the appropriate verb for *to leave*:

(a) _____ тази тежка (*heavy*) чанта вкъщи (*at home*)!

(b) Сигурно ще вали. Няма да _____ чадъра вкъщи.

(c) Недей да _____ вратата отворена.

2   Here are some common Bulgarian notices with their English equivalents:

(a)

**DANGER!
DON'T TOUCH!**

(b)

STAFF ONLY

(c)

NO LITTER

(d)

PERMIT HOLDERS ONLY

1 PLACE

(e)   *(f)*

| СЛУЖЕБЕН ПАРКИНГ | ПУШЕНЕТО ЗАБРАНЕНО |

OFFICIAL PARKING ONLY   **NO SMOKING**

Now see if you can match the notices with these negative imperatives which have been translated literally:

(i) Не влизайте!   *Don't go in.*
(ii) Не пипай!   *Don't touch.*
(iii) Не паркирай!   *Don't park.*
(iv) Не пушете!   *Don't smoke.*
(v) Не хвърляйте отпадъци! *Don't throw litter.*

3 Try to memorise these time words which usually go with imperfective verbs:

вѝнаги	*always*	**обикновѐно**	*usually*
чѐсто	*often*	**рѧдко**	*rarely*

Now look for them in the following sentences which you should complete choosing the imperfective verb and the right personal ending. (For once the perfective verbs have been given without **да!**)

(*a*) Г-н Кόлинс чѐсто (помѧгам/помόгна) на свόята женѧ.

(*b*) Нѝе вѝнаги (стѧвам/стѧна) рѧно.

(*c*) Обикновѐно Нѧдя (ѝдвам/дόйда) на рѧбота в όсем и половѝна.

(*d*) Мѧйкъл Джόнсън рѧдко (порѧчвам/порѧчам) вѝно за обѧд.

4 Here Nevena is talking to another receptionist and enviously watching a very smart American lady enter the restaurant. Nevena is describing what she sees using imperfective verbs. Try to complete her story choosing the correct form of the perfective verb after **ѝскам да...**, **хѧйде да..**, **за да...** and **ще**.

Невѐна Вѝждам, че еднѧ америкѧнка влѝза в ресторѧнта. Ѝскам да (*see*) с когό* ѝма срѐща – хѧйде да (*go in*). Ѐто, сѧда на мѧсата до прозόреца. Хѧйде и нѝе да (*sit*) в ресторѧнта. Сегѧ тя разглѐжда (*look at*) менюότο и избѝра нѐщо за ѧдене. Дай менюότο, и нѝе ще (*choose*) нѐщо. О, ѝдва едѝн мъж при нѐя. А тя къдѐ отѝва? Почѧкай мѧлко, ще (*I'll go*) пό-блѝзо, за да (*look at*) рόклята *dress* ѝ. Виж, мъжѧт порѧчва два джѝна. Ѝскам да (*you order*) и за мѐне едѝн джѝн.

*See Unit 13, Grammar section 5.

5 Read the passage below, following Nadya's thoughts when she fails to make a meeting with Milena.

Милѐна **ще дόйде**, **ще вѝди**, че не съм там и **ще влѐзе** в сладкѧрницата. **Ще вѝди** свобόдна мѧса и **ще сѐдне**. Ще

избере́ (*choose*) не́що за заку́ска и ведна́га **ще поръ́ча**. Сервитьо́рката **ще доне́се** кафе́ и са́ндвич са́мо за не́я. **Ня́ма да ме поча́ка** дори́ (*even*) пет мину́ти! **Ще плати́**, **ще ста́не** (*get u*p) и **ще оти́де** в ЦУМ – без ме́не!

Now imagine you are observing Milena and, beginning with **Ето́**, recount what you see turning all the verbs into the present. You will need to replace each perfective verb with its imperfective twin.

6 **Оби́чам** or **харе́свам?** Choose one of the verbs to complete the sentences.

(*a*) Неве́на _____ да гово́ри с чужденци́.

(*b*) Никола́й _____ Миле́на.

(*c*) Г-н Ко́линс _____ да игра́е голф (*golf*).

(*d*) На́дя _____ та́зи изло́жба.

(*e*) Г-жа́ Ко́линс _____ кафе́ без за́хар.

(*f*) Ви́е си́гурно ще _____ то́зи град. (Use the perfective: **(да) харе́сам**)

(*g*) Те _____ бъ́лгарските специалите́ти.

(*h*) Не _____ да ча́кам.

(*i*) Ма́йкъл Джо́нсън _____ бъ́лгарско ви́но.

(*j*) Миле́на ще _____ та́зи ро́кля. (Again you need **(да) харе́сам**)

(*k*) Никола́й не _____ то́зи уче́бник.

Разби́рате ли?

Ра́зговор

Michael Johnson has a hard time on his own in out-of-season Borovets.

Полица́й	Мо́ля, не парки́райте тук. Опа́сно е. Ви́жте табе́лката.
г-н Джо́нсън	Ви́ждам я, но не я разби́рам. Аз съм чужде́нец. Какво́ зна́чи „Внима́ние! Па́дащи предме́ти"?

Полица́й	Това́ зна́чи, че хоте́лът е в ремо́нт и поня́кога па́дат те́жки предме́ти. Мо́же не́що да па́дне върху́ кола́та Ви.
г-н Джо́нсън	Благодаря́. Къде́ мо́же да парки́рам? Тъ́рся рестора́нт, но не ви́ждам па́ркинг нао́коло.
Полица́й	Па́ркингът е зад хоте́ла. Ще ви́дите табе́лката. В кой рестора́нт оти́вате?
г-н Джо́нсън	Не зна́я. Каже́те ми кой рестора́нт е най-добъ́р.
Полица́й	Не Ви препоръ́чвам то́зи голя́м рестора́нт. Отиде́те в ма́лкия рестора́нт до ли́фта. Сега́ ня́ма мно́го тури́сти и ми́сля, че ня́ма да ча́кате дъ́лго.
г-н Джо́нсън	Благодаря́ за съве́та. Ще напра́вя ка́кто ми ка́звате.

(Later, in the small restaurant by the ski-lift, Mr Johnson is about to take a seat at a corner table.)

Сервитьо́р	Извиня́вайте мно́го, господи́не, но не ся́дайте на та́зи ма́са, ако́ оби́чате. Ма́сата в ъ́гъла е запа́зена.
г-н Джо́нсън	Съжаля́вам, гре́шката е мо́я. Днес изгле́жда пра́вя вси́чко не ка́кто тря́бва.
Сервитьо́р	Мо́ля, заповя́дайте, седне́те до прозо́реца. И́ма чуде́сен и́зглед към пи́стата. Сега́ ще Ви донеса́ меню́то. Ще до́йда за поръ́чката Ви след като́ избере́те.
г-н Джо́нсън	Мо́ля, неде́йте да бъ́рзате. Аз изби́рам мно́го ба́вно, защо́то не разби́рам вси́чко.
Сервитьо́р	Тога́ва и́двам ведна́га. Ще Ви помо́гна да избере́те.
г-н Джо́нсън	Благодаря́ мно́го. Запо́чвам да харе́свам Бо́ровец.

опа́сно	*dangerous*	**зад**	*behind*
внима́ние	*danger!; attention*	**лифт**	*ski/chair lift*
па́дащи предме́ти	*falling objects*	**ъ́гъл**	*corner*
поня́кога	*sometimes*	**запа́зен**	*reserved*
па́дам, -даш	*to fall*	**гре́шка**	*mistake*
те́жък, те́жка	*heavy*	**и́зглед**	*view*
(да) па́дна, -неш	*to fall*	**пи́ста**	*piste, slope*
па́ркинг	*car park*	**(да) донеса́, -се́ш**	*to bring*
нао́коло	*nearby*	**поръ́чка**	*order*

избирам, -раш *to choose*	**пуша, -шиш** *to smoke*
(да) избера, -реш *to choose*	**пушене** *smoking*
абонамент *subscription*	**рядко** *rarely*
влизам, -заш *to enter*	**служебен, -бна** *official, for*
вход *entrance*	*staff only*
живот *life*	**(да) стана, -неш** *to get up*
забранено *forbidden, not allowed*	**хвърлям, -ляш** *to throw*
отпадък, -ъци *litter, rubbish*	**чистота** *cleanliness*

1 Защо г-н Джонсън не трябва да паркира до табелката?
2 Къде е паркингът?
3 Защо полицаят препоръчва малкия ресторант?
4 Защо не може г-н Джонсън да седне на масата в ъгъла?
5 Как г-н Джонсън казва на сервитьора да не бърза?
6 Защо сервитьорът ще помогне на г-н Джонсън да избере нещо за ядене?

13
КАК ДА СТИГНЕМ
ДО ХОТЕЛ „ОДЕСА"?
— *How can we get to the Odessa Hotel?* —

In this unit you will learn how to

- ask the way
- give and understand directions
- talk about events in the past

Диалог

Mr and Mrs Collins have just arrived in Varna. Mr Collins stops the car so Mrs Collins can ask a policeman the way.

г-жа́ Ко́линс	Извине́те, мо́жете ли да ни ка́жете как да сти́гнем до хоте́л „Оде́са"?
Полица́й	Хоте́л „Оде́са" е бли́зо до це́нтъра. Ка́райте напра́во и ще сти́гнете до еди́н площа́д. На не́го и́ма цъ́рква. Ще зави́ете наля́во и ще ка́рате до пъ́рвия светофа́р. На светофа́ра зави́йте надя́сно. Ще пресече́те еди́н булева́рд и ще сти́гнете до вхо́да на еди́н парк. Това́ е Мо́рската гради́на. Хоте́л „Оде́са" е вдя́сно, срещу́ Мо́рската гради́на.
г-жа́ Ко́линс	Благодаря́ мно́го.
Полица́й	Ня́ма защо́. Ако́ загу́бите пъ́тя попи́тайте пак.

(Mr and Mrs Collins do lose their way and it is rather late when they eventually arrive at the hotel.)

г-жа́ Ко́линс	До́бър ве́чер. И́маме запа́зена ста́я в то́зи хоте́л.
Администра́торка	До́бър ве́чер. И́мето, мо́ля?
г-жа́ Ко́линс	Джордж и Викто́рия Ко́линс.
Администра́торка	Да, и́ма ста́я за вас. Добре́ дошли́! Не ви оча́квахме то́лкова къ́сно. И́махте ли пробле́ми по пъ́тя?
г-жа́ Ко́линс	Не, пъту́ването бе́ше прия́тно. Пробле́мите запо́чнаха, кога́то присти́гнахме във Ва́рна, защо́то ня́махме ка́рта на града́.
Администра́торка	Кога́ присти́гнахте?
г-жа́ Ко́линс	Присти́гнахме преди́ о́коло два ча́са, към се́дем часа́. Бе́ше о́ще све́тло.
Администра́торка	Не пи́тахте ли за пъ́тя?
г-жа́ Ко́линс	Да, попи́тахме еди́н полица́й. Ка́рахме напра́во, но не сти́гнахме до площа́да с цъ́рквата. У́лицата бе́ше в ремо́нт и и́маше отклоне́ние. На сле́дващата у́лица зави́хме наля́во и загу́бихме пъ́тя.
Администра́торка	Защо́ не попи́тахте пак?
г-жа́ Ко́линс	В това́ вре́ме запо́чна да вали́ и ня́маше хо́ра по у́лиците. Ня́маше кого́ да попи́таме.
Администра́торка	Как наме́рихте пъ́тя?
г-жа́ Ко́линс	Еди́н шофьо́р на такси́ ни помо́гна да наме́рим пъ́тя.
Администра́торка	Си́гурно сте уморе́ни и гла́дни. Рестора́нтът о́ще е отво́рен.
г-жа́ Ко́линс	О, да. Уми́раме за ча́ша чай.
Администра́торка	Заповя́дайте, рестора́нтът е на па́ртера вля́во.
г-жа́ Ко́линс	Благодаря́ мно́го. Къде́ мо́жем да оста́вим бага́жа?
Администра́торка	Ста́ята ви е на четвъ́ртия ета́ж, коридо́рът вдя́сно. Прия́тна почи́вка! Ле́ка нощ!

The city crest of Varna.

администра́торка *receptionist*

как да сти́гнем (до) *how we can get to*

ка́райте напра́во *drive straight ahead*

ще сти́гнете до еди́н площа́д *you'll get to a square*

цъ́рква *church*

Ще зави́ете наля́во *you (will) turn left*

светофа́р *traffic lights*

надя́сно *to the right*

Ще пресече́те *you (will) cross*

вхо́д *entrance*

вдя́сно *on the right*

ако́ загу́бите пъ́тя... *if you lose the way...*

И́махте ли пробле́ми по пъ́тя? *Did you have any problems on the way?*

Пробле́мите запо́чнаха, кога́то присти́гнахме във Ва́рна. *The problems started when we arrived in Varna.*

ня́махме *we didn't have*

преди́ о́коло два ча́са *about two hours ago*

към се́дем часа́ *at about 7 o'clock*

бе́ше о́ще све́тло *it was still light*

Не пи́тахте ли за пъ́тя? *Didn't you ask the way?*

попи́тахме еди́н полица́й *we asked a policeman*

Ка́рахме напра́во *We drove straight ahead*

не сти́гнахме до площа́да с цъ́рквата *we didn't get to the square with the church*

у́лицата бе́ше в ремо́нт *the road was under repair*

и́маше отклоне́ние *there was a diversion*

зави́хме наля́во *we turned left*

загу́бихме пъ́тя *we lost the way*

запо́чна да вали́ *it started raining*

ня́маше хо́ра по у́лиците *there weren't any people out in the streets*

Как наме́рихте пъ́тя? *How did you find the way?*

Еди́н шофьо́р на такси́ ни помо́гна. *A taxi driver helped us.*

Си́гурно сте умо́рени и гла́дни. *You must be tired and hungry.*

Уми́раме за ча́ша чай. *We are dying for a cup of tea.*

вля́во *on the left*

Ле́ка нощ! *Good night.*

Въпроси

1 Imagine you are Mrs Collins: see if you can answer the questions she and her husband are asked on arrival at the hotel.

   (a) Към ко́лко часа́ присти́гнахте?
   (b) Как бе́ше пъту́ването ви?
   (c) Защо́ и́махте пробле́ми?
   (d) Кога́ запо́чнаха пробле́мите ви?
   (e) Тъ́мно ли бе́ше, кога́то присти́гнахте?
   (f) Защо́ не сти́гнахте до площа́да с цъ́рквата?

2 **Вя́рно или́ невя́рно?**

   (a) Г-н и г-жа́ Ко́линс ще зави́ят наля́во и ще сти́гнат до една́ цъ́рква.
   (b) Хоте́л „Оде́са" е вля́во, зад Мо́рската гради́на.
   (c) Г-н и г-жа́ Ко́линс присти́гнаха във Ва́рна към шест и полови́на.
   (d) Еди́н шофьо́р на такси́ им помо́гна да наме́рят пъ́тя.
   (e) Рестора́нтът е в коридо́ра вдя́сно.

——— Запомне́те! ———

How to:

● Ask the way

Как да сти́гна до га́рата?	*How do I get to the station?*
В коя́ посо́ка е по́щата?	*In which direction is the post office?*
Мо́жете ли да ми пока́жете пъ́тя за..?	*Can you show me the way to..?*

● Give directions

Ка́райте напра́во./Върве́те напра́во.	*Drive straight on./Go straight on.*
Зави́йте наля́во.	*Turn to the left.*
Зави́йте надя́сно.	*Turn to the right.*
Върне́те се.	*Go back.*

● Say *On the left*/*on the right*

Трéтата вратá влявo.	*The third door on the left.*
Коридóрът вдясно.	*The corridor on the right.*
Фоайéто е вдясно./	*The foyer is on the right./*
влявo от асансьóра.	*on the left of the lift.*

● Give approximate times

Пристигнахме преди óколо половин час.	*We arrived about half an hour ago.*
Стигнахме Вáрна за óколо шест чáса.	*We reached Varna in about six hours.*
Пóщата е на óколо пет минýти.	*The post office is about five minutes away.*
Запóчна да вали към три часá.	*It started to rain towards three o' clock.*
Николáй ще дóйде към единáйсет часá.	*Nikolai will come towards eleven o' clock.*

● Say *I am tired* and *good night*

Уморéн съм/уморéна съм.	*I am tired.*
Уморéни сме.	*We are tired.*
Лéка нощ!	*Good night!*

Грамáтика

1 Past tense

Verbs describing past events also have special endings. In the following sentences, which take you from the *I*-form to the *they*-form, these endings (**-х**, **-**, **-**, **-хме**, **-хте**, **-ха**) and the preceding vowel have been highlighted. You will see that in the *you*- (familiar) and *he/she/it*-forms there is no special ending added to the vowel.

Кýпих един голям пъпеш.	*I bought a large melon.*
Ти питa ли къдé е площáдът?	*Did you ask where the square is?*
Тя помóгна на Джон и Кен.	*She helped John and Ken.*
Пристигнахме във Вáрна към сéдем часá.	*We arrived in Varna about 7 o' clock.*
Стигнахте ли до площáда?	*Did you get to the square?*
Децáта игрáха до късно.	*The children played until late.*

The endings are the same for all three verb patterns, but they are added to a variety of vowels and this makes forming the past tense in Bulgarian a little tricky. You will, however, be able to take things gradually, learning in this and the following units which vowels go with which groups of verbs. To make things easier we will move from the regular to the less regular forms.

(*a*) Verbs that add past endings to -**а**-
With all **а**-pattern verbs (Conjugation 3) like **питам**, **карам** *to drive*, (да) **разгледам** *to look at* you replace the -**м** of the *I*-form with the special past endings. So **пита-м** becomes:

(аз)	**питах**	*I asked*	(ние)	**питахме**	*we asked*
(ти)	**пита**	*you asked*	(вие)	**питахте**	*you asked*
(той) ⎫			(те)	**питаха**	*they asked*
(тя) ⎬	**пита**	*he/she/it asked*			
(то) ⎭					

You will notice that there is no difference between the past **той пита** and the present **той пита**. You therefore have to rely on the context to tell you whether it means *he asked*, *he asks* or *he is asking*.

You form the past tense of some **е**-pattern verbs in the same way: (да) **стигна**, (да) **пристигна**, (да) **започна**, (да) **помогна**, for example. You can recognize this group by the presence of -**на** in the dictionary form.

Стигнах до хотела.	*I reached the hotel.*
Вчера Николай започна да учи английски.	*Yesterday Nikolai began to study English.*
Помогнахме на момчетата.	*We helped the boys.*
Пристигнаха късно във Варна.	*They arrived late in Varna.*

(*b*) Verbs adding past endings to -**и**-
Most **и**-pattern verbs (2nd conj.) have the vowel -**и**- before the past endings: (да) **загубя** *to lose*, (да) **купя**, (да) **намеря**, (да) **направя** as well as **правя**, **работя**, **търся**, etc.

(аз)	**купих**	*I bought*	(ние)	**купихме**	*we bought*
(ти)	**купи**	*you bought*	(вие)	**купихте**	*you bought*
(той) ⎫			(те)	**купиха**	*they bought*
(тя) ⎬	**купи**	*he/she/it bought*			
(то) ⎭					

Тъ́рсих г-н Анто́нов, но не го **наме́рих**.	*I looked for Mr Antonov but didn't find him.*
На́дя **напра́ви** кафе́ за вси́чки.	*Nadya made coffee for everyone.*
Какво́ **загу́бихте**?	*What did you lose?*

(c) For the past tense forms of e-pattern verbs in -**ия** and -**ая** like (**да**) **зави́я** *to turn*, **пи́я** *to drink*, **игра́я** *to play* you simply replace the -**я** of the first person 'I' form by the appropriate past endings. The resulting forms look just like the ones in (a) and (b) above:

Та́зи су́трин **пих** мля́ко.	*This morning I drank some milk.*
Кола́та **зави́** надя́сно.	*The car turned to the right.*
Деца́та **игра́ха** до къ́сно.	*The children played until late.*

2 Ѝмах *I had* and ня́мах *I didn't have*

When describing past situations, the verbs **и́мам** and **ня́мам** have the following forms:

(аз)	и́мах/ня́мах	*I had/ didn't have*	(ни́е)	и́махме/ня́махме	*we had/ didn't have*
(ти)	и́маше/ня́маше	*you had/ didn't have*	(ви́е)	и́махте/ня́махте	*you had/ didn't have*
(той) (тя) } и́маше/ня́маше (то)		*he she it had/didn't have*	(те)	и́маха/ня́маха	*they had/ didn't have*

You will find out more about these forms in Unit 17.

3 аз бях *I was*

(аз)	бях	*I was*	(ни́е)	**бя́хме**	*we were*
(ти)	бе́ше	*you were*	(ви́е)	**бя́хте**	*you were*
(той) (тя) } бе́ше (то)		*he/she/it was*	(те)	**бя́ха**	*they were*

4 When and how to use the past forms

The verb endings for the past are used when you want to describe an action that was fully completed in the past. You can use them either with the perfective or with the imperfective twin, but they tend to be used more with the perfective. There are other ways of describing past actions and you will learn about them in later units.

When describing past actions using two and more verbs linked by да, you should remember that only the first (main) verb needs the past endings. The verb(s) after да remain in the present:

Запо́чна **да вали́**.	*It started to rain.*
Еди́н полица́й ни помо́гна **да наме́рим** пъ́тя.	*A policeman helped us find the way.*
В Ло́ндон и́мах възмо́жност **да ви́дя** катедра́лата „Свети́ Па́вел".	*In London, I had a chance to see St Paul's.*

5 кой or кого́ *who* or *whom*

Кого́ *whom* is a form of **кой** *who* and you should use it in the non-subject position:

Subject position			**Non-subject position**	
Кой пи́та?	*Who asked?*	but	Кого́ пи́тахте?	*Whom did you ask?*
Кой помо́гна?	*Who helped?*	but	На ко́го помо́гнахте?	*Whom did you help?*
			Ня́маше кого́ да пи́таме.	*There was nobody (whom) we could ask.*

6 еди́н/една́/едно́ An alternative for 'a' or 'a certain'

Very often **еди́н/една́/едно́** (see Unit 2) doesn't mean *one* in a counting sense. Instead it can be an equivalent of the English *a* or *a certain* as in:

Ще сти́гнете до **еди́н** площа́д.	*You'll come to **a** square.*
Еди́н шофьо́р на такси́ ни помо́гна.	*A taxi driver helped us.*

You will also find the plural form **едни́** meaning *some* or *certain*:

Едни́ па́ркинги са по́-ма́лки,   *Some/certain car parks are*
а дру́ги са по́-голе́ми.   *smaller and others are larger.*

7 (да) пресека́ у́лицата: к changes to ч
to cross the street

Verbs with a -**к**- immediately before the ending of the *I*- and the
they-forms change the -**к**- to -**ч**- in all the other persons:

(аз)	ще пресека́	*I will cross*	(ни́е)	ще пресече́м	*we will cross*
(ти)	ще пресече́ш	*you will cross*	(ви́е)	ще пресече́те	*you will cross*
(той)			(те)	ще пресека́т	*they will cross*
(тя) }	ще пресече́	*he/she/it*			
(то)		*will cross*			

Упражне́ния

1   Match the following questions and answers:

(i) На ко́лко мину́ти
е га́рата?

(ii) Напра́во ли е къмпинг
„Оа́зис“?

(iii) Към ко́лко часа́ да
до́йдем?

(iv) Кого́ тъ́рсите?

(v) В та́зи посо́ка ли е
цъ́рквата „Света́ (*Saint*)
Со́фия“?

(vi) Къде́ е отклоне́нието
за магистра́лата
(*motorway*)?

(*a*) Ела́те към се́дем часа́.

(*b*) За отклоне́нието
зави́йте надя́сно на
тре́тата у́лица.

(*c*) Тъ́рся секрета́рката на
фи́рмата.

(*d*) Не, „Света́ Со́фия“ е
в обра́тната (*opposite*)
посо́ка.

(*e*) Га́рата е на о́коло
де́сет мину́ти.

(*f*) Не, за къмпинг „Оа́зис“
тря́бва да зави́ете
наля́во.

2   To what questions might the following be answers? The important bits are highlighted!

(a) Запо́чна да вали́ **към 6 часа́**.

(b) Загу́бихме пъ́тя, **защо́то бе́ше тъ́мно**.

(c) Ба́нката е **вля́во от** катедра́лата (the cathedral).

(d) Пи́тахме **еди́н мъж** къде́ е магистра́лата.

(e) **Едно́ момче́** ни помо́гна да наме́рим пъ́тя.

(f) **На тре́тата у́лица** зави́хме надя́сно.

3   This exercise will help you use some key verbs in the past tense. Complete the answers following the model.

Model: И́скате ли да Ви **обясни́** къде́ живе́е г-н Анто́нов?
          Той ве́че ми **обясни́**.

(a) И́скате ли да **обя́дваме** за́едно?
    Аз ве́че _____

(b) Да **ку́пя** ли биле́ти за „Травиа́та"?
    На́дя ве́че _____

(c) Кога́ **ще зами́нат** г-н и г-жа́ Ко́линс?
    Те ве́че _____

(d) Да. **напра́вя** ли кафе́?
    Неве́на ве́че _____

(e) Кога́ **ще запо́чне** концерт́ьт?
    Той ве́че _____

(f) Да **пи́там** ли къде́ е магистра́лата?
    Ни́е ве́че _____

(g) Да **поръ́чам** ли такси́?
    Аз ве́че _____

(h) **Ще изпра́тиш** ли те́лекс в Че́лмсфорд?
    Никола́й ве́че _____

4   A friendly policeman tells you how to get to the museum by car:

Върне́те се по съ́щата у́лица. Ще сти́гнете еди́н булева́рд. Зави́йте надя́сно и ка́райте напра́во. Като́ сти́гнете площа́да, парки́райте на па́ркинга и пи́тайте пак (again). Музе́ят не е дале́че от площа́да.

You successfully follow his instructions. Now tell your friend how you got there. You will need to put the verbs into the past and change them to the *I*-form.

5   Look at the map opposite and tell a stranger how to get from the museum to the chemist's:

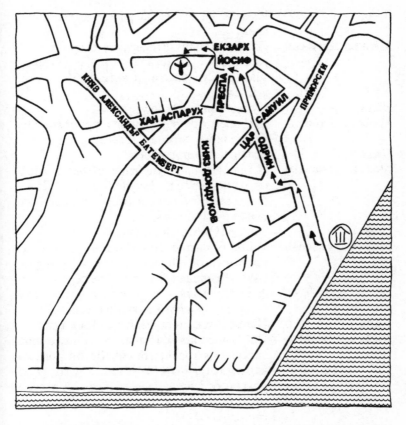

6 You too need to get to the chemist's. Having checked the instructions you gave in Ex. **5** (in the Key!), say how you and your companion drove there.

Разби́рате ли?

Ра́зговор

На́дя	Дово́лен ли сте от престо́я в Пло́вдив?
Ма́йкъл Джо́нсън	Мно́го съм дово́лен. За ме́не бе́ше стра́шно интере́сно. Ня́мах предста́ва от бъ́лгарската исто́рия.

На́дя	И́махте ли вре́ме да разгле́дате ста́рия град?
Ма́йкъл Джо́нсън	Да, бях в на́й-интере́сните ста́ри къщи, разгле́дах Ри́мската стена́, ста́рия теа́тър и цъ́рквата „Свети́ Константи́н и Еле́на".
На́дя	Ху́баво ли бе́ше вре́мето?
Ма́йкъл Джо́нсън	Да, вре́мето бе́ше мно́го прия́тно. Не бе́ше мно́го горе́що.
На́дя	И́маше ли мно́го хо́ра?
Ма́йкъл Джо́нсън	О, да. На панаи́ра бе́ше пъ́лно с хо́ра от ця́ла Евро́па. (*Tongue in cheek.*) Да́же и́мах възмо́жност да бъ́да преводе́ч на една́ гру́па англича́ни.
На́дя	Защо́? Пробле́ми ли и́маха?
Ма́йкъл Джо́нсън	Ни́що серио́зно. Бях набли́зо, кога́то те присти́гнаха. Помо́гнах им да наме́рят своя́ преводе́ч. Те го тъ́рсиха във фоайе́то вля́во от реце́пцията, а той бе́ше във фоайе́то вля́во от асансьо́ра.
На́дя	Напра́вихте ли сни́мки в ста́рия град?
Ма́йкъл Джо́нсън	Да, напра́вих сни́мки. За съжале́ние, загу́бих фотоапара́та си! Ще Ви пока́жа ка́ртичките, кои́то ку́пих. Е́то тук, вдя́сно от площа́да, е хоте́лът. А това́ е къ́щата на Ламарти́н, вля́во е Ри́мската стена́.
На́дя	Ра́двам се, че сте дово́лен. И ще бъ́дете о́ще по́-дово́лен, кога́то Ви ка́жа, че фотоапара́тът Ви не е загу́бен – у Никола́й е!

стра́шно интере́сно *terribly interesting*	**набли́зо** *nearby*
предста́ва *idea*	**реце́пция** *reception*
исто́рия *history*	**сни́мка** *photo*
Ри́мската стена́ *the Roman Wall*	**фотоапара́т** *camera*
да́же *even*	**къ́ща** *house*
възмо́жност (f) *opportunity, chance*	**Ламарти́н** *Lamartine* (French poet)
гру́па *group*	**загу́бен** *lost*
	у *with*

To practise narration in the first person, imagine you have shared Michael Johnson's experience in Plovdiv and answer instead of him:

1 От какво́ ня́махте предста́ва, преди́ да оти́дете в Пло́вдив?
2 Какво́ разгле́дахте в ста́рия град?
3 Защо́ бе́ше прия́тно вре́мето?
4 Каква́ възмо́жност и́махте, кога́то присти́гна гру́па англича́ни?
5 Къде́ тъ́рсиха англича́ните сво́я прево́да́ч?
6 Защо́ ще пока́жете на На́дя ка́ртички, а не сни́мки?

Plovdiv trade fair logo.

14

ПОЗДРАВЯ́ВАМ ТЕ!
Congratulations!

In this unit you will learn how to

- congratulate people on special occasions
- name items and places in the home

—————————— Диало́г ——————————

It is Sunday, May 24, Cyril and Methodius Day. Nikolai meets
Michael Johnson to take him to Mr Antonov's house.

Ма́йкъл Джо́нсън	Никола́й, какъ́в пода́рък се но́си на домаки́нята, кога́то се хо́ди на го́сти в Бълга́рия?
Никола́й	Обикнове́но се но́сят цветя́ или́ бонбо́ни.
Ма́йкъл Джо́нсън	Ела́те да ку́пим цветя́ за г-жа́ Анто́нова. (*At the florist's*) Ви́ждам, че мно́го хо́ра купу́ват цветя́ днес.
Никола́й	Да, защо́то е пра́зник.
Ма́йкъл Джо́нсън	Какъ́в пра́зник?

Николай	Днес се празнува Кирил и Методий, денят на българската култура.
Майкъл Джонсън	Тези рози ми харесват. Ще купя букет рози.

(At the Antonovs' Mrs Antonov opens the door helped by Sashko, their 7-year-old son.)

Златка Антонова	Добре дошли! Заповядайте. Какви красиви цветя!
Сашко	А за мене има ли нещо?
Златка Антонова	Сашко!
Майкъл Джонсън	Може би има нещо и за тебе, но първо трябва да ми кажеш какво се казва, когато искаш да поздравиш някого.
Сашко	Можеш да ми кажеш „Честит рожден ден!"
Златка Антонова	Сашко, но днес не е твоят рожден ден!
Сашко	Да, но на рожден ден се получават подаръци.

(After some conferring with Nikolai, Michael Johnson gives Sashko a bar of chocolate and a set of coloured pencils.)

Майкъл Джонсън	Ти си ученик, нали? Честит празник! Поздравявам те по случай празника Кирил и Методий!
Сашко	Благодаря много. И аз те поздравявам, че ми донесе шоколад. И моливите ми харесват.
Златка Антонова	Сашко, много говориш. Иди и донеси вазата от спалнята. Внимавай да не я счупиш!
Боян Антонов	Златке, покани гостите в хола.
Николай	Колко красиво е наредена масата! Сашко ли я нареди?
Златка Антонова	Да, той нареди вилиците, ножовете и салфетките. Той обича да помага.
Сашко	Мамо, донесох вазата. Може ли да донеса и виното за гостите?
Златка Антонова	Не, баща ти ще го донесе. Бояне, моля те донеси виното от кухнята.

(Boyan Antonov returns with the wine and pours it out.)

Боя́н Анто́нов   Да запо́чваме! Наздра́ве!
Ма́йкъл Джо́нсън   Наздра́ве!
Зла́тка Анто́нова   Заповя́дайте, дока́то е то́пла ба́ницата.
Надя́вам се, че ще ви харе́са.

какъ́в пода́рък се но́си на домаки́нята? *What kind of present does one take to the lady of the house?*	**Поздравя́вам те по слу́чай...** *I congratulate you on the occasion of...*
кога́то се хо́ди на го́сти *when one goes visiting*	**че ми доне́се шокола́д** *that you brought me a bar of chocolate.*
Обикнове́но се но́сят цветя́ или́ бонбо́ни. *Usually one takes flowers or chocolates.*	**моли́вите ми харе́сват.** *I like the pencils.*
мно́го хо́ра купу́ват цветя́ *a lot of people are buying flowers*	**Иди́ и донеси́ ва́зата.** *Go and bring the vase.*
пра́зник *a special day, festival, holiday*	**спа́лня** *bedroom*
Днес се празну́ва Ки́рил и Мето́дий! *Today we are celebrating Cyril and Methodius Day*	**Внима́вай да не я счу́пиш!** *Watch you don't break it!*
	нареде́н *arranged*
Те́зи ро́зи ми харе́сват. *I like these roses.*	**покани́ го́стите в хо́ла** *ask our guests into the living-room*
буке́т *bunch*	**той нареди́ ви́лиците, ножо́вете и салфе́тките.** *He arranged the forks, knives and serviettes.*
какво́ се ка́зва *what one says*	**Той оби́ча да пома́га.** *He likes to help.*
кога́то и́скаш да поздрави́ш ня́кого *when you want to congratulate someone*	**доне́сох ва́зата.** *I've brought the vase.*
Чести́т рожде́н ден! *Happy birthday!*	**ку́хня** *kitchen*
	Да запо́чваме! *Let's begin!*
на рожде́н ден се получа́ват пода́ръци *on one's birthday one gets presents*	**Наздра́ве!** *Cheers!/Your good health!*
Чести́т пра́зник! *Congratulations!*	**дока́то е то́пла ба́ницата** *while the banitsa cheese pasty is still warm*
	ще ви харе́са *you will like it*

Въпро́си

1 **Отгово́ре́те, мо́ля:**

(a) Какво́ се но́си на домаки́нята, кога́то се хо́ди на го́сти в Бълга́рия?

(b) Какво́ се празну́ва днес?

(c) Защо́ Ма́йкъл Джо́нсън не мо́же да ка́же на Са́шко „Чести́т рожде́н ден“?

(d) За какво́ благодари́ Са́шко на Ма́йкъл Джо́нсън?

(e) Кога́ се получа́ват пода́ръци?

(f) Откъде́ ще донесе́ ви́ното Боя́н Анто́нов?

2 Вя́рно или́ невя́рно?

(a) Ни́кой (*nobody*) не купу́ва цветя́ днес.

(b) Ма́йкъл Джо́нсън купу́ва буке́т ро́зи, защо́то ро́зите му харе́сват.

(c) На Са́шко му харе́сват моли́вите.

(d) Зла́тка Анто́нова ще пока́ни го́стите в ку́хнята.

(e) Са́шко не оби́ча да пома́га.

(f) Зла́тка Анто́нова се надя́ва, че ба́ницата ще им харе́са.

Запомне́те!

How to:

- Offer general congratulations on a festive occasion

Чести́т пра́зник!	*Congratulations!*
Чести́то!	*Congratulations!*

- Congratulate someone on an achievement

Поздравя́вам Ви с успе́ха!	*Congratulations on your success!*

- Offer good wishes on specific occasions

Поздравя́вам те с рожде́ния ден!	*Many happy returns of the day!*
Чести́т рожде́н ден!	*Happy birthday!*
Ве́села/Чести́та Ко́леда!	*Merry/Happy Christmas!*
Чести́та Но́ва Годи́на! (ЧНГ*)	*Happy New Year!*
За мно́го годи́ни!	*May you live long!* (Used for New Year and birthdays)

*This abbreviation is mainly found on New Year cards.

A collection of
Bulgarian greeting cards.

● Wish someone *good health* (on drinking!)

Наздра́ве!   *Cheers!*

● Give a warning

Внима́вай да не па́днеш!   *Mind you don't fall.*

● To say *on the occasion of...*

По слу́чай тре́ти март...   *On the occasion of the March 3 holiday...*

Грама́тика

1 Какво́ се пра́ви? *What do people do?*

There are two ways to generalise. You can either use the *you*-singular form as in English, but leaving out **ти**:

Кога́то и́скаш да поздрави́ш ня́кого, кажи́ „Чести́то!"   *When you want to congratulate someone, say 'Congratulations!'*

Or, with most verbs, you can put **се** in front of the *it*-form making the verb reflexive:

Какво́ **се пра́ви** на Ко́леда в Бълга́рия?   *What do people do (is done) for Christmas in Bulgaria?*

Какво́ **се ка́зва** на Ко́леда?   *What do people say (is said) at Christmas?*

Какво́ **се но́си** на домаки́нята, кога́то **се хо́ди** на го́сти?   *What does one take (is taken) to the lady of the house when one goes visiting?*

Как **се ка́зва** „Happy birthday" на бъ́лгарски?   *How does one say 'Happy birthday' (is 'Happy Birthday' said) in Bulgarian?*

Note that although there is no separate word for *one* in Bulgarian, this form with **се** is, in fact, the Bulgarian equivalent. And remember too, that **какво́** is a singular word and is followed by a singular verb.

As you can see from the alternative translation given above in brackets, and also from the little homily Езѝкът се ýчи, когáто се говóри *Language is learned when it is spoken*, there is more of an emphasis here on what is done and not so much on the person who does it. (Look back too to the Вѐрно илѝ невѐрно section in Unit 8 and you will find the sentence: **Таратóрът се сервѝра студéн** *The tarator soup is served cold*.)

The **се** may also be used with the *they*-form of certain verbs, again when you want to emphasise what is done and not the person who does it.

Обикновéно **се нóсят** цветя̀ илѝ бонбóни.	*Usually people take flowers or chocolates (flowers or chocolates are taken).*
На рождéн ден **се получáват** подáръци.	*On one's birthday one receives presents (presents are received).*

(This is another way of expressing the passive which you came across in Unit 11 and about which you can discover more in the Appendix.)

You will find this generalising form used widely in public notices and instructions:

Тук не се пýши!	*No smoking.*
Тук се продáват билéти.	*Tickets sold here.*
Тук не се паркѝра.	*No parking.*

Most of these constructions with **се** have no subject: they are impersonal constructions.

2 Another way of saying *I like*

In Unit 12 you learnt the verbs **обѝчам** and **харéсвам/(да) харéсам**. You can use **харéсвам** and **(да) харéсам** in a slightly different way, focussing not so much on your liking – or disliking – something, but rather on the effect something – or someone – has on you. So, instead of saying you like something, you are, in effect, saying it 'appeals' to you. You can therefore say:

Either Аз харéсвам тéзи рóзи *or* Тéзи рóзи ми харéсват (*I like these roses*);

Either Мáйкъл Джóнсън харéса рóзите *or* Рóзите харéсаха на

Ма́йкъл Джо́нсън (*Michael Johnson liked the roses.*)

Either Той харе́са ро́зите *or* Ро́зите му харе́саха (*He liked the roses*).

In fact, the more usual form is the second one with the indirect object pronouns (c.f. Unit 7) as in:

Надя́вам се, че ба́ницата ще ви харе́са.	*I hope you will like the banitsa.*
Ба́ницата харе́са на го́стите.	*The guests liked the banitsa.*
Ба́ницата им харе́са.	*They liked the banitsa.*

You will notice that when you use a person's name or a noun (instead of a pronoun) you have to use **на**.

3 Present and past forms of *to buy*, *to bring/carry* and *to see*

When you want to say that something is happening at the moment or happens often, you need to use the imperfective verb. So, in the following examples, you can see the imperfective verbs **купу́вам**, **но́ся** and **ви́ждам** used in the present:

Миле́на **но́си** два уче́бника на Никола́й.	*Milena is taking two textbooks to Nikolai.*
Мно́го хо́ра **купу́ват** цветя́ днес.	*A lot of people are buying flowers today.*
Ма́йкъл Джо́нсън не **ви́жда** табе́лката.	*Michael Johnson does not see the notice.*

To say the same things in the past, you need to choose the perfective equivalents of the verbs (**да**) **ку́пя**, (**да**) **донеса́** and (**да**) **ви́дя**:

Миле́на **донесе́** два уче́бника на Никола́й.	*Milena took two textbooks to Nikolai.*
Мно́го хо́ра **ку́пиха** цветя́ днес.	*A lot of people bought flowers today.*
Ма́йкъл Джо́нсън не **видя́** табе́лката.	*Michael Johnson did not see the notice.*

хо́ра	*people*

4 Some more about past endings

(a) Verbs adding past endings to -я-

These are e-pattern verbs in -ея (пея *to sing*, живея *to live*):

живях	*I lived/used to live*	живяхме	*we lived, used to live*
живя	*you lived*	живяхте	*you lived*
живя	*he/she/ it lived*	живяха	*they lived*

A small group of и-pattern verbs also belong here, especially ones with stress on the final syllable like вървя *to walk* and стоя *to stay/stand*. Although not with final stress, (да) видя adds the past ending to -я:

видях	*I saw*	видяхме	*we saw*
видя	*you saw*	видяхте	*you saw*
видя	*he/she/it saw*	видяха	*they saw*

(b) Past tense of (да) дойда *to come*, (да) донеса *to bring*

Verbs of the e-pattern with д, з, к, с or т before their present endings have -о- in front of all their past endings, except in the 2nd and 3rd singular:

(аз)	дойдóх	*I came*	донéсох	*I brought*	(нúе)	дойдóхме	донéсохме
(ти)	дойдé	*you came*	донéсе	*you brought*	(вúе)	дойдóхте	донéсохте
(той)					(те)	дойдóха	донéсоха
(тя)	дойдé	*he/she/it*	донéсе	*he/she/it*			
(то)		*came*		*brought*			

Note the different stress in the past. Other similar verbs you already know are: (да) отúда *to go* and (да) пресекá *to cross*. Remember the change from к to ч (Unit 13)!

5 Хóдя and отúвам *to go*

Usually you use the same verb to say that something is happening at the moment or happens often. Хóдя and отúвам, however, are special. You can only use хóдя when you go somewhere often, while отúвам can only be used when you are going somewhere now, this very moment.

Все́ки ден хо́дя на ра́бота.	*Every day I go to work.*
Вся́ко ля́то хо́дя на мо́ре.	*Every summer I go to the seaside.*
Вся́ка неде́ля хо́дя на цъ́рква.	*Every Sunday I go to church.*

and the answer to: Къде́ оти́ваш? *Where are you going?*

Оти́вам на ра́бота.	*I am going to work.*
Оти́вам на мо́ре.	*I am going to the seaside.*
Оти́вам на цъ́рква.	*I am going to church.*

Only **оти́вам** has a perfective counterpart:

| Тря́бва ведна́га да **оти́да** | *I have to go to work* |
| на ра́бота. | *immediately.* |

6 Къде́ and ня́къде *Where* and *somewhere*

All question words can be made into indefinite pronouns by adding **ня́-**:

как	*how*	ня́как	*somehow*
какъ́в	*what sort of*	ня́какъв	*some sort of*
кога́	*when*	ня́кога	*sometime*
ко́лко	*how many*	ня́колко	*some, a few, several*
къде́	*where*	ня́къде	*somewhere*

Ня́кой *somebody* or *someone* is formed in a similar way. It has the non-subject form **ня́кого**.

7 Зла́тка and Зла́тке: a special address form for names

You may just remember from way back in Unit 2, when addressing someone using their name or title, you often need to use special forms of address, as in:

господи́не! госпо́жо! госпо́жице!

Some names of people have similar special forms, usually involving the change or addition of a single letter:

Masculine names ending in consonants add -**е**:

(Боя́н) Боя́не! (Ива́н) Ива́не!

Most feminine names don't have a special form, but certain names ending in -ка change to -ке:

(Злáтка) Злáтке! (Рáдка) Рáдке!

✔ ——————— **Упражнéния** ———————

1 Using the model: Поздравя́вам Ви с рождéния ден. Честѝто!, congratulate a Bulgarian on:

    (*a*) getting a new job
    (*b*) moving to a new flat (use **апартамéнт**)
    (*c*) getting married (use **свáтба** *wedding*)
    (*d*) some special achievement (use **успéх** *success*)
    (*e*) a festive occasion (use **прáзник**)

Don't forget to use definite nouns!

2 Read the sentences below and then alter them, following the model: Полу́чихме покáна за концéрт/Покáнени сме на концéрт (*We have received an invitation for a concert/We've been invited to a concert*). Note the different use of **за** and **на**.

This exercise will help you practise using the right gender of the passive participles and the right form of **съм**.

    (*a*) Милéна получѝ покáна за óпера.
    (*b*) Полу́чих покáна за свáтба.
    (*c*) Мáйкъл Джóнсън получѝ покáна за излóжба.
    (*d*) Те полу́чиха покáна за пáрти (*party*).
    (*e*) Полу́чихте ли покáна за коктéйла? (*the cocktail party*)

3 Ask questions about the words in bold using the question words **къдé**, **каквó** and **когá**. Remember that all question words are followed by singular verbs.

    (*a*) Валу́та се обмéня **на гишé** (*counter*) **14**.
    (*b*) **Цигáри и алкохóл** на малолéтни (*juveniles, young people*) не се продáват.
    (*c*) Резервáции се прáвят всéки ден **от 9 до 11 часá**.
    (*d*) С тóзи трамвáй се отѝва **до ЦУМ**.
    (*e*) Оттýк (*from here*) се вѝжда **хотéл „Родѝна"**.
    (*f*) Оттýк се вѝждат **ЦУМ и хотéл „Шéратон"**.

4 Now for some irregular verbs! First read aloud this dialogue between two couples sightseeing in Sofia. Then change the dialogue to indicate that only you and a friend are talking. (The forms in bold will remind you which bits need altering.)

- Видя́хте ли катедра́лата „Свети́ Алекса́ндър Не́вски"?
● Да, видя́хме я.
- Харе́са ли **ви**?
● Мно́го **ни** харе́са.
- Разгле́дахте ли кри́птата (*the crypt*)?
● Да, разгле́дахме и не́я. Пред кри́птата се прода́ваха ико́ни. Ку́пихме една́ ма́лка ико́на (*icon*).
- Мо́же ли да я ви́дим?
● Разби́ра се. Ето я. Харе́сва ли **ви**?
- **Ни́е** не разби́раме от ико́ни, но та́зи **ни** харе́сва.

5 This exercise will help you practise saying *I like*. Give a full answer to the following short questions.

Model: Харе́сва ли ти шампа́нското (*champagne*)? Да, шампа́нското мно́го ми харе́сва.

(*a*) Харе́сват ли Ви ро́зите?
(*b*) Харе́сва ли Ви тарато́рът?
(*c*) Харе́сва ли Ви ба́ницата?
(*d*) Харе́сват ли ти те́зи цветя́?
(*e*) Харе́сва ли Ви бъ́лгарското ви́но?
(*f*) Харе́сват ли ти пъ́лнените чу́шки?
(*g*) Харе́сват ли Ви бонбо́ните?
(*h*) Харе́сва ли Ви шо́пската сала́та?

6 First read aloud the following sentences in which people are taking things somewhere. Then read the sentences again as if the various errands were completed yesterday.

Model: Аз но́ся те́жкия куфар/Вче́ра аз доне́сох те́жкия ку́фар.

(*a*) Ма́йкъл Джо́нсън и Никола́й но́сят ро́зи за Зла́тка Анто́нова.
(*b*) Миле́на но́си еди́н уче́бник за Никола́й.
(*c*) Ни́е но́сим брошу́ри от панаи́ра в Пло́вдив.
(*d*) Но́сите ли пода́рък за сво́ите прия́тели?

(e) Майкъл Джонсън носи шоколад за Сашко.
(f) Г-н Антонов и синът му носят две бутилки вино от кухнята.

 ——————— **Разбирате ли?** ———————

Разговор

John and a girl, that even Nevena doesn't know, approach Nevena's desk with an open box of chocolates.

Éли	Здравейте, аз съм Éли. Заповядайте, вземете си бонбони.
Невена	О, английски бонбони. Благодаря! По какъв случай?
Джон	Невена, ние се оженихме.
Невена	Каква изненада! Честито!
Джон	Благодаря.
Невена	Джон, Вие вече говорите малко български.
Джон	Да, започнах да уча.
Невена	Кога беше сватбата?
Éли	Вчера. Празнувахме в ресторант „Берлин". Имаше много хора и получихме много подаръци.
Невена	Отдавна ли се познавате?
Éли	Запознахме се миналата зима в Боровец. Аз празнувах там рождения си ден, а Джон беше там като турист. След това той дойде в София на гости у родителите ми.
Невена	Много романтично! Пожелавам ви много щастие! Сега какво ще правите?
Éли	Първо ще отидем на море. Поканихме и Кен с нас. После ние тримата ще отидем на фолклорния фестивал в Копривщица.
Невена	Да, Кен ми каза, че ще отиде в Копривщица. (*After a pause*). Ще си взема още един бонбон по случай радостната новина. Чакайте малко, сега ще дойда.

(*Returning with a bottle of brandy.*) Ѝмам тук мáлко коня́к. Наздрáве!

Джон и Ѐли   Благодаря́. Наздрáве!

(да) се оже́ня, -ниш *to get married*	**романти́чно** *romantic*
изнена́да *surprise*	**пожела́вам, -ваш** *to wish*
(да) полу́ча, -чиш *to receive*	**ща́стие** *happiness*
ми́налата зи́ма *last winter*	**ни́е три́мата** *the three of us*
роди́тел *parent*	**ра́достен, -тна** *joyful, happy*
	коня́к *brandy*

1 Къде́ празну́ваха Джон и Ѐли свáтбата?
2 По какъ́в слу́чай предла́га Ѐли бонбо́ни на Неве́на?
3 Къде́ и кога́ се запозна́ха Ѐли и Джон?
4 Каквó им пожела́ва Неве́на?
5 Каквó ка́зват Ѐли и Джон, кога́то запо́чват да пия́т коня́к?

15

БЯХ НА ЛÉКАР

I went to see the doctor

In this unit you will learn how to

- talk about feeling ill and getting better
- describe feelings

 ——————————— **Диалóг** ———————————

Nadya and Milena are coming to the end of their coffee break.

Нáдя   Íскаш ли óще кекс?

Милéна   Не, благодаря́.

Нáдя   Не ти ли харéса?

Милéна   Мнóго ми харéса, но не ми се яде́.

Нáдя   Ти ви́наги внимáваш каквó ядеш, гри́жиш се за килогрáмите си. Пак ли си на диéта?

Милéна   Не, не е товá. Не се чу́вствам добрé.

Нáдя   Каквó ти е?

Милéна   Лóшо ми е. От вчéра ме боли́ стомáхът.

Нáдя   Защó не оти́деш на лéкар?

Милéна   Бях на лéкар тáзи су́трин. Страху́вах се, че и́мам апендиси́т. Слáва бóгу, не е апендиси́т. Лéкарят кáза, че си́гурно е ня́какъв лек грип.

Нáдя   Отиди́ си вкъ́щи, акó не си добрé.

Милéна   Ня́ма ну́жда, ни́що дру́го не ме боли́. Ня́мам хрéма или́ кáшлица. Кáкто ти кáзах, и́мам бóлки в стомáха и непрекъ́снато ми се пи́е водá.

Надя   За стомах пий ментов чай – много помага. Сега
             ще ти направя.

Милена   Недей, няма нужда. Не ми се пие чай след
             кафето.

Надя   Студено ли ти е?

Милена   Не, не ми е студено, нямам температура. Не се
             безпокой, ще ми мине.

Надя   Да, щом нямаш температура, скоро ще ти мине.
             Спомням си, миналата година по това време
             имах страшен грип с висока температура и
             силна кашлица. Не можах да се оправя цял
             месец. Трябваше да взимам антибиотик.

Милена   Аз не обичам да взимам антибиотици.

Надя   И аз не обичам, но човек трябва винаги да се
             грижи за здравето си.

Милена   Права си.

Не ти ли хареса? *Didn't you like it?*

Не ми се яде. *I don't feel like eating.*

грижиш се за килограмите си *you're worrying about your weight*

на диета *on a diet*

Не се чувствам добре. *I don't feel well.*

Какво ти е? *What is the matter with you?*

Лошо ми е. *I'm not well.*

От вчера ме боли стомахът. *I've had stomachache since yesterday.*

на лекар *to the doctor's*

Страхувах се, че имам апендисит. *I was afraid I had an appendicitis.*

Слава богу! *Thank heavens!*

някакъв лек грип *a kind of mild flu*

Отиди си вкъщи. *Go home.*

ако не си добре *if you are not (feeling) well*

нищо друго не ме боли *nothing else is hurting*

хрема *cold* (in the head)

кашлица *cough*

имам болки в стомаха. *I have stomach pains.*

непрекъснато ми се пие вода. *I feel like drinking water all the time.*

Не ми се пие чай. *I don't feel like drinking tea.*

Студено ли ти е? *Are you cold?*

Не се безпокой. *Don't worry.*

Ще ми мине. *It will pass/I'll be fine.*

щом нямаш температура *since you don't have a temperature*

скоро *soon*

Спомням си *I remember*

миналата година по това време *last year at the same time*

Не можах да се оправя цял месец. *It took me a whole month to get over it.*

Трябваше да взимам антибиотик. *I had to take antibiotics.*

Човек трябва винаги да се грижи за здравето си. *One always has to look after one's health.*

Въпроси

1 Отговорете, моля!

(a) Защо Милена не иска повече (*more*) кекс?
(b) Какво ѝ е?
(c) Какво ѝ се пие?
(d) Кога имаше Надя грип с висока температура?
(e) За какво трябва да се грижи човек?

2 Вярно или невярно?

(a) Милена не иска кекс, защото се грижи за килограмите си.
(b) Кексът не ѝ хареса.
(c) Милена има болки в стомаха от вчера.
(d) Тя има хрема и кашлица.
(e) Миналата година Надя не можа да се оправи от грип цял месец.

——————— Запомнете! ———————

How to:

● Ask someone how they feel

Как се чувстваш?/чувствате? *How do you feel?*

● Ask someone what is the matter with them

Какво ти/Ви е?	*What is the matter with you?*
Какво те/Ви боли?	*What is hurting?*

● Complain of ill health

Не се чувствам добре.	*I don't feel well.*
Чувствам се зле.	*I feel unwell.*
Лошо ми е.	*I'm not well.*
Имам болки в стомаха.	*I have stomach pains.*

● Say you'll get better

Ще ми мине.	*It'll pass.*
Ще се оправя.	*I'll get better.*

● Tell someone not to worry

Не се безпокóй!   *Don't worry!*

● Say that you do or don't feel like doing something

Пи́е ми се водá.	*I feel like a drink of water.*
Не ми се пи́е чай.	*I don't feel like tea.*
Ядé ми се нéщо слáдко.	*I feel like something sweet.*
Не ми се рабóти.	*I don't feel like working.*

Грамáтика

1 Каквó ти е? *What's the matter with you?*

To ask someone how they feel, physically or mentally, or what is the matter with them you say **Каквó ти е?** or **Каквó Ви е?** You will notice that the indirect object pronouns (Unit 7) are used to refer to the person affected. Similarly, to tell someone how you feel, you first describe your state (in the neuter!) e.g. студéно *cold* and then refer to yourself using the indirect object pronoun **ми**:

Студéно ми е.   *I am cold.*

These expressions are related to the weather descriptions you came across in Unit 10. Here are some examples for all persons:

Лóшо ми е.	*I'm not well./I'm sick/poorly.*
Горéщо ли ти/Ви е?	*Are you hot?*
Лóшо ѝ е.	*She is not well/sick/poorly.*
Студéно му е.	*He is cold.*
Интерéсно ни е.	*It is interesting for us./ We find it interesting.*
Скýчно им е.	*They are bored.*

In negative statements the **не** is placed first and the word expressing the feeling is placed after the verb:

Не ми е лóшо.	*I'm not unwell/sick/poorly.*
Не ти ли е горéщо?	*Aren't you hot?*
Не му е студéно.	*He is not (feeling) cold.*

You can also use the alternative ways to indicate the person affected (Unit 11):

на + name

На На́дя й е ло́шо.   *Nadya is not feeling well.*

на + noun

На секрета́рката й е ло́шо.   *The secretary is not feeling well.*

на + full pronoun

На не́я й е ло́шо.   *She's not feeling well.*

You will have noticed that you still need to keep the indirect object pronoun. Here are some more examples:

На Никола́й/на не́го   *Nikolai/He is cold.*
  му е студе́но.

На го́стите/на тях   *The guests/They are bored.*
  им е ску́чно.

2 Боли́ ме *it hurts*

If you want to say that some particular part (or parts) of your body hurts (or hurt) you use **боли́** – or **боля́т** – with the short object pronoun **ме**, (there's a full list in Unit 11):

Боли́ **ме** глава́та   *My head hurts/*
  (*or* Глава́та **ме** боли́).   *I have a headache.*
Боля́т **ме** очи́те   *My eyes hurt.*
  (*or* Очи́те **ме** боля́т).

It is as though you were saying *My head hurts me* or *My eyes hurt me*. And the doctor might ask you **Какво́ Ви боли́?** (or **Какво́ те боли́?** if he knows you well) *What is hurting you?*

Note that many parts of the body, especially those that come in pairs, have irregular plural forms:

коля́но	– коленá	knee	– knees
крак	– кракá	foot/leg	– feet/legs
окó	– очи́	eye	– eyes
ръкá	– ръцé	hand/arm	– hands/arms
ухó	– уши́	ear	– ears
зъб	– зъ́би	tooth	– teeth

In the following examples people, other than you, are in pain, and **ме** is replaced by the appropriate short object pronouns:

Боли́ ли те гъ́рлото?   *Does your throat hurt?*
Боли́ го ухо́то.   *His ear hurts/He has ear-ache.*

Боли́ я кракъ́т.	*Her leg hurts.*
Боля́т ли те уши́те?	*Are your ears hurting?*
Боля́т го рьце́те.	*His hands/arms hurt.*
Боля́т я зъ́бите.	*Her teeth hurt.*
Боля́т ги крака́та.	*Their feet hurt.*

3 Яде́ ми се *I'm hungry*

Another very useful way of saying how you feel is to use the *it*-form of the verb with **се** (cf. Unit 14). You merely insert the indirect object pronoun between the verb and **се**:

Яде́ **ми** се.	*I'm hungry.*
Пи́е **ми** се.	*I'm thirsty.*
Спи **ми** се.	*I'm sleepy.*

If you don't feel like doing something, put **не** first and the verb last:

Не **ми** се яде́.	*I'm not hungry.*
Не **ми** се пи́е.	*I'm not thirsty.*
Не **ми** се спи.	*I'm not sleepy.*

This construction can be extended:

Яде́ **ми** се сладоле́д.	*I feel like an ice-cream.*
Пи́е **ми** се вода́.	*I feel like a drink of water.*

If you use a person's name you still have to use the pronoun:

На Са́шко не му се спи.	*Sashko isn't sleepy.*
На Миле́на не й се яде́ сладоле́д.	*Milena doesn't feel like an ice-cream.*

You can use this pattern with almost any verb to express your wish to do (or not do) something:

Хо́ди **ми** се на мо́ре.	*I feel like going to the seaside.*
Не **ми** се хо́ди на ра́бота.	*I don't feel like going to work.*
Не **ми** се рабо́ти.	*I don't feel like working.*

4 Some awkward past tense forms

(*a*) **Past tense of *to say/tell* ка́звам/да ка́жа – ка́зах**

In the present tense you have to use the imperfective **ка́звам**, but in the past you change to the perfective (да) кáжа.

Чýваш ли каквó ти кáзвам?	*Do you hear* what *I'm telling* you?
Чу ли каквó ти кáзах?	*Did you hear* what *I told* you?

(Да) кáжа belongs to a small group of e-pattern verbs that change their last consonant from the present to the past, in this case **ж** to **з**. (For other changes and other examples see the Appendix, and also **мóга** with the change from **г** to **ж** below). Compare the forms of (да) кáжа:

Present		**Past**	
(трябва да) кáжа	*I must say*	кáзах	*I said*
(трябва да) кáжеш	*you must say*	кáза	*you said*
(трябва да) кáже	*he/she must say*	кáза	*he/she said*
(трябва да) кáжем	*we must say*	кáзахме	*we said*
(трябва да) кáжете	*you must say*	кáзахте	*you said*
(трябва да) кáжат	*they must say*	кáзаха	*they said*

(b) Past tense of *can* **мóга – можáх**

можáх	*I was able*	можáхме	*we were able*
можá	*you were able*	можáхте	*you were able*
можá	*he/she was able*	можáха	*they were able*

Не можáхме да спим цяла нощ.	*We couldn't sleep all night.*
Тя не можá да ядé мнóго от кéкса.	*She wasn't able to eat much of the cake.*
Не можáх да се опрáвя цял мéсец.	*It took me a whole month to get over it.*

(c) трябва – трябваше *I had to* **– past tense of** *must*

Трябва has only one past form – **трябваше** – for all persons singular and plural:

Трябваше да взимам антибиóтик.	*I had to take antibiotics.*
Трябваше да стáне рáно.	*He/she had to get up early.*
Трябваше да чáкаме/ чáкат дълго.	*We/they had to wait a long time.*

Depending on the context, тря́бваше can also mean *should have* or *ought to have* (but didn't), so тря́бваше да взи́мам антибио́тик could mean *I ought to have* (or should have) *taken antibiotics* (but didn't).

5 Си

(*a*) This is another difficult little word, not to be confused with the **си** in ти си. It belongs to the group of short possessive pronouns you first came across in Unit 3 and is a short form of **свой (своя́, своё, свои́)** *his/her/their own* (cf. Unit 9). In fact, it can be used to replace any possessive adjective (мой, твой, не́гов etc) with any person, masculine or feminine, singular or plural. Unlike the possessive adjective, however, it is placed after the word it refers to:

Ча́кам своя́ прия́тел. = Ча́кам прия́теля си.	*I am waiting for my friend.*
Ви́наги се гри́жиш за своё́то здра́ве = Ви́наги се гри́жиш за здра́вето си.	*You are always worrying about your health.*
Тя се гри́жи за свои́те килогра́ми = Тя се гри́жи за килогра́мите си.	*She is worrying about her weight* (Lit. *kilograms*).

(*b*) **Си** can also be used as an equivalent of *myself, yourself, himself, herself, itself, ourselves, yourselves* and *themselves*.

Ку́пих **си** но́ва ро́кля.	*I bought **myself** a new dress.*
Неве́на **си** ку́пи но́ва ро́кля.	*Nevena bought **herself** a new dress.*
Никола́й **си** ку́пи ку́фар.	*Nikolai bought **himself** a suitcase.*

(*c*) Some verbs you always have to use with **си**. Very often these verbs have a personalised, intimate sense of doing something for oneself. There is a difference, for example, between **оти́вам** *I am going* and **оти́вам си** *I am going home*. In the Dialogue Nadya suggests Milena goes home: отиди́ **си** вкъ́щи she says.

Почи́вам си.	*I am taking a rest.*
Спо́мням си.	*I remember.*

(*d*) Like many other short grammatical words, **си** never appears as the first word in a sentence.

☑ ——————— **Упражнéния** ———————

1 Match the following questions and answers:

(i) Каквó ти се пúе?   (a) Ядé ми се кúсело мляко.

(ii) Гърло (*throat*) ли те болú? (b) Лóшо ми е.

(iii) Каквó те болú?   (c) Пúе ми се бúра.

(iv) Úмаш ли хрéма?   (d) Студéно ми е.

(v) Каквó ти се ядé?   (e) Болú ме кракът.

(vi) Каквó ти е?   (f) Не, нямам хрéма,

(vii) Как се чувстваш?   но úмам висóка

                                температура.

           (g) Не, болят ме ушúте.

2 You are acting as an interpreter for a group of English tourists visiting a doctor in Bulgaria. Give a full negative answer to the doctor's questions using the model:

Болú ли го ухóто? Не, не го болú ухóто.

Watch the word order!

(a) (i) Болят ли го очúте?   (iv) Болú ли го колянотο?

    (ii) Болú ли я зъб?   (v) Болú ли я ръкáта?

    (iii) Болят ли ги кракáта?

Now give a full negative answer to the questions:

(b) (i) Хóди ли ти се на плаж?

    (ii) Пúе ли Ви се чай?

    (iii) Говóри ли ти се бългаски?

    (iv) Учи ли ти се?

3 Now your friend is unwell. Complete your role in the dialogue:

– Не се чувствам добрé.

● (*Ask your friend what is the matter with him.*)

– Болú ме кръстът. (*small of the back*)

● (*Ask him what the doctor said to him.*)

– Лéкарят ми кáза да си почúвам.

● (*Ask whether he's feeling sleepy.*)

– Не, не ми се спи.

● (*Ask him whether he is bored.*)

– Да, мнóго ми е скучно.

● (*Tell him not to worry and reassure him that he'll soon be OK again.*)

– Да, и аз се надя́вам, че ско́ро ще ми ми́не.

4 Now you've been to the doctor's and are answering your friend's questions. Using the model:

Какво́ ти ка́за ле́карят? Ле́карят ми ка́за, че и́мам гастри́т (*gastritis*).

and at the risk of giving your friend a heart attack, say that:

(*a*) you have flu   (*c*) you have a high temperature
(*b*) you have appendicitis   (*d*) you have a cold in the head

5 Using the past of **мо́га** fill in the answers. Follow the pattern:

Видя́хте ли фолкло́рния конце́рт? Не **можа́хме** да го **ви́дим,** защо́то закъсня́хме.

(*a*) Джон **оти́де** ли на го́сти?
_____, защо́то го боле́ше глава́та. (cf. Unit 17)
(*b*) **Доне́се** ли ча́нтата?
_____, защо́то ме боле́ше кръстът.
(*c*) Те **разгле́даха** ли куро́рта?
_____, защо́то ги боля́ха крака́та.
(*d*) **Пра́тихте** (*send*) ли писмо́то?
_____, защо́то ня́махме ма́рки.
(*e*) **Я́де** ли бъ́лгарските специалите́ти?
_____, защо́то и́мах бо́лки в стома́ха.

6 In this exercise you can practise saying *came* and *went*. Read out the sentences, filling in the answers according to the model:

Защо́ не дойдо́хте с нас на екску́рзия?
Тря́бваше да посре́щнем прия́телите си. Оти́дохме да посре́щнем прия́телите си.

(*a*) Защо́ не дойде́ с нас на екску́рзия?
Тря́бваше да си ку́пя тури́стически обу́вки. _____
(*b*) Защо́ не дойдо́хте с нас на плаж?
Тря́бваше да си почи́нем (*have a rest*). _____.
(*c*) Защо́ не дойде́ с нас на вече́ря (*dinner, supper*)?
Тря́бваше да си ку́пя лека́рства. _____
(*d*) Защо́ не дойде́ с нас на го́сти?
Тря́бваше да посре́щна дъщеря́ си. _____

(e) Защо́ не дойде́ с ме́не на Ви́тоша?
     Тря́бваше да оти́да на ле́кар. _____
(f) Защо́ не дойдо́хте с ме́не на ски?
     Тря́бваше да пра́тим писмо́ на роди́телите си. _____

 ——————— **Разби́рате ли?** ———————

Ра́зговор

Mr and Mrs Collins are at the doctor's in Varna. As usual, Mrs Collins prefers to do the talking.

г-жа́ Ко́линс	До́бър ден, до́ктор Стоя́нов.
Ле́кар	До́бър ден. Каже́те. Зле ли се чу́вствате?
г-жа́ Ко́линс	Не, не аз. Мъжъ́т ми не се чу́вства добре́.
Ле́кар	Какво́ му е?
г-жа́ Ко́линс	И́ма си́лно главобо́лие и все му е студе́но.
г-н Ко́линс	Да, мно́го ми е студе́но, а навъ́н е то́лкова то́пло.
Ле́кар	И́мате ли температу́ра?
г-жа́ Ко́линс	Температу́рата му не е мно́го висо́ка – три́десет и се́дем и едно́. [37.1]
Ле́кар	Боли́ ли го гъ́рло?
г-жа́ Ко́линс	Не, ни́то го боли́ гъ́рло, ни́то и́ма хре́ма.
Ле́кар	Ви́ждам, че ко́жата на ръце́те и крака́та му е до́ста черве́на.
г-жа́ Ко́линс	О, да. Той мно́го оби́ча да стои́ на слъ́нце. Вче́ра цял ден бе́ше на пла́жа.
Ле́кар	На ко́лко годи́ни сте г-н Ко́линс?
г-н Ко́линс	На шейсе́т и две.
Ле́кар	И́махте ли ша́пка на гла́вата си, кога́то бя́хте на пла́жа?
г-н Ко́линс	Не.
г-жа́ Ко́линс	Ка́зах му, че слъ́нцето е мно́го си́лно, но не можа́х да го нака́рам да сло́жи ша́пка.
Ле́кар	Страху́вам се, че ще тря́бва да стои́те на ся́нка ня́колко дни. От слъ́нцето Ви е ло́шо.

г-жа́ Ко́линс Чу́ваш ли, Джордж? Тря́бваше да ми вя́рваш като́ ти ка́звах, че слъ́нцето тук е си́лно дори́ през май!

до́ктор *doctor* (only when addressing)	**слъ́нце** *sun*
стоя́, стои́ш *to stay*	**(да) нака́рам, -раш** *to make (somebody do something)*
зле *unwell*	**(да) сло́жа, -жиш** *to put on*
главобо́лие *headache*	**ся́нка** *shade*
все *all the time*	**вя́рвам, -ваш** *to believe*
навъ́н *outside*	**(да) си почи́на, -неш** *to have a rest*
ни́то.., ни́то... *neither.., nor...*	**спя, спиш** *to sleep*
ко́жа *skin*	**чу́вам, -ваш** *to hear*
ша́пка *hat*	**като́** *when*
глава́ *head*	

1 Кой не се чу́вства добре́?
2 Какво́ му е на г-н Ко́линс?
3 Защо́ е черве́на ко́жата на г-н Ко́линс?
4 Какво́ тря́бваше да сло́жи на глава́та си г-н Ко́линс?
5 Какво́ тря́бва да напра́ви той сега́?

A chemist's sign in Sofia.

16

АКÓ БЯХ НА ТВÓЕ МЯ́СТО

If I had been in your place

In this unit you will learn how to

- talk about things that might have happened but didn't (i.e hypothetical situations)
- talk about giving presents
- form the past tense of some awkward verbs

Диалóг

Following Michael Johnson's return to London, there is a short discussion over a cup of coffee back in the Sofia office.

Боя́н Антóнов	Николáй, кажи́ как ми́на послéдният ден с Мáйкъл Джóнсън.
Николáй	Вси́чко ми́на нормáлно. Сутринтá оти́дох да го взéма от хотéла. Плати́хме смéтката. Моми́чето на рецéпцията порѣ́ча такси́ за два без петнáйсет. Г-н Джóнсън кáза, че е

много доволен от хотела. Осо́бено от това́ моми́че, ми́сля че се ка́зва Неве́на. И́скаше да ѝ подари́ не́що за спо́мен. Стра́шни са те́зи англича́ни! Ако́ бях аз, щях да забра́вя дори́ да ка́жа дови́ждане. Но г-н Джо́нсън и́маше еди́н беле́жник и ѝ го подари́. Тя много го харе́са.

На́дя И аз ако́ бях, и аз щях да го харе́сам!

Ми́лена Ако́ бях аз, ня́маше да го прие́ма!

Боя́н Анто́нов Моми́чета, сти́га глу́пости! Продължа́вай, Никола́й.

Никола́й По́сле оти́дохме в магази́на за пода́ръци. Избра́хме една́ сре́бърна гри́вна за жена́ му.

Боя́н Анто́нов Да́де ли му пода́ръка за жена́ му от мо́ята жена́?

Никола́й Разби́ра се, да́дох му го.

Боя́н Анто́нов Той пока́за ли ти програ́мата за твоя́ престо́й в Че́лмсфорд?

Никола́й Не ми я пока́за. Ка́за, че ще ми я пра́ти с факс.

Боя́н Анто́нов Ще те посре́щне ли в Ло́ндон?

Никола́й Да, ще до́йде на Хи́йтроу да ме посре́щне.

Боя́н Анто́нов И ни́е щя́хме да го посре́щнем, но той не и́скаше. Иде́ята му бе́ше да хо́ди нався́къде сам, за да гово́ри по́вече бъ́лгарски.

Никола́й О, щях да забра́вя най-ва́жното – це́лия ден гово́рихме на англи́йски. Той ка́за, че напре́двам, но аз о́ще и́мам чу́вството, че ни́що не знам.

На́дя Сти́га, Никола́й! Ако́ бях на тво́е мя́сто, изо́бщо ня́маше да се безпоко́я.

Боя́н Анто́нов Мо́ля ви, по́сле ще гово́рите. И́скам да разбера́ – ти изпра́ти ли Ма́йкъл до лети́щето?

Никола́й Да, да, изпра́тих го. Сла́ва бо́гу, не закъсня́хме за самоле́та!

Боя́н Анто́нов Е, най-по́сле разбра́х, това́, кое́то и́сках да зна́я...

На́дя И́скате ли о́ще кафе́, господи́н Анто́нов?

Боя́н Анто́нов Не, благодаря́. Не и́скам по́вече.

Кажи́ как ми́на после́дният ден. *Tell me how the final day went.*	**Той пока́за ли ти програ́мата?** *Did he show you the programme?*
норма́лно *OK, normally*	**Ка́за, че ще ми я пра́ти.** *He said he'd send it to me.*
да го взе́ма *to take him*	
осо́бено *especially*	**Ще те посре́щне ли..?** *Will he be meeting you..?*
да й подари́ не́що за спо́мен *to give her something as a memento*	**И ни́е щя́хме да го посре́щнем.** *And we too were intending to meet him.*
Стра́шни са те́зи англича́ни! *Incredible, these English!*	
Ако́ бях аз, щях да забра́вя дори́ да ка́жа дови́ждане *If it had been me, I'd have forgotten even to say goodbye.*	**нався́къде** *everywhere*
	по́вече *more*
	щях да забра́вя най-ва́жното. *I nearly forgot the most important thing.*
И аз ако́ бях, и аз щях да го харе́сам! *And if it had been me, I'd have liked it too!*	**Той ка́за, че напре́двам.** *He said I was making progress.*
Ако́ бях аз, ня́маше да го приема́! *If it had been me, I wouldn't have accepted it.*	**Сти́га..!** *Stop it..!*
	Ако́ бях на тво́е мя́сто... *If I had been in your place...*
Сти́га глу́пости! *Enough of that nonsense!*	**ня́маше да се безпоко́я** *I wouldn't have worried*
Продължа́вай! *Go on!*	
Избра́хме една́ сре́бърна гри́вна. *We chose a silver bracelet.*	**най-по́сле разбра́х** *at last I have found out*
	още кафе́ *some more coffee*
Да́де ли му пода́ръка..? *Did you give him the present?*	**Не и́скам по́вече.** *I don't want any more.*

Въпро́си

1 Отгово́ре́те, мо́ля! Nikolai has been asked these questions. What should he answer?

(*a*) Какво́ пра́вихте после́дния ден с Ма́йкъл Джо́нсън в хоте́ла?

(*b*) Какво́ подари́ Ма́йкъл Джо́нсън на Неве́на?

(*c*) Какъ́в пода́рък избра́хте за г-жа́ Джо́нсън?

(*d*) Да́де ли на Ма́йкъл Джо́нсън пода́ръка от г-жа́ Анто́нова?

(*e*) Как ще ти пра́ти той програ́мата?

(*f*) На какъ́в ези́к гово́рихте це́лия ден?

2 Вя́рно или неве́рно?

(*a*) Неве́на мно́го харе́са беле́жника, ко́йто Ма́йкъл Джо́нсън й подари́.

(b) На́дя на не́йно мя́сто съ́що ще́ше да го харе́са.
(c) Ма́йкъл Джо́нсън избра́ една́ сре́бърна гри́вна за дъщеря́ си.
(d) Той пока́за на Никола́й програ́мата за не́говия престо́й в Че́лмсфорд.
(e) Ако́ На́дя бе́ше на не́гово мя́сто, тя ще́ше да се безпокои́.
(f) Боя́н Анто́нов не можа́ да разбере́ това́, кое́то и́скаше да зна́е.

Запомне́те!

How to:

● Say *If I were you*

Ако́ бях на тво́е мя́сто.	*If I had been in your place.*
Ако́ бях аз.	*If it had been me.*

● Say that you nearly forgot

Щях да забра́вя.	*I nearly forgot (That reminds me).*

● Tell someone to stop doing something

Сти́га!	*Stop it!*
Доста́тъчно!	*Enough!*

● Say *at last* and *thank heavens!*

На́й-по́сле!	*At last!*
Сла́ва бо́гу!	*Thank heavens!* (Lit: Praise to God.)

● Ask for, and decline more

И́скам о́ще ма́лко.	*I would like a little more.*
Не и́скам по́вече, благодаря́.	*I don't want any more, thank you.*

● Say you would not have done something

Ня́маше да оти́да без те́бе.	*I would not have gone without you.*

🖥 ──────── **Грама́тика** ────────

1 Past tense of (да) дам – да́дох

You will remember from Unit 7 that in all forms other than the *I*-form of **(да) дам** there is a **-д-** before the present tense endings **(да) даде́ш, (да) даде́**, etc. As explained in Unit 14, the past endings are therefore added to **-o**:

(аз)	да́дох	*I gave*	(ние)	да́дохме	*we gave*
(ти)	да́де	*you gave*	(вие)	да́дохте	*you gave*
(той) (тя) (то) }	да́де	*he/she/it gave*	(те)	да́доха	*they gave*

Remember: (*a*) in the *you*-form (sing.) and the *he-*, *she-*, *it*-form an -e replaces the -o; (*b*) in the *he-*, *she-*, *it*-form it is only the position of the stress that distinguishes between the present (да) даде́ and the past да́де.

2 Past tense of (да) разбера́ and (да) избера́ – разбра́х and избра́х

These verbs belong to a small group of **e-**pattern verbs which have **-ep-** in the present tense. So too does **(да) събера́** *to gather*. These verbs all drop the vowel **-e-** before **-p-** in the past tense:

(аз)	разбра́х	*I (have) understood*	(ние)	разбра́хме	*we (have) understood*
(ти)	разбра́	*you (have) understood*	(вие)	разбра́хте	*you (have) understood*
(той) (тя) (то) }	разбра́	*he/she/it (has) understood*	(те)	разбра́ха	*they (have) understood*

3 Past tense of и́скам – и́сках

И́скам has the same past endings as **и́мам** and **съм**:

(аз)	и́сках	I wanted	(ни́е)	и́скахме	we wanted
(ти)	и́скаше	you wanted	(ви́е)	и́скахте	you wanted
(той)			(те)	и́скаха	they wanted
(тя)	}и́скаше	he/she/it wanted			
(то)					

So far you have come across two patterns of past forms: with and without **-ше** in the *you*-sing and *he*-, *she*-, *it*-forms. We have been concentrating on the one without **-ше** which is used to describe a sequence of completed actions. Verbs like **и́скам**, **и́мам** and **съм**, however, stand for states rather than actions. That is why they are used in a past tense form with **-ше** which is used for describing incomplete actions. (You will find more on how to use the past forms with **-ше** with other verbs too in Unit 17.)

4 Word order with *giving*, *sending* and *showing* verbs

With verbs of giving, like **(да) дам** and **(да) подаря́**, sending: **(да) пра́тя**, and showing: **(да) пока́жа**, you usually need to mention both the thing that is given (or shown or sent) – the direct object – and the 'beneficiary' – the indirect object – of whatever has been given, shown or sent. (Look back to Unit 7!) When you use the short pronouns as direct and indirect objects pay attention to the word order. Look at the following sentences taken from the dialogue:

Г-н Джо́нсън и́маше еди́н беле́жник и **ѝ го** подари́ (i.e. на не́я, беле́жника).	*Mr Johnson had a diary and gave it to her.*
Тя не **ми я** пока́за (i.e. на ме́не, програ́мата).	*She did not show it to me.*
Той ще **ми я** пра́ти (i.e. на ме́не, програ́мата).	*He will send it to me.*
Да́дох **му го** (i.e. на г-н Джо́нсън, пода́ръка).	*I gave it to him.*

What you need to remember here is:

(*a*) most importantly, that the indirect object pronouns always come before the direct object ones;

(*b*) when the verb is not the first word in the sentence, then both short pronouns come immediately before the verb;

(c) when the verb does come first in the sentence, they both come immediately after the verb (c.f. the last example.).

5 Щях да *I was going to (but I didn't)*

To express things you wanted or intended to do, but didn't, you need to use the past forms of **ще**, which, in fact, comes from **ща**, an old verb meaning *to want*:

щях	*I intended*	щя́хме	*we intended*
ще́ше	*you intended*	щя́хте	*you intended*
ще́ше	*he/she intended*	щя́ха	*they intended*

Аз щях да до́йда, но не можа́х.	*I was going to come, but I couldn't.*
Той ще́ше да до́йде, но не можа́.	*He was going to come, but he couldn't.*

You also use this construction to refer to things that nearly happened (but didn't quite!):

Щях да закъсне́я, но взех такси́.	*I would have been late, but I took a taxi.*
Той ще́ше да оти́де без те́бе.	*He was about to go without you.*

In either case **щях** is followed by **да** and a verb in the present tense in the same person as the main verb.

6 щях да забра́вя *I nearly forgot/that reminds me*

One of the most common occurrences of **щях** is in the phrase, **щях да забра́вя** meaning *I nearly forgot* (but didn't quite!). Here are all the forms:

щях да забра́вя	*I nearly forgot*
ще́ше да забра́виш	*you nearly forgot*
ще́ше да забра́ви	*he/she nearly forgot*
щя́хме да забра́вим	*we nearly forgot*
щя́хте да забра́вите	*you nearly forgot*
щя́ха да забра́вят	*they nearly forgot*

When used with the *I*-form **щях да забрáвя** is probably best trans-
lated as *that reminds me.*

7 Нямаше да *I* (*you, he, she, it, we,* etc) *would not have*

You will remember from Unit 10 that the negative form of **ще** is
нямa да, which stays the same for all persons. Its past form
нямаше да, which also stays the same for all persons, is used as the
negative of **щях**:

Аз нямаше да отѝда
  без тéбе.
	I would not have gone
	  without you.

Нѝе нямаше да отѝдем
  без тéбе.
	We would not have gone
	  without you.

8 Акó...щях *I would have done it, if...*

Щях is often used with **акó** *if* to introduce conditions under which
something would have taken place, had the conditions been fulfilled
(which they weren't!) These are a type of so-called 'conditional'
sentences, and you will find out more about them in Unit 20. There
are a number of examples in the dialogue:

Акó бях аз, щях да забрáвя
  да ѝ кáжа дорѝ довѝждане.
	If it had been me, I'd have
	  forgotten even to say goodbye.

И аз акó бях, и аз щях да
  го харéсам.
	And if it had been me,
	  I'd have liked it too.

Sometimes the *if* element, **акó**, may only be implied:

И нѝе щя́хме да го
  посрéщнем (*implied*: акó
  той ѝскаше), но той
  не ѝскаше.
	And we too were intending to
	  meet him (**implied**: *if he had*
	  wanted), *but he didn't want*
	  us to.

The negative form is again with **нямаше да**:

Акó бях аз, нямаше да
  го приéма.
	If it had been me,
	  I wouldn't have accepted it.

Акó бях на твóе мя́сто,
  нямаше да се безпокоя́.
	If I had been in your place,
	  I wouldn't have worried.

9 Повече and още

Bulgarian has two different words for *more*: **повече** and **още**. It is not always easy to choose the right one, but if you remember the following simple rules, it will help.

(*a*) **Повече** is to **много** what *more* is to *much* or *many*. It is the irregular comparative of **много**. It is used when you make comparisons and want to say that one person, for example, knows more words (or has more money!) than another:

Майкъл знае **много** български думи.	*Michael knows a lot of Bulgarian words.*
Виктория знае **повече** (български думи).	*Victoria knows more (Bulgarian words).*
Той има **много** пари; аз имам **повече**.	*He has a lot of money; I have more.*

(*b*) **Повече** is also used when you have had enough of something and don't want any more. It tends to be used with negatives and therefore has to do with not going beyond a limit that has already been reached.

Искате ли още бира?	*Would you like some more beer?*
Не, не искам **повече**.	*No, I don't want any more.*

(*c*) You use **още** – and this is the difficult one! – when you are thinking of adding to what is (or **was**, if you are asking for **another** glass of beer!) already there:

Искате ли още бира?	*Would you like some more beer?*
Да, искам **още** малко.	*Yes, I'd like a bit more* (i.e. in addition).

10 Indirect speech

When you repeat something someone else has said, a question asked or an answer given, you are creating what is called 'indirect speech', forming 'indirect' questions and answers. This usually occurs after an introduction such as *'she asked'* or *'she said'*. In English, the tense of the verbs used in indirect speech is changed. (You will see this in the examples given below, all of which are based on dialogues you have already studied.) In Bulgarian, in most instances you can use the original verb tense of the question and answer. All you need to do is change the person of the speaker, from the *I*-form to the *he*-form, for example.

Майкъл Джо́нсън
Мно́го съм дово́лен от хоте́ла. *I am very pleased with the hotel.*

Никола́й
Майкъл Джо́нсън ка́за, че е мно́го дово́лен от хоте́ла.

*Michael Johnson said (that) he **was** very pleased with the hotel.*

Майкъл Джо́нсън
Ще ти пра́тя програ́мата. *I'll send you the programme.*

Никола́й
Майкъл Джо́нсън ка́за, че **ще ми пра́ти** програ́мата.

*Michael Johnson said (that) he he **would send me** the programme.*

Боя́н Анто́нов (to Nadya)
Свобо́ден ли е Никола́й? *Is Nikolai free?*

На́дя (to Nikolai)
Шéфът попи́та свобо́ден ли **си**.

*The boss asked if you **were** free.*

In questions like the last one, using **ли**, you can replace **ли** with **дали́** (*whether*). Note the change of word order:

На́дя
Шéфът попи́та дали́ **си** свобо́ден.

*The boss asked **whether** you were free.*

Упражнéния

1   This, and the following two exercises, will help you to practise talking about things that might have happened – but didn't. Read aloud the two sentences in which John and Eli explain what they would have done if they hadn't had more pressing things to attend to:

Джон и Éли   И́скаме да оти́дем на екску́рзия.
Ако́ ня́махме дру́га ра́бота, щя́хме да оти́дем на екску́рзия.

Now read aloud the sentences below and following the model say what you would have done. Use **щя́хме да** or **щя́х да**.

(a) И́скахме да оти́дем на плаж. Ако́ ня́махме ва́жна сре́ща _____.

(b) И́сках да оти́да на Ви́тоша. Ако́ ня́мах дру́га ра́бота _____.

(c) И́скахме да оти́дем на те́нис. Ако́ ня́махме дру́га ра́бота _____.

(d) И́сках да оти́да на го́сти. Ако́ ня́мах ва́жна сре́ща _____.

(e) И́сках да оти́да на ски. Ако́ ня́мах дру́га ра́бота _____

2 If you had a friend in Bulgaria, what would you give him as a present? Using the words provided, write out sentences in answer to the question below:

Ако́ и́махте прия́тел в Бълга́рия, какъ́в пода́рък щя́хте да му даде́те?

кути́я (box) **бонбо́ни**	**календа́р** (calendar)
кути́я англи́йски чай	**плака́ти**
бути́лка (bottle) **уи́ски**	**кни́га**
кути́я с луксо́зни пли́кове	

3 In the following sentences you are being asked what you would have done, had you been in the position of the speaker. Read the model aloud, then answer the questions first using **да**, then using **не**.

Model: Акó бéше на мóе мя́сто, щéше ли да отѝдеш на летѝщето?

Да, акó бях на твóе мя́сто, щях да отѝда на летѝщето.

Не, акó бях на твóе мя́сто, ня́маше да отѝда на летѝщето.

(a) Акó бéше на мóе мя́сто, щéше ли да приéмеш покáната?

(b) Акó бéше на мóе мя́сто, щéше ли да кýпиш цветя́?

(c) Акó бéше на мóе мя́сто, щéше ли да изпрáтиш момѝчето?

(d) Акó бя́хте на мóе мя́сто, щя́хте ли да донесéте подáрък?

(e) Акó бя́хте на нáше мя́сто, щя́хте ли да посрéщнете америкáнеца?

4 The next two exercises will help you to practise and then to choose correctly between **óще** and **пóвече**. The first exercise will also help you practise using the past tense of **(да) дам**. So, following the model, complete the sentences altering or replacing the words in bold as necessary:

Model: **Дáдох** две кáртички от Рѝлския манастѝр (*monastery*) на Кен. Той **ѝскаше** óще, но аз **ня́мах** пóвече.

(a) Невéна _____ на Джон и Éли. Те _____.

(b) Нѝе _____ на турѝстите. Те _____.

(c) Г-н и г-жá Кóлинс _____ на свóя прия́тел. Той _____

5 Choose **óще** or **пóвече** in the sentences below, remembering that **óще** has the sense of *in addition* or *another* while **пóвече** tends to be used with negatives and in comparisons.

(a) Ѝскаш ли _____ кекс?

(b) _____ две бѝри, мóля.

(c) Ня́маме _____ врéме да чáкаме.

(d) Милéна ѝма _____ англѝйски кнѝги от Николáй.

(e) Г-жа́ Ко́линс полу́чи две писма́ от А́нглия и _____ едно́ писмо́ от Аме́рика.

(f) Благодаря́, не и́скам _____ ви́но.

(g) И́маме _____ пет мину́ти до замина́ването (*departure*) на самоле́та.

6 This exercise will help you practise the awkward irregular past forms of **(да) дам**, **(да) избера́** and **(да) разбера́**. First read the little story aloud.

Г-жа́ Анто́нова и́скаше да даде́ на Ма́йкъл Джо́нсън **ма́лък пода́рък**. Тя разбра́ от не́го, **че жена́ му мно́го оби́ча криста́лни** (*crystal*) **ва́зи**. Вче́ра сутринта́ тя оти́де в ЦУМ. И́скаше да избере́ **на́й-краси́вата криста́лна ва́за**. Тя не ку́пи криста́лна ва́за, **защо́то криста́лните ва́зи бя́ха ужа́сно скъ́пи** (*expensive*). Г-жа́ Анто́нова избра́ **една́ краси́ва порцела́нова** (*china*) **ва́за**. По́сле (*after that*) тя да́де пода́ръка за г-жа́ Джо́нсън **на Никола́й**.

Now change the story into a dialogue between yourself and a friend. To do this turn every sentence into a question. Your friend has the answers in the story. When asking questions, concentrate on the sections in heavy type and use **какво́**, **къде́**, **защо́** or **на кого́**.

7 Using the questions and statements in the first of these sentence pairs, complete the second, making the necessary alterations for indirect speech. Try to think of two possible versions for the **ли** question in (*b*).

(a) Къде́ и́ма магази́н за плодове́ и зеленчу́ци?
Г-н и г-жа́ Ко́линс пи́таха _____.

(b) И́мате ли свобо́дно вре́ме?
Неве́на попи́та г-н Джо́нсън _____.

(c) Кога́ Ма́йкъл Джо́нсън ще изпра́ти програ́мата?
Боя́н Анто́нов попи́та _____.

(d) И́мам сре́ща в два часа́.
Миле́на ка́за, че _____.

(e) Ще зами́нем за Ва́рна на два́йсет и о́сми май.
Марк и Е́ли ка́заха, че _____.

(f) Благодаря́, не и́скам по́вече кафе́.
Ше́фът ка́за, че _____.

———— **Разбирате ли?** ————

Разговор

Nikolai and Milena accept an offer to exhibit in England.

Николай	Милена, видя́ ли плака́та, ко́йто ни подари́ Ма́йкъл Джо́нсън?
Миле́на	Да, На́дя ми го пока́за.
Николай	Мно́го е интере́сен, нали́? Той ка́за, че ще ни изпра́ти о́ще рекла́ми.
Миле́на	Мо́же да ти ги даде́ на те́бе да ги донесе́ш.
Николай	Зна́еш ли какво́? Той ми предло́жи да напра́вим изло́жба с на́ши плака́ти в А́нглия.
Миле́на	Да, разбра́х от На́дя. Ти какво́ му отгово́ри?
Николай	Ка́зах, че ще поми́слим. Ти на мо́е мя́сто ще́ше ли да се съгласи́ш ведна́га?
Миле́на	Разби́ра се, на тво́е мя́сто ведна́га щях да прие́ма. Това́ е чуде́сна възмо́жност.
Николай	О́ще не е къ́сно. Аз ве́че избра́х най-ху́бавите от мо́ите плака́ти. Ако́ и́скаш, донеси́ от тво́ите и аз ще му ги дам, като́ зами́на.
Миле́на	Кога́ да ти ги донеса́?
Николай	Аз мо́га да до́йда у вас и да ги взе́ма. Щях да забра́вя – ще ми даде́ш ли и англи́йските списа́ния, ко́йто и́маш?
Миле́на	Ако́ зна́ех, че ги и́скаш, щях да ти ги донеса́.
Николай	Предпочи́там да те изпра́тя до вас. Мо́же ли?
Миле́на	Защо́ не. Ако́ ня́мах дру́га ра́бота, щях да те пока́ня на го́сти.
Николай	Ни́що. Ще ме пока́ниш, кога́то и́маш по́вече свобо́дно вре́ме.

(да) изпра́тя, -тиш *to send; accompany*
рекла́ма *advertisement*
(да) предло́жа, -жиш *to offer*
(да) поми́сля, -лиш *to think (something) over*

до вас *home*
криста́лен, -лна *crystal*
луксо́зен, -зна *de-luxe*

---

1 Какво́ о́ще ще изпра́ти Ма́йкъл Джо́нсън?
2 На кого́ мо́же да даде́ рекла́мите Ма́йкъл Джо́нсън?
3 От кого́ разбра́ Миле́на за чуде́сната възмо́жност?
4 Какво́ ще́ше да напра́ви Миле́на, ако́ бе́ше на мя́стото на Никола́й?
5 Какво́ ще́ше да напра́ви Миле́на ако́ зна́еше, че той и́ска списа́нията?
6 Какво́ предпочи́та Никола́й?

17

КАКВО́ ПРА́ВЕШЕ ТЯ?

What was she doing?

In this unit you will learn how to

- talk about things breaking down/not working
- ask for help if something is wrong in your hotel room
- ask for help if you have trouble with your car
- refer to past events

— Диало́г —

Boyan Antonov's secretary, Nadya, is late for work and nobody at the office knows why.

Боя́н Анто́нов	Защо́ я ня́ма о́ще На́дя? Преди́ ви́наги и́дваше на вре́ме. Бо́лна ли е?
Никола́й	Не, не е бо́лна. Мно́го съм учу́ден, че я ня́ма, защо́то та́зи су́трин я видя́х от трамва́я. Оти́ваше на ра́бота с кола́та си.
Боя́н Анто́нов	Миле́на, ти зна́еш ли защо́ я ня́ма?
Миле́на	Ня́мам предста́ва. Аз съ́що я видя́х на у́лицата отдале́че, но не бе́ше с кола́.

Боян Анто́нов	Какво́ пра́веше?
Миле́на	Гово́реше с еди́н полица́й пред бо́лницата. Не мо́жех да чу́я какво́ гово́рят. Полица́ят й пока́зваше зна́ка СПИ́РАНЕТО ЗА-БРАНЕ́НО.
Никола́й	Я́сно защо́ я ня́ма. Си́гурно и́ма неприя́тности с поли́цията.
Боян Анто́нов	Ко́лко пъ́ти й ка́звах да не парки́ра пред бо́лницата! Сега́ ще тря́бва да плати́ гло́ба.

(*A little later Nadya comes in.*)

На́дя	Здраве́йте. Извиня́вайте за закъсне́нието, но и́мах неприя́тности с кола́та. Опи́твах мно́го пъ́ти да се оба́дя по телефо́на, но бе́ше зае́то.
Миле́на	Да, аз гово́рех преди́ ма́лко. Кажи́ какво́ се случи.
На́дя	Оти́вах на ра́бота с кола́та, но пред бо́лницата мото́рът спря́ и не мо́жеше да запа́ли. Ня́мах предста́ва какво́ му е. От ня́колко дни мото́рът не рабо́теше добре́, но аз продължа́вах да ка́рам кола́та. Не мо́жех да напра́вя ни́що дру́го осве́н да оста́вя кола́та там.
Миле́на	Аз те видя́х. Гово́реше с еди́н полица́й.
На́дя	О, ужа́сен бе́ше, нали́? Ка́зах му, че кола́та и́ма повре́да, а той все ми пока́зваше зна́ка.
Боян Анто́нов	Какво́ ста́на по́сле?
На́дя	За ща́стие, видя́х еди́н позна́т. Той стое́ше на ъ́гъла до бо́лницата. Купу́ваше си ве́стник. Той наме́ри повре́дата ведна́га.
Никола́й	Какво́ й бе́ше на кола́та?
На́дя	(*Evasively*) Ни́що осо́бено. Повре́дата не бе́ше в мото́ра.
Миле́на	Защо́ не ни ка́жеш каква́ бе́ше повре́дата по́-то́чно?
На́дя	Е, добре́. Ня́маше бензи́н... За ща́стие, мо́ят позна́т и́маше ту́ба с бензи́н в бага́жника. (*General mirth*)
Боян Анто́нов	Сле́дващия пъ́т ще бъ́де мото́рът. По́-добре́ иди́ ведна́га на серви́з!

Преди́ ви́наги и́дваше на вре́ме. *Before, she always used to come on time.*	**не мо́жеше да запа́ли** *wouldn't start*
Бо́лна ли е? *Is she ill?*	**От ня́колко дни** *for the past few days*
Мно́го съм учу́ден. *I'm very surprised.*	**не рабо́теше добре́** *has been playing up*
Оти́ваше на ра́бота. *She was going to work.*	**не мо́жех да напра́вя ни́що дру́го осве́н...** *all I could do was...*
Ня́мам предста́ва. *I have no idea.*	
отдале́че *from afar*	**ужа́сен бе́ше** *he was awful*
Какво́ пра́веше? *What was she doing?*	**кола́та и́ма повре́да** *the car has broken down*
Гово́реше с еди́н полица́й пред бо́лницата. *She was talking to a policeman in front of the hospital.*	**все ми пока́зваше зна́ка** *he kept pointing to the sign*
Не мо́жех да чу́я. *I wasn't able to hear.*	**Какво́ ста́на по́сле?** *What happened next?*
Полица́ят й пока́зваше зна́ка СПИ́РАНЕТО ЗАБРАНЕ́НО. *The policeman was pointing out the NO STOPPING sign to her.*	**за ща́стие** *fortunately*
	позна́т *acquaintance*
Я́сно защо́ *it's obvious why*	**той стое́ше на ъ́гъла** *he was standing on the corner*
И́ма неприя́тности с... *she is having a bit of bother with...*	**Купу́ваше си ве́стник.** *He was buying himself* (c.f. Unit 15) *a newspaper.*
Ко́лко пъ́ти й ка́звах... *The times I've told her...*	**повре́дата** *the fault*
гло́ба *a fine*	**ни́що осо́бено** *nothing special/nothing much*
опи́твах *I tried* (kept trying)	**бензи́н** *petrol*
аз гово́рех *I was speaking*	**ту́ба** *canister*
какво́ се случи *what happened*	**бага́жник** *boot*
мото́рът спря́ *the engine stopped*	**сле́дващия път** *next time*
	иди́ ведна́га на серви́з! *go to a garage/service station immediately*

Въпро́си

1 **Отговоре́те, мо́ля!** Answer pretending to be the person to whom the question is addressed.

  (*a*) Миле́на, бо́лна ли е На́дя?

  (*b*) Никола́й, защо́ си учу́ден, че На́дя о́ще не е на ра́бота?

  (*c*) Никола́й, какво́ пра́веше На́дя, кога́то я видя́?

  (*d*) Г-н Анто́нов, къде́ не тря́бваше да парки́ра На́дя?

(e) На́дя, какво́ се слу́чи с кола́та?
(f) На́дя, ти какво́ ка́за на полица́я?

2 Вя́рно или неве́рно?

(a) Полица́ят пока́зваше на На́дя къде́ е серви́зът.
(b) На́дя зна́еше добре́ какво́ му е на мото́ра.
(c) Тря́бваше На́дя да оста́ви кола́та пред бо́лницата.
(d) На́дя видя́ еди́н позна́т, ко́йто си купу́ваше ве́стник.
(e) Не́йният позна́т не можа́ да наме́ри повре́дата.
(f) Кола́та и́маше сери́о́зна повре́да.

——————— Запомне́те! ———————

How to:

● Say that something has gone wrong

Ду́шът не рабо́ти.	*The shower is not working.*
Кола́та и́ма повре́да.	*The car has broken down.*
Повре́дата е в мото́ра.	*The fault is in the engine.*
Асансьо́рът е повре́ден.	*The lift is out of order.*
И́мам неприя́тности с кола́та.	*I'm having a bit of bother with the car.*

● Ask *What happened* or *What is the matter?*

Какво́ ста́на?	*What happened?*
Какво́ се слу́чи?	*What happened?*
Какво́ и́ма?	*What's the matter?*
Какво́ ста́ва?	*What's up? What's going on?*

● Answer *Nothing special*

Ни́що осо́бено.	*Nothing special.*

● Express ignorance or surprise

Ня́мам предста́ва.	*I've no idea.*
Мно́го съм учу́ден.	*I'm very surprised.*

● Say *Fortunately*

За ща́стие.	*Fortunately/luckily.*

(c.f. **за съжале́ние** *unfortunately* Unit 5)

Грама́тика

1 The past imperfect

You will find below examples of phrases not describing completed actions in the past but actions that are seen as going on at a given past moment. Usually, these are background actions accompanying the description of a past event. In all such cases you need to use a set of past forms known as the past imperfect.

(a) **Какво́ пра́веше тя?** *What was she doing?*

Examples based on the dialogue:

На́дя оти́ваше на ра́бота.	*Nadya was going to work.*
Тя гово́реше с еди́н полица́й.	*She was talking to a policeman.*
Полица́ят ѝ пока́зваше зна́ка.	*The policeman was showing her the notice.*

Here the reference to another past event (which happened when this one was going on) is only implied, but it can also be mentioned either:

● in phrases like **в това́ вре́ме** *just then,* **по съ́щото вре́ме** *at the same time* and **през ця́лото вре́ме** *all that time,* or

● in accompanying phrases introduced by **кога́то** *when,* that describe another action with the 'ordinary' past tense.

През ця́лото вре́ме Миле́на гово́реше (past imperfect) по телефо́на.	*All that time Milena was talking on the phone.*
В това́ вре́ме мо́ят позна́т си купу́ваше (past imperfect) ве́стник.	*Just then my acquaintance was buying a newspaper.*
На́дя оти́ваше (past imperfect) на ра́бота, кога́то я видя́х ('ordinary' past').	*Nadya was going to work when I saw her.*

(b) **Аз продължа́вах да ка́рам кола́та.** *I went on driving the car.*

The verb **продължа́вам** *to continue, to go on* is naturally used in the past imperfect because it describes the action as still going on. However, even without such a verb you can use the past imperfect forms to render English expressions such as *I went on* and *I kept (on)* (doing something).

Нáдя опи́тваше да се обáди.   *Nadya kept (on) trying to get*
                              through (on the phone).

Whenever you use time words like **все** *all the time* you also need the
past imperfect:

Полицáят **все** ми   *The policeman kept showing*
покáзваше знáка.   *me the sign.*

Note too that a similar meaning of continuing for a period of time is
present in the following examples:

От ня́колко дни мотóрът   *(For) the past few days the*
не рабóтеше добрé.   *engine has been playing up.*
Преди́ дéсет годи́ни   *Ten years ago Mr Antonov was*
г-н Антóнов рабóтеше   *working as a journalist.*
катó журнали́ст.

(*c*) **Тя ви́наги и́дваше на врéме.** *She always used to come on time.*

You also need to use past imperfect forms for actions that were
habitual or were repeated in the past. Frequently, words like **мнóго
пъти** *many times*, **кóлко пъти** *how many times* and **чéсто** are used
to reinforce this meaning:

Кóлко пъти й кáзвах!   *The times I've told her!*
Кáзвах й мнóго пъти.   *I've told her many times.*

Very often you can conveniently use the past imperfect forms to
convey the meaning of the phrase '*used to*' (do something):

Преди́ Нáдя ви́наги   *Before, Nadya always **used to***
и́дваше на врéме.   ***come** on time.*
Тя чéсто **пъту́ваше**   *She often **used to go** by tram.*
с трамвáй.
Чéсто я **ви́ждах** от   *I often **used to see** her from*
трамвáя.   *the tram.*

2 How to form the past imperfect

As you can see from the list below, the endings for the past imper-
fect are almost identical with those for the simple past tense, except
for the *you-Sing* and *he-, she-, it*-forms. The main difference lies in
the vowel preceding the endings.

(*a*) Verbs adding past imperfect endings to **-a-**: all **a**-pattern verbs.

(аз)	отѝвах	I used to go/ was going	(нѝе) отѝвахме	we used to go/ were going
(ти)	отѝваше	you used to go/ were going	(вѝе) отѝвахте	you used to go/ were going
(той) (тя) (то)	отѝваше	he/she/it used to go/was going	(те) отѝваха	they used to go/ were going

(*b*) Verbs adding past imperfect endings to -**e**-: most verbs of **e**- and **и**-pattern except those in (*c*) below.

(аз)	говòрех	I was speaking	мòжех	(нѝе)	говòрехме	мòжехме
(ти)	говòреше	you were speaking	мòжеше	(вѝе)	говòрехте	мòжехте
(той) (тя) (то)	говòреше	he/she/it was speaking	мòжеше	(те)	говòреха	мòжеха

(*c*) Verbs adding past imperfect endings to a stressed -**я**- (-**á**- after **ж, ч, ш**): these can be either verbs of **e**- or of **и**-pattern with the stress on the final syllable. But do note the change of -**я**-/-**á**- to -**é**- in the *you-Sing* and *he-, she-, it*-forms, as shown below in *to stand* **стоя̀** and *to hold* **държа̀**:

(аз)	стоя̀х/ държа̀х	I was standing/ holding	(нѝе)	стоя̀хме/ държа̀хме	we were standing/ holding
(ти)	стоѐше/ държѐше	you were standing/ holding	(вѝе)	стоя̀хте/ държа̀хте	you were standing holding
(той) (тя) (то)	стоѐше/ държѐше	he/she/it was standing/holding	(те)	стоя̀ха/ държа̀ха	they were standing/holding

3 Compare 'ordinary' past with past imperfect

When you compare the two tenses you will see that the past imperfect goes most naturally with imperfective verbs since they, too, describe imcomplete actions (Unit 12). That is why some verbs which make no distinction in the past form between perfective/imperfective like **съм, ѝмам** (Unit 13) and **тря̀бва** (Unit 15) normally appear in the past imperfect only.

Compare the following examples based on the dialogue (left hand column), with similar sentences in the right hand column using the corresponding perfective 'twin':

Past imperfect tense (used with imperfective verb)	**Past tense** (used with perfective verb)
и́двам	**(да) до́йда**
Тя и́дваше на вре́ме.	Вче́ра тя дойде́ на вре́ме.
She used to come on time.	*Yesterday she came on time.*
оти́вам	**(да) оти́да**
На́дя оти́ваше на ра́бота.	На́дя оти́де на ра́бота в се́дем часа́.
Nadya was going to work.	*Nadya went to work at seven o' clock.*
пока́звам	**(да) пока́жа**
Полица́ят ми пока́зваше зна́ка.	Полица́ят ми пока́за зна́ка.
The policeman was showing me the sign.	*The policeman showed me the sign.*
купу́вам	**(да) ку́пя**
Мо́ят позна́т си купу́ваше ве́стник.	Мо́ят позна́т си ку́пи ве́стник.
My acquaintance was buying (himself) a newspaper.	*My acquaintance bought (himself) a newspaper.*
ка́звам	**(да) ка́жа**
Ка́звах ѝ мно́го пъ́ти.	Ка́зах ѝ вче́ра.
I've told her many times.	*I told her yesterday.*
опи́твам	**(да) опи́там**
На́дя опи́тваше да се оба́ди.	На́дя опи́та да се оба́ди.
Nadya kept trying to get through.	*Nadya tried to get through.*

4 Можа́х and мо́жех *I managed/I was able (to do it)*

Unlike the verbs used in the examples above, **мо́га** *can, be able,* has no proper perfective counterpart. It does, however, still have both a past tense form **можа́х** – as you saw in Unit 15 – and a past imperfect form **мо́жех**. It is not easy to make a clear distinction between the usage of the two forms in English, but the following examples will show in practice the difference in meaning in Bulgarian:

Past tense

можа́х

Можа́х да обясня́.	*I managed to explain.*
Не можа́х да чу́я какво́ ка́за.	*I did not manage to hear what you/he/she said.*

Here there is a sense of having a go and then bringing the action to an end, either, as in the first example, because you managed to achieve what you wanted, or, as in the second, because you did not.

Past imperfect

мо́жех

Ми́налата годи́на **не мо́жех** да гово́ря бъ́лгарски.	*Last year I couldn't/wasn't able to speak Bulgarian.*
Мо́жех да обясня́, но не обясни́х.	*I could have explained, but didn't.*

Here it is more a case of having – or not having! – the ability or potential to do something over a period of time. It is a state rather than an action.

5 Мо́га *being allowed*

Finally, you should note that when *can* really means *being allowed –* or *not allowed!* – to do something, in the past you should always use the past imperfect form of **мо́га**. Compare these present and past usages:

Present	**Past**
Там (не) мо́же да се парки́ра.	Там (не) мо́жеше да се парки́ра.
One can/cannot park there (i.e. is/isn't allowed).	*One could/n't park there* (i.e. was/wasn't allowed).
Мо́га да парки́рам там.	Мо́жех да парки́рам там.
I can park there (i.e. am allowed).	*I could park there* (i.e. was allowed).

Упражнения

1 In this story you will learn about Nadya's misfortunes with the car in a slightly different way. Can you choose the missing words from the list?

От няколко дни колата на Надя не _____ добре. Имаше някакъв шум (*noise*) _____. Надя не отиде на _____. Тя продължаваше да _____ колата, защото не обича да ходи на работа _____ трамвай.

Вчера Надя _____ неприятности. Когато отиваше на работа, колата спря _____ болницата. Тя мислеше, че колата има повреда, но не знаеше каква е _____. Тя _____ да остави колата там. Пред болницата _____ е забранено. Един полицай искаше Надя да плати _____. Надя искаше да му обясни, че колата _____ повреда, но той все ѝ показваше знака СПИРАНЕТО _____. Един _____ на Надя ѝ помогна. Той разбра веднага, че _____ не е повредена. Просто (*simply*) нямаше _____!

бензин	сервиз
глоба	повредата
ЗАБРАНЕНО	познат
има	пред
имаше	работеше
кара	с
колата	спирането
в мотора	трябваше

2 Complete the short dialogues below, inserting **Какво правеше?** or **Какво правеха?** and the right personal pronoun. Read the sentences aloud and then try to repeat them without looking.

(*a*) Вчера видях Николай и Милена. _____?
Нищо особено.
Отиваха на опера.

(*b*) Вчера видях твоя приятел. _____?
Нищо особено.
Чакаше трамвая.

(c) Вчéра видя́х Невéна.
_____? Ни́що осóбено.
Говóреше с еди́н
англича́нин.

(e) Вчéра видя́х Виктóрия
и Джордж Кóлинс.
_____? Ни́що осóбено.
Купу́ваха плодовé.

(d) Вчéра видя́хме Са́шко.
_____? Ни́що осóбено.
Игра́еше фу́тбол.

(f) Видя́хме гру́па
америка́нци. _____?
Ни́що осóбено. Стоя́ха
на пла́жа.

3 Somebody has stolen your suitcase and a policeman is taking evidence from you. Answer his questions:

Полица́й	Кога́ ста́на товá?
Ви́е	(Say that it happened 15 minutes ago.)
Полица́й	Къдé бя́хте Ви́е, кога́то товá се слу́чи?
Ви́е	(Say you were in the hotel.)
Полица́й	Каквó пра́вехте?
Ви́е	(Say you were waiting for a taxi.)
Полица́й	Ѝмаше ли мнóго хóра във фоайéто на хотéла?
Ви́е	(Say there was only one man.)
Полица́й	Каквó пра́веше той?
Ви́е	(Say that he was speaking on the phone.)
Полица́й	Къдé бéше портиéрът (*the doorman*)?
Ви́е	(Say that he was standing in front of the hotel.)
Полица́й	Благодаря́. Ще оти́да да говóря с портиéра.

4 Practise saying what you used to do for a job by changing the sentences to the *I*-form:

(a) Преди́ те рабóтеха в еди́н магази́н.

(b) Преди́ две годи́ни На́дя рабóтеше в музéя.

(c) Преди́ той рабóтеше катó сервитьóр. (Сервитьóрка is *waitress*, remember!)

(d) Виктóрия и Джордж Кóлинс рабóтеха катó учи́тели преди́ мнóго годи́ни.

(e) Преди́ ни́е рабóтехме в ба́нката.

5 In this exercise you can check how good you are at distinguishing between repeated and single actions in the past. Do not forget that repeated actions usually go with an imperfective verb and single actions with a perfective one. Choose from the pair given with each set of sentences.

(a) **ѝдваше/дойдѐ?**
(i) На̀дя вѝнаги _____ ра̀но на ра̀бота.
(ii) Вчѐра На̀дя _____ къ̀сно на ра̀бота.

(b) **ка̀зваше/ка̀за?**
(i) Г-н Анто̀нов чѐсто _____ на На̀дя да не паркѝра пред бо̀лницата.
(ii) Милѐна _____, че не зна̀е къдѐ е На̀дя.

(c) **купу̀вах/ку̀пих?**
(i) Вчѐра _____ пода̀рък за бра̀т ми.
(ii) Предѝ аз чѐсто _____ вѐстници.

 ——————— # Разбѝрате ли? ———————

Ра̀зговор

In the Odessa Hotel outside the Collins' room, there is a bouquet of birthday surprises for Victoria.

г-жа̀ Ко̀линс	(*Rather flustered*) Мо̀ля Ви, кажѐте на рецѐпцията, че не мо̀га да спра ду̀ша. Кра̀нът е поврѐден. Освѐн това̀, не зна̀я къдѐ е мъжъ̀т ми. Тря̀бва да го намѐря.
Камериѐрка	Аз видя̀х г-н Ко̀линс предѝ ма̀лко. Отѝваше към Мо̀рската градѝна.
г-жа̀ Ко̀линс	Така̀ ли? Мно̀го съм учу̀дена. Той нѝкъде не хо̀ди без мѐне. Ще пѝтам портиѐра далѝ зна̀е къдѐ е мъжъ̀т ми.
Гост на хотѐла	(*Overhearing and joining in*) Аз съ̀що видя̀х г-н Ко̀линс. Той гово̀реше с една̀ жена̀ пред вхо̀да на Мо̀рската градѝна.
г-жа̀ Ко̀линс	Но той не позна̀ва нѝкого тук. Чу̀хте ли за какво̀ гово̀рят?
Гост на хотѐла	Нѝщо осо̀бено... Г-н Ко̀линс пѝташе за посо̀ката, но не разбра̀х къдѐ ѝскаше да отѝде.
г-жа̀ Ко̀линс	Но той не зна̀е добрѐ бъ̀лгарски. Ко̀лко

пъ́ти му ка́звах да не изли́за сам! Той е то́лкова разсе́ян. Ще пресече́ у́лицата не ка́кто тря́бва и ще тря́бва да плати́ гло́ба.

Портие́р (*seeing Mrs Collins in a state of agitation*) До́бро у́тро, г-жа́ Ко́линс. Неприя́тности ли и́мате?

г-жа́ Ко́линс За съжале́ние, да. Пъ́рво кра́нът на ду́ша се развали́. По́сле мъжъ́т ми изче́зна. От ня́колко дни ду́шът не рабо́теше добре́, а сега́ изо́бщо не мо́га да го спра.

Портие́р Не се безпоко́йте, аз съ́що видя́х г-н Ко́линс. Изгле́ждаше съвсе́м добре́. Купу́ваше не́що, но не можа́х да ви́дя какво́.

(*Mr Collins appears at the end of the corridor.*)

г-жа́ Ко́линс Джордж, какво́ ста́на? Защо́ изли́заш сам, без ме́не? Страху́вах се, че ще загу́биш пъ́тя.

г-н Ко́линс Е, ми́сля, че мо́га сам да ку́пя буке́т цветя́! (*Produces a bunch of flowers from behind his back*) Чести́т рожде́н ден, ми́ла Ви́ки!

Вси́чки Чести́т рожде́н ден, госпо́жо Ко́линс! Ни́е вси́чки зна́ехме къде́ е г-н Ко́линс.

Камерие́рка О́леле, забра́вихме за кра́на! Тря́бва бъ́рзо да се оба́дя на ма́йстора.

кран *tap*	**(да) изче́зна, -неш** *to disappear*
осве́н *apart from, besides*	**е!** *well, really!*
гради́на *garden*	**буке́т** *bunch*
дали́ *whether*	**мил** *dear*
изли́зам, -заш *to go out*	**камерие́рка** *chamber maid*
разсе́ян *absent-minded*	**о́леле!** *oh dear me!*
кра́нът се развали́ *the tap is not working*	**ма́йстор** *workman* (here: *plumber*)

1 Защо́ г-жа́ Ко́линс не мо́же да спре ду́ша?
2 Какво́ пра́веше г-н Ко́линс, кога́то го видя́ еди́н гост на хоте́ла?
3 Какви́ неприя́тности и́ма г-жа́ Ко́линс?
4 Какво́ пра́веше г-н Ко́линс, кога́то го видя́ портие́рът?
5 Какво́ зна́еха вси́чки?

18

ВЕ́ЧЕ СЪМ РЕШИ́ЛА

I have already made up my mind

In this unit you will learn how to

- talk about results: things that did or did not happen in the past that affect the present
- say you have lost something
- talk about your leisure

─────────── Диало́г ───────────

Nikolai has come to collect Milena for the opera but finds she is not yet dressed for going out.

Никола́й	Миле́на, о́ще не си гото́ва. Не си забра́вила, че та́зи ве́чер сме на о́пера, нали́?
Миле́на	Не, не съм, но о́ще не съм се обля́кла.
Никола́й	Какво́ пра́ви досега́?
Миле́на	Една́ прия́телка дойде́ на го́сти. Бях я пока́нила преди́ да ку́пиш биле́ти за о́пера.
Никола́й	О́ще ли не си е оти́шла?
Миле́на	Оти́де си преди́ петна́йсет мину́ти.
Никола́й	Ха́йде, ще закъсне́ем, ако́ не се облече́ш по́-бъ́рзо. Представле́нието запо́чва в се́дем часа́.
Миле́на	Ня́ма да закъсне́ем. Ще бъ́дем там в се́дем.
Никола́й	Мно́го се съмня́вам.

Милéна	Вéче съм решúла каквó да облекá. Вечéрял ли си?
Николáй	Не, не съм. Мúсля да вечéряме зáедно след представлéнието.

(Outside the opera house. They've made it for 7 o'clock but the place looks suspiciously empty. They go to the ticket office.)

Милéна	Запóчнало ли е представлéнието?
Касиéрка	Óще не, госпóжице. Представлéнието е от сéдем и половúна.
Николáй	Милéна, съжалявам! Винáта е мóя. Нямам предстáва как съм напрáвил такáва грéшка.
Милéна	Няма значéние, случва се. Врéмето е хýбаво. Хáйде да се разхóдим.
Николáй	Съглáсен съм. Такá ще бъдем зáедно половúн час пóвече. Мóже да си кýпим сладолéд.
Милéна	Разбúра се. Няма да ни бъде скýчно.
Николáй	О, не..! *(After a pause, groaning and throwing up his arms.)* Амú сегá?!
Милéна	Каквó се е слýчило?
Николáй	Не съм взел парú! Забрáвил съм ги в джóба на джúнсите си.
Милéна	Мнóго си смéшен! Стáнал си мнóго разсéян. Сúгурно си се уморúл от мнóго ýчене...
Николáй	Да, нúкога не съм бил тóлкова разсéян. Но далú е сáмо от ýчене е друг въпрóс...

не си забрáвила *you haven't forgotten*	**Вечéрял ли си?** *Have you had supper?*
Óще не съм се облякла. *I haven't dressed yet.*	**Не, не съм.** *No, I haven't.*
досегá *until now*	**Запóчнало ли е представлéнието?** *Has the performance started?*
еднá приятелка дойдé *a friend came*	
Бях я покáнила. *I had invited her.*	**Винáта е мóя.** *It's my fault.*
Óще ли не си е отúшла? *Hasn't she gone yet?*	**как съм напрáвил такáва грéшка** *how I made such a mistake*
акó не се облечéш *if you don't get dressed*	**Хáйде да се разхóдим.** *Let's go for a walk.*
представлéние *performance*	**Няма да ни бъде скýчно.** *We won't be bored.*
Мнóго се съмнявам. *I very much doubt it*	**Амú сегá?!** *And now what?!*
Вéче съм решúла. *I have already made up my mind.*	**Каквó се е слýчило?** *What's happened?/What's the matter?*

Не съм взел пари́! *I haven't taken any money!*
Забра́вил съм ги в джо́ба на джи́нсите си. *I must have left it in the pocket of my jeans.*
сме́шен *funny*
Ста́нал си мно́го разсе́ян. *You have become very absent-minded.*

Си́гурно си се уморил от мно́го у́чене... *You must have got tired with all that studying...*
ни́кога не съм бил то́лкова разсе́ян. *I have never been so absent-minded.*
друг въпро́с *a different matter*

Въпро́си

1 Отгово́рете, мо́ля!

   (a) Какво́ не е напра́вила Миле́на?

   (b) Оти́шла ли си е прия́телката на Миле́на?

   (c) Кога́ предла́га Никола́й да вече́рят?

   (d) Защо́ не е запо́чнало представле́нието?

   (e) Какъ́в е ста́нал Никола́й?

   (f) От какво́ се е уморил Никола́й спо́ред Миле́на?

2 Вя́рно или неви́рно?

   (a) Миле́на бе́ше пока́нила една́ прия́телка преди́ Никола́й да ку́пи биле́ти.

   (b) Ще закъсне́ят, защо́то Миле́на о́ще не е реши́ла какво́ да облече́.

   (c) Никола́й ве́че е вече́рял.

   (d) Представле́нието о́ще не е запо́чнало.

   (e) Никола́й ня́ма предста́ва как е напра́вил така́ва гре́шка.

   (f) На Никола́й ще му е ску́чно с Миле́на.

Запомне́те!

How to:

● Acknowledge guilt

   Вина́та е мо́я.   *It's my fault.*
   Мо́я е вина́та.   *The fault is mine.*

- Ask someone if they have eaten

Вечéрял(а) ли си?	*Have you had supper?*
Вечéряли ли сте?	*Have you had supper?*

- Express disbelief

Съмнявам се.	*I doubt it.*
Мнóго се съмнявам.	*I very much doubt it.*
Не е вярно.	*It's not true.*
Товá е друг въпрóс.	*That's a different matter.*

- Make little of something

Няма значéние.	*It doesn't matter./Never mind.*

- Express panic and confusion

Амú сегá?!	*Now what?!*
Óлеле!	*Oh dear me!*

- To say *I've made up my mind*

Вéче съм решúл(а).	*I've already made up my mind.*

Грамáтика

1 Вéче съм решúл(а) *I have already made up my mind*

In Bulgarian, as in English, you need a special tense to talk about actions that happened in the past, but the results of which are still evident in the present. This tense is called the **present perfect tense**. You usually use it when you are focusing on the effect a past action has on you now and are not interested in when it happened. Very often the meaning of result is reinforced by words like **вéче** *already* or **óще не** *not yet*.

Here are some examples based on the dialogue – all, notice, corresponding to an English form using *have* or *has*:

Не съм забрáвила.   *I haven't forgotten.*

Óще ли не си е отишла?	*Hasn't she gone yet?*
Започнало ли е представлението?	*Has the performance started?*
Óще не е започнало.	*It hasn't started yet.*

2 How to form the present perfect tense

As in English, the **present perfect** is made up of two parts. However, instead of *have* or *has*, Bulgarian uses the present forms of **съм** together with a distinct form of the main verb, called the **past participle**. (In English this is the form used with *have* or *has* in *have forgotten*, *have made* and *has started* in the translations of the sentences you have just read. The form often ends in *-ed* or *-en*.) The past participle in Bulgarian ends in **-л** in the masculine, but you can think of it as an adjective, for it changes its ending to **-ла** in the feminine, **-ло** in the neuter and **-ли** in the plural. You will find a list of past participles in the Appendix.

Here is a list of forms in all persons for **вечéрям**. Notice the word order!

вечéрял(а) съм/	*I have/have not*
не съм вечéрял(а)	*had supper (i.e. dined!)*
вечéрял(а) си/	*you have/*
не си вечéрял(а)	*have not had supper*
вечéрял(а) е/	*he/she has/*
не е вечéрял(а)	*has not had supper*
вечéряли сме/	*we have/*
не сме вечéряли	*have not had supper*
вечéряли сте/	*you have/*
не сте вечéряли	*have not had supper*
вечéряли са/	*they have/*
не са вечéряли	*have not had supper*

Word order with this tense is awkward. Normally **съм** (or **си, е**, *etc*) comes immediately before the past participle, as in the **не** (negative) forms above, and in the following examples:

Николáй е напрáвил грéшка.	*Nikolai has made a mistake.*
Милéна не е забрáвила.	*Milena hasn't forgotten.*

You will remember, however, that **съм** (or **си, е**, *etc*.) can never come first in a sentence. When the past participle comes first, **съм** (or **си, е,** *etc.*) comes immediately after it, as in the positive forms on the previous page.

Word order is particularly awkward when you have to use a verb with **се** like Óще не съм **се** облякла *I haven't got dressed yet*. In the Appendix you will find a table setting out the relative positions of **съм** and **се**.

3 How to form past participles

(*a*) To form regular past participles you start from the past *I*-form of the verb and replace the ending **-x** by **-л, -ла, -ло- -ли**. Again a look at the Appendix will help!

Past tense	Past participle
забрáвих	забрáвил, забрáвила, забрáвило, забрáвили *(forgotten)*
решúх	решúл, решúла, решúло, решúли *(decided)*
хóдих	хóдил, хóдила, хóдило, хóдили *(gone, walked)*
вечéрях	вечéрял, вечéряла, вечéряло, вечéряли *(dined)*
видáх	видáл, видáла, видáло, видéли *(seen)*
запóчнах	запóчнал, запóчнала, запóчнало, запóчнали *(begun)*

(*b*) Now for some *irregular* past participles:
(i) With verbs ending in **-сох, -зох, -кох** (Unit 14), replace **-ох** by **-ъл** and drop the **-ъ-** in the feminine, neuter and plural:

облякох	облякъл, облякла, облякло, облéкли* *(dressed)*
донéсох	донéсъл, донéсла, донéсло, донéсли *(brought)*

*See Unit 8 for the change from **я** to **е**.

(ii) (**да**) **отúда** has **отúшъл, (-шла, -шло, -шли**) *gone* for its past participle, and (**да**) **дóйда** has **дошъл (-шла́, -шло́, -шлú**) *come, arrived*. You will recognise **дошъл** from the expression **Добрé дошъл!** (Unit 6). Here too, notice, you drop the **-ъ-** in the feminine, neuter and plural.

Приáтелката ми óще не   *My friend has not yet gone.*
    си е отúшла.
Николáй óще не е дошъл.   *Nikolai has not yet come.*

(iii) The past participle of **съм** is бил, била́, било́, били́

Ни́кога не съм бил то́лкова щастли́в.	*I've never been so happy.*
Ни́кога не съм била́ в Москва́.	*I've never been to Moscow.*

4 Хо́дил ли си в Пари́ж? *Have you ever been to Paris?*

The present perfect is frequently used in questions including or implying the adverb *ever* as well as in answers including or implying *never*. Note that you can also give a short negative answer:

Хо́дили ли сте в Пари́ж?	*Have you (ever) been to Paris?*
Не, ни́кога не съм хо́дил в Пари́ж. (Не, не съм.)	*No, I've never been to Paris. (No, never.)*

See Unit 11, Grammar Section 5, for a special use of the present (*not* present perfect) tense for *has/have been* after **от**.

5 The past perfect

Бях я пока́нила (преди́ да ку́пиш биле́ти.)	*I had invited her (before you bought tickets.)*

You need this form – the past perfect tense – to refer to events that took place before other past events. It differs from the present perfect tense only in that you use the past forms of *to be* instead of the present. Here is a list of all forms of the verb *to go*:

аз бях оти́шъл/-шла	*I had gone*	ни́е бя́хме оти́шли	*we had gone*
ти бе́ше оти́шъл/-шла	*you had gone*	ви́е бя́хте оти́шли	*you had gone*
той бе́ше оти́шъл	*he had gone*	те бя́ха оти́шли	*they had gone*
тя бе́ше оти́шла	*she had gone*		
то бе́ше оти́шло	*it had gone*		

6 (Да) Взе́ма *To take*

This verb loses the **-м-** in its past forms, and also in its past participle:

Past tense

аз взех	I took	**ние взéхме**	we took
ти взе	you took	**вие взéхте**	you took
(той)		**те взéха**	they took
(тя) } **взе** he/she/it took			
(то)			

Past participle

взел, взéла, взéло, взéли (taken)

The verbs (**да**) **наéма** to rent (Unit 11) and (**да**) **приéма** to accept and some other verbs related to (**да**) **взéма** (Unit 16) also lose the -**м**- in the same way:

Мáйкъл Джóнсън наé колá
и отúде в Бóровец.

*Michael Johnson rented a car
and went to Borovets.*

Те приéха покáната.

They accepted the invitation.

7 (Да) се облекá *to get dressed*
(Да) се съблекá *to get undressed*

A number of sound changes occur in these verbs, and also in (**да**) **пресекá** to cross (the street). Firstly, you replace -**к**- by -**ч**- before all endings containing -**е**-. Secondly, in the past, the shift of stress means that you have to change the first -**е**- to -**я**- (Unit 8):

Present

Трябва да	се облекá	I must get dressed
	се облечéш	you must get dressed
	се облечé	you/she/it must get dressed
	се облечéм	we must get dressed
	се облечéте	you must get dressed
	се облекáт	they must get dressed

Past

	Аз се облякох/облякох се	I got dressed
	Ти се облéче	You got dressed
	Той/тя/то се облéче	He/she/it got dressed
	Ние се облякохме	We got dressed
	Вие се облякохте	You got dressed
	Те се облякоха	They got dressed

— 267 —

What with the rules for positioning **ce**, these sound changes may seriously undermine your desire to talk about getting dressed, or undressed, in Bulgarian! But it is still worth trying!

 —————————— **Упражнéния** ——————————

1 Practise using the present perfect by rearranging the words so as to reproduce sentences from the dialogue.

   (a) е, представлéнието, ли, запóчнало..?
   (b) се, не, óще, съм, облякла.
   (c) грéшка, как, нямам, съм, предстáва, напрáвил, такáва..!
   (d) слýчило, каквó, е, се..?
   (e) решúла, вéче, каквó, съм, да облекá.

2 Read the sentences below in which a friend is inviting you to see what Nikolai has done:

   (a) Виж, Николáй е дошъл!
   (b) Виж, Николáй е донéсъл цветя!
   (c) Виж, Николáй е кýпил бонбóни!
   (d) Виж, Николáй е напрáвил кафé!

   Now you say it is not true (**Не е вярно**), it is Nadya who has done all these things. Don't forget to make the participle feminine!

3 The receptionist at the Odessa hotel asks Mr and Mrs Collins whether they have been to Borovets: Хóдили ли сте в Бóровец?

   Ask the following people the same question:

   (a) a young girl.   (c) an elderly gentleman.
   (b) the couple sharing   (d) a small boy.
       your table.

4 A friend, who has taken you out, suddenly says: Забрáвил съм да взéма парú. Стáнал съм мнóго разсéян! Now imagine:

   (a) you are a woman and you have forgotten to take an umbrella.

    (*b*)   you are a man and you have forgotten to take a camera.

    (*c*)   you and your partner have forgotten to take any money.

What would you say? Don't forget the second half of the answer!

5   Read the sentences below and then, using the model: Нямаше мляко. Милена бéше забрáвила да кýпи мляко, complete the other sentences in the same way:

    (*a*)   Нямаше бира. Г-н Антóнов _____.

    (*b*)   Нямаше хляб. Г-жá Антóнова _____.

    (*c*)   Нямаше домáти. Г-н и г-жá Кóлинс _____.

    (*d*)   Нямаше кафé. Аз _____.

6   Continuing with our absent-minded, forgetful heroes, what would you say if you thought you'd taken, but now can't find:

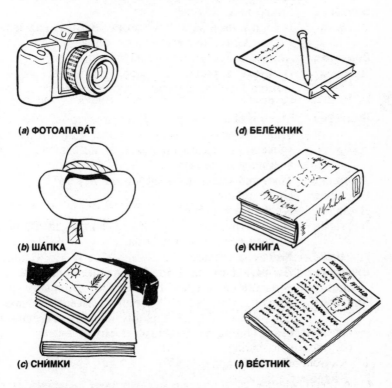

(*a*) ФОТОАПАРÁТ

(*d*) БЕЛÉЖНИК

(*b*) ШÁПКА

(*e*) КНИГА

(*c*) СНИМКИ

(*f*) ВÉСТНИК

Base your answers on the model:
Взех чадъра, но сегá го няма. Сигурно съм го загýбил/а.

—————— **Разбирате ли?** ——————

Разговор

Victoria Collins comes back from the beach. George, who still has not got over the mild sunstroke he suffered in Unit 15, has stayed back at the hotel. They increasingly speak Bulgarian to one another.

Виктория	Как се чу́встваш, Джордж?
Джордж	Го́ре-до́лу. Но глава́та о́ще ме боли́.
Виктория	О́ще не си се обля́къл. Какво́ си пра́вил ця́ла су́трин?
Джордж	Че́тох уче́бника по бъ́лгарски – *Teach Yourself Bulgarian*.
Виктория	Какво́ но́во научи́?
Джордж	В Бълга́рия и́ма ху́баво море́. В Бълга́рия и́ма ху́баво ви́но, но ня́ма ху́бава би́ра.
Виктория	Мно́го добре́, мно́го си научи́л.
Джордж	И ня́ма игри́ще за голф. Виктория, ти не мо́жеш да разбере́ш! Ску́чно ми е! I AM BORED!
Виктория	Съжаля́вам, Джордж. Вина́та е тво́я! Ако́ не бе́ше стоя́л на слъ́нце то́лкова, сега́ ще́ше да мо́жеш да хо́диш на плаж. И не е вя́рно. Тук и́ма игри́ще за голф.
Джордж	Така́ ли? Защо́ не си ми ка́зала досега́?
Виктория	Не си ме пи́тал.
Джордж	Къде́ и́ма игри́ще?
Виктория	На Зла́тни пя́съци. Това́ е бли́зо до Ва́рна. Ни́кога не сме хо́дили там.
Джордж	Ха́йде да оти́дем!
Виктория	Добре́, ще оти́дем. Но о́ще не сме обя́двали.
Джордж	А с какво́ ще игра́я? Не съм взел сти́ковете си.
Виктория	Предпола́гам, че ще мо́жеш да взе́меш сти́кове под на́ем. Пи́тай францу́зина от съсе́дната ста́я. Той ве́че е бил там.

1 Какво́ го боли́ Джордж о́ще?
2 Какво́ му е на не́го?
3 Какво́ не е ка́зала досега́ Виктория на Джордж?
4 Какво́ не е взел Джордж?

5 С какви стикове ще играе Джордж?
6 Кой вече е играл голф на Златни пясъци?

горе-долу *so-so* (Lit. *up-and-down*)	**стик** *golf club*
(да) науча, -чиш *to learn*	**съседен, -дна** *next (door), neighbouring*
игрище за голф *golf course*	**чета, -теш** *to read*

Yoghurt labels from Bulgaria.

19
ЍМАТЕ ЛИ ОПЛА́КВАНИЯ?
Is there anything wrong?

In this unit you will learn how to

- complain if things go wrong
- distinguish between reporting what you know first hand and what you know from other sources

Диало́г

Nevena is listening to the complaints of a businessman who has not been lucky with his room.

Би́знесмен Добро́ у́тро, госпо́жице! Ѝскам да сменя́ ста́ята си. Не съм дово́лен от ста́ята, коя́то сте ми да́ли.

Неве́на Какви́ опла́квания ѝмате?

Би́знесмен Конта́ктът за самобръсна́чка не рабо́ти. Прозо́рецът е счу́пен, вентила́торът в ба́нята е развале́н. Сно́щи и телефо́нът се развали́! Осве́н това́, ѝма мно́го шум. Ста́ята е то́чно над рестора́нта и му́зиката не спи́ра ця́ла нощ!

Неве́на О, съжаля́вам, господи́не. Ще опи́там да Ви наме́ря по́-добра́ ста́я. Мо́ля, поча́кайте във фоайе́то.

Бизнесмен	Сегá не мóга да чáкам, защóто úмам вáжна срéща. Ще се вéрна в хотéла към шест часá.
Невéна	Добрé, не се безпокóйте. Аз ще говóря с упрáвителя.

(Later, in the manager's office)

Невéна	Господúнът от стáя сто и дванáйсета úска да сменú стáята си.
Упрáвител	От каквó се оплáква?
Невéна	Кáзва, че контáктът за самобръснáчка не рабóтел, прозóрецът бил счýпен. Вентилáторът и телефóнът билú развалéни.
Упрáвител	Е, не е тóлкова стрáшно. Кажú му, че всúчко ще попрáвим.
Невéна	Нéго го нямá. Кáза, че úмал вáжна срéща. Щял да се вéрне към шест часá.
Упрáвител	Мнóго добрé. Катó се вéрне, стáята му ще бéде нарéд.
Невéна	Страхýвам се, че пак нямá да бéде довóлен. Úска дрýга стáя, защóто úмало мнóго шум от ресторáнта.
Секретáрка	И дрýги гóсти се оплáкват от шум. Кáзват, че не мóжели да спят от шумá на трамвáите.
Упрáвител	Да, знáя. Тогáва ще го слóжим в стáя на дванáйсетия етáж. Там е пó-тúхо.
Невéна	Добрá идéя. Да се надявáме, че асансьóрите рабóтят!

úскам да сменя стáята си. *I want to change my room.*	**освéн товá** *apart from that*	
стáята, коятó сте ми дáли *the room you have given me*	**шум** *noise*	
Каквú оплáквания úмате? *What is wrong?*	**Мýзиката не спúра цяла нощ.** *The music doesn't stop all night.*	
контáктът за самобръснáчка *shaver socket*	**ще опúтам** *I'll try*	
счýпен *broken*	**упрáвител** *manager, director*	
вентилáтор *extractor fan*	**От каквó се оплáква?** *What is he complaining about?*	
е развалéн *is broken/has gone wrong*	**Контáктът за самобръснáчка не рабóтел.** *(He says) the shaver socket doesn't work.*	
Снóщи и телефóнът се развалú. *Last night the phone, too, went wrong.*	**прозóрецът бил счýпен.** *(He says) the window is broken.*	

Вентилáторът и телефóнът билú развалéни. (He says) the extractor fan and the telephone aren't working.

Не е тóлкова стрáшно. That's not so terrible.

Всúчко ще попрáвим. We'll put everything right.

úмал вáжна срéща. (He said) he had an important meeting.

Щял да се вéрне. (He said) he'd be back.

úмало мнóго шум. (He said) there was a lot of noise.

И дрýги гóсти се оплáкват от шум. Other hotel residents too complain of the noise.

не мóжели да спят от шумá на трамвáите. (They say) they couldn't sleep because of the noise from the trams.

Тогáва ще го слóжим в стáя на дванáйсетия етáж. Then we'll put him in a room on the twelfth floor.

Въпрóси

1 Отговорéте, мóля!

(a) Каквó úска бúзнесменът?

(b) Каквú оплáквания úма той?

(c) Защó е шýмна стáята му?

(d) Защó бúзнесменът не мóже да чáка?

(e) От какéв шум се оплáкват и дрýги гóсти на хотéла?

(f) Къдé предлáга упрáвителят да слóжат бúзнесмена?

2 Вя́рно илú невя́рно?

(a) Бúзнесменът кáза, че бил довóлен от стáята, коя́то са му дáли.

(b) Огледáлото (the mirror) билó счýпено.

(c) Бúзнесменът кáза, че в стáята му úмало мнóго шум от ресторáнта.

(d) Той щял да се вéрне след мáлко.

(e) Дрýги гóсти сéщо се оплáквали от шумá на трамвáите.

——— Запомнéте! ———

How to:

● Ask to have something changed

Úскам да сменя́ стáята си. I'd like to change my room.

● Say something *isn't working*

Асансьо́рът не рабо́ти.	*The lift isn't working.*
Ду́шът е разва́лен.	*The shower has gone wrong.*
Прозо́рецът е счу́пен.	*The window is broken.*

● Recognise requests for possible complaints

И́мате ли опла́квания?	*Is there anything wrong?*
Какви́ опла́квания и́мате?	*What complaints do you have?*
От какво́ се опла́квате?	*What is your complaint?* (The doctor may ask you this too!)

● Express dissatisfaction

Не съм дово́лен/дово́лна от хоте́ла.	*I'm not happy with the hotel.*
И́скам да се опла́ча.	*I want to make a complaint.*

● Apologise

И́скам да се извиня́.	*I want to apologise.*

● Reassure someone

Не се безпоко́йте!	*Don't worry.*

Грама́тика

1 Re-narrated forms

(Ка́за, че) и́мало мно́го шум	*(He said) there was a lot of noise.*

You will have noticed in the dialogue that when Nevena repeats the businessman's complaints she puts them in a slightly different form:

Би́знесмен	Конта́ктът... **не рабо́ти.**
Неве́на	Конта́ктът... **не рабо́тел.**

Би́знесмен	Прозо́рецът е **счу́пен.**
Неве́на	Прозо́рецът **бил счу́пен.**

Би́знесмен	Сега́... **и́мам** ва́жна сре́ща.
Неве́на	Ка́за, че **и́мал** ва́жна сре́ща.

In Bulgarian, you have to observe a clear distinction between what you know from first-hand experience and what you know from other sources. The form which Nevena uses shows that she is conveying second-hand information and that she has not herself been a witness to any of the events or facts she is presenting. She is only passing the information on, re-telling the events. That is why the verb forms she is using are called re-narrated forms.

Every so often in the book so far we have actually found it quite difficult to avoid these re-narrated forms, especially in the exercises. Go back briefly to the questions after the dialogue in Unit 13, for example. You were asked there to imagine you were Mrs Collins and, as it were, to answer from 'first-hand experience'.

Към колко часа	*What time did you arrive?*
пристигнахте?	
Как беше пътуването ви?	*How was your journey?*

It was not possible for us to ask you to talk about the journey yourself, because you were not a participant. You only read about it in the dialogue! Let's now compare Mrs Collins' answers with what you would need to say if you were 're-narrating' what she answered:

Г-жа Колинс	Пристигнахме към седем часа.
Вие	Те (г-н и г-жа Колинс) **пристигнали** към седем часа.
Г-жа Колинс	Пътуването беше приятно.
Вие	Пътуването **било** приятно.

Fairy tales are written using the re-narrated forms. So are history books, unless, of course, the writer was an eye-witness to the events described!

2 How to construct the re-narrated forms

Getting to grips with all the Bulgarian re-narrated forms would be a pretty formidable task, as each tense has its equivalent re-narrated version. For practical purposes, however, you will only need to use one or two of them, usually in the *he*, *she*, *it* and *they* forms, so it is on these that we will concentrate, both here and in the Appendix. In the Appendix, incidentally, you will find a slightly fuller set of tables enabling you to recognise some additional forms.

To start with, the re-narrated forms are all based on the past participles ending in **-л, -ла, -ло, -ли**. This makes them look like the present perfect tense which you came across in Unit 18. The difference is that the re-narrated form drops the **e** and **ca**. Compare:

Present perfect tense

Той е пристигнал.	*He has arrived.*
Те са пристигнали.	*They have arrived.*

Re-narrated

Той пристигнал.	(I hear/they said) *he has arrived.*
Те пристигнали.	(I hear) *they have arrived.*

3 Re-narrating present and past events

Go back to the dialogue earlier in the Unit. You will see that the secretary repeats a complaint made by other hotel residents: Не **можели** да спят от шума́ на трамва́ите. The form **можели** tells us that the original complaint was made in the present tense: Не **можем** да спим от шума́ на трамва́ите.

If the hotel residents had complained in the past tense: Не **можа́хме** да спим от шума́, the secretary would have said: Не **можа́ли** да спя́т от шума́ на трамва́ите. To be technical for a moment, and if you've got this far, you'll surely manage to cope, the difference between **можели** and **можа́ли** is in the type of past participle being used. **Мо́жел (-а, -о, -и)** comes from the past imperfect form **мо́жех** (Unit 17). As an imperfective form it is suitable for reproducing the present or past imperfect tense. **Можа́л (-а, -о, -и)** comes from the past form for **completed** actions **можа́х** (Unit 15). It is therefore suitable for reproducing things said in the past tense. Luckily, for many verbs, the two participles are identical.

4 Щял да се въ́рне към шест *I will be back about six* (he said)

When you want to re-narrate things said in the future tense, you merely replace **ще** with **щял (ща́ла, ща́ло** or **ща́ли/ще́ли) да...** You may remember Nevena saying the businessman would be back about six:

Бизнесмен	Ще се върна към шест часа́.
Неве́на	Щял да се върне към шест часа́.

5 The present perfect of (да) дам

Дал, да́ла, да́ло, да́ли are the past participle forms of the verb (да) дам *to give*. It is an irregular form, because it is not directly derived from the past tense form да́дох (Unit 16). Instead of just replacing -х by -л, the past participle loses the last **three** letters: -дох and then adds -л, -ла, -ло, -ли.

Ста́ята, коя́то сте ми да́ли.	*The room you've given me.*

This happens with all verbs which end in -дох or -тох in the past, as with чета́ *to read* (past: че́тох) and (да) преведа́ *to translate* (past: преве́дох).

Аз съм чел та́зи кни́га.	*I have read this book.*
Г-жа́ Ко́линс е преве́ла ня́колко кни́ги.	*Mrs Collins has translated a number of books.*

6 Ста́ята, коя́то сте ми да́ли: where to put the short pronoun

In present perfect sentences such as **ста́ята, коя́то сте ми да́ли**, you put the short pronoun for the person who is given something between the appropriate form of **съм** and the past participle.

Аз **съм ти** дал една́ кни́га.	*I've given you a book.*
Ти **си ми** дал една́ кни́га.	*You've given me a book.*
Ни́е **сме му** да́ли една́ кни́га.	*We've given him a book.*
Ви́е **сте им** да́ли една́ кни́га.	*You've given them a book.*
Те **са й** да́ли една́ кни́га.	*They've given her a book.*

With **той, тя** and **то,** however, the short pronoun comes **before** the verb *to be*:

Той **ми е** дал едно́ писмо́.	*He's given me a letter.*
Тя **му е** да́ла едно́ писмо́.	*She's given him a letter.*

When the past participle is the first word in the sentence, these sequences are preserved. The verb *to be* is followed by the pronoun in the *I, you, we* and *they*-forms, but in the *he, she, it*-form the pronoun comes **before** the verb *to be*. Compare:

Да́ла съм му ло́ша ста́я.   *I've given him a bad room.*
and
Да́ла му е ло́ша ста́я.   *She's given him a bad room.*

7 от: *because of* /introducing a reason or cause

The preposition **от** corresponds to a number of expressions in English. You have already come across **от** meaning *from* referring to time and space as in:

Магази́нът е отво́рен   *The shop is open from 9 to 12.*
от 9 до 12.
Самоле́тът от Ло́ндон   *The plane from London gets in*
присти́га в о́сем часа́.   *at eight o'clock.*
И́ма шум от ресторáнта.   *There is noise from the*
                              restaurant.

От is also frequently used to express reason or cause. Note the possible English equivalents in these expressions taken from the dialogue:

Не съм **дово́лен от**   *I'm not happy with my room.*
ста́ята си.
И дру́ги го́сти се   *Other hotel residents too*
опла́кват **от шум**.   *complain of the noise.*
Не мо́гат да спят **от шума́**   *They can't sleep because of the*
на трамва́ите.   *noise from the trams.*

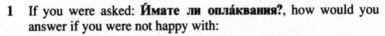

Упражне́ния

1 If you were asked: **И́мате ли опла́квания?**, how would you answer if you were not happy with:

(*a*) the price   (*e*) the food (use **хранá**)
(*b*) the shop-assistant   (*f*) the quality of the photos
(*c*) the waiter   (use **ка́чество**)
(*d*) the service-station   (*g*) the service
                              (use **обслу́жване**)?

Model: Не съм дово́лен/дово́лна от камерие́рката.

2 Nothing is right in the restaurant. Complete the sentences using the model provided by the dissatisfied businessman in the dialogue:

Ста́ята, коя́то сте ми да́ли, не ми харе́сва.

Don't forget to change to **кой́то, коя́то, кое́то, кои́то** where necessary (c.f. Unit 5).

(a) Кафе́то, _____, не ми харе́сва.
(b) Су́пата, _____, не ми харе́сва.
(c) Ви́ното, _____, не ми харе́сва.
(d) Сала́тите, _____, не ми харе́сват.
(e) Сладоле́дът, _____, не ми харе́сва.

3 In this exercise you can practise using two different tenses of **(да) дам** and also putting the pronouns in the right order. First read aloud the short dialogue:

г-н и г-жа́ Ко́линс   Не сте ни да́ли клю́човете.
Портие́р   Да́дох ви ги. Е́то ги.

Now, still reading aloud, complete the dialogues below, making sure you have chosen the correct short pronouns. If necessary, look them up in the Appendix.

(a) – Не сте ни да́ли паспо́ртите.
   ● _____.
(b) – Не сте ни да́ли сме́тката.
   ● _____.
(c) – Не сте ми да́ли ключ.
   ● _____.
(d) – Не сте ми да́ли Ва́шата визи́тна ка́ртичка
      (*visiting card*).
   ● _____.
(e) – Не сте ни да́ли биле́тите.
   ● _____.

4 Read the following sentences in which you give several reasons why you cannot get off to sleep:

(a) Не мо́га да спя от кафе́то.
(b) Не мо́га да спя от главобо́лие.
(c) Не мо́га да спя от горещина́ (*heat*).
(d) Не мо́га да спя от кома́рите (*mosquitoes*).
(e) Не мо́га да спя от му́зиката в рестора́нта.

Now, giving the same reasons, say why you couldn't get off to sleep last night:

Снощи не можах да спя от шума на трамваите.

5 The story below tells of Michael Johnson's trip to Plovdiv which you first learnt about at the end of Unit 13. It consists of two parts – one told by Nikolai, who was there with Mr Johnson, and one told by Nadya, who was not. Read the story and try to work out who is talking first and where the first part finishes.

В Пловдив било много интересно. Майкъл ходил в най-интересните къщи, разгледал Римската стена и църквата „Свети Константин и Елена". Времето било много приятно. Имало много хора на панаира. Майкъл имаше възможност да бъде преводач на една група англичани. Той им помогна да намерят своя преводач. Той купи много картички от Пловдив, защото мислеше, че е загубил фотоапарата си.

6 This exercise is based on the conversation between John, Eli and Nevena at the end of Unit 14. We will ask questions in the special re-narrated forms because we didn't take part in that conversation. Answer using the same forms – you weren't there either!

(a) Кога била сватбата?
(b) В кой ресторант празнували?
(c) Къде се запознали Джон и Ели?
(d) Защо дошъл Джон в София?
(e) Къде щели да отидат сега Джон и Ели?

Разбирате ли?

Разговор

Nadya receives a misdirected complaint from an agitated customer.

Клиент	(*On the phone*) Добър ден. Искам да говоря с директора на фирма „Търговска реклама", моля.
Надя	Г-н Антонов разговаря с клиенти в момента. Да му предам ли нещо?

Клиент	Да, акó обúчате. Обáждам се от фúрма „Прогрéс". Úскам да се оплáча. Предáйте му, че не сме довóлни от вáшата рáбота.
Нáдя	От каквó пó-тóчно се оплáквате?
Клиент	Порѣчахме 1200 (хиля́да и двéста) реклáмни брошýри, а получúхме сáмо 600 (шéстстотин). Пáпките, който порѣчахме, úмат дефéкти, а визúтните кáртички са на лошокáчествена хартúя.
Нáдя	Ще предáм на дирéктора оплáкванията Ви. Ще Ви се обáдя ýтре. Дочýване!
	(*Later, to the director*)
Нáдя	Г-н Антóнов, обáди се едúн нéрвен клиéнт от фúрма „Прогрéс". Úмаше цял куп оплáквания.
г-н Антóнов	Каквó е стáнало?
Нáдя	Порѣчали 1200 брошýри, а получúли сáмо 600. Пáпките úмали дефéкти, а визúтните кáртички билú на лошокáчествена хартúя.
г-н Антóнов	Чáкай, чáкай! Тук úма ня́каква грéшка. Фúрма „Прогрéс" е порѣчала 1200 брошýри и нúе сме изпрáтили 1200 – в два кашóна по 600. Сúгурно óще не са получúли втóрия кашóн. Порѣчка за пáпки и визúтни кáртички от тях не сме úмали.
	(*Telephone rings*)
Клиент	Обáждам се пак от фúрма „Прогрéс". Úскам да се извиня́. Окáза се, че всúчко е нарéд.
Нáдя	Г-н Антóнов е тук. Úскате ли да говóрите с нéго?
Клиент	Ня́ма нýжда да го безпокóйте. Получúхме всúчки брошýри. Кáкто разбрáх от секретáрката, пáпките и визúтните кáртички билú порѣчани в дрýга фúрма. Грéшката е мóя. Извиня́вайте óще веднѣж. Дочýване!
г-н Антóнов	Нéрвният клиéнт ли бéше?
Нáдя	Да, извинú се. Бил напрáвил грéшка.
г-н Антóнов	Нúщо чýдно. Кáзват, че в тáзи фúрма стáвали мнóго грéшки...

„Търго́вска рекла́ма" 'Trade Publicity'	цял куп a whole lot (of)
(да) преда́м, -даде́ш to pass on/leave a message	лошока́чествен of inferior quality
	харти́я paper
(да) се опла́ча, -чеш to make a complaint	гре́шка mistake
	кашо́н cardboard box
рекла́мен, -мна publicity (adj.)	оба́ждам, -даш се to ring (phone)
(и́ма) дефе́кт (is) faulty	(да) се извиня́, -ни́ш to apologise
не́рвен, -вна nervous/agitated	ока́за се (it-form) it turned out
прогре́с progress	о́ще веднъ́ж once again

Try to use the re-narrated forms in your answers!

1 Какво́ тря́бва да предаде́ На́дя на дире́ктора?
2 От какво́ се опла́ква клие́нтът?
3 Защо́ се оба́жда клие́нтът вто́ри пъ́т?
4 Какво́ е разбра́л клие́нтът от секрета́рката?
5 Какво́ ка́зват за фи́рма „Прогре́с"?

20

БЍХМЕ ЍСКАЛИ ДА ДО́ЙДЕМ ПАК!

We would like to come again!

In this unit you will learn how to

- take your leave of someone
- use some sentences with *if*
- express wishes and requests being especially polite

Диало́г

At Sofia airport Mrs Collins sees a young couple with a trolley.

г-жа́ Ко́линс	Извине́те, би́хте ли ми ка́зали отръде́ взе́хте коли́чка за бага́ж?
Миле́на	О, но ни́е се позна́ваме. Здраве́йте! Видя́хме се в една́ сладка́рница. По́мните ли?
г-жа́ Ко́линс	Да, вя́рно – Ви́е сте моми́чето, кое́то ни пока́за Центра́лна по́ща. Миле́на, нали́?
Миле́на	То́чно така́! Запозна́йте се – това́ е мо́ят коле́га Никола́й. Той замина́ва за А́нглия.
г-жа́ Ко́линс	Зна́чи ще пъту́ваме за́едно. *(Shaking hands.)* Прия́тно ми е.
Миле́на	Никола́й, би ли взел коли́чка за г-н и г-жа́ Ко́линс?
Никола́й	Да, разби́ра се. Еди́н моме́нт.
Миле́на	Дово́лни ли сте от престо́я във Ва́рна?

г-жа́ Ко́линс	Да, прека́рахме чуде́сно. Ми́сля, че видя́хме по́вечето забележи́телности о́коло града́.
Миле́на	Ще до́йдете ли пак в Бълга́рия сле́дващата годи́на?
г-жа́ Ко́линс	Мно́го би́хме и́скали да до́йдем пак. Ако́ и́маме възмо́жност да до́йдем през зи́мата, би́хме оти́шли в Бо́ровец то́зи пъ̀т.
Миле́на	Ако́ и́двате пак, обаде́те ми се непреме́нно! Е́то, Никола́й и́два с коли́чката.
г-н Ко́линс	Благодаря́, Никола́й. Викто́рия, тря́бва да бъ̀рзаме. Дови́ждане, Миле́на! Ще Ви пи́шем от А́нглия.
Миле́на	Вси́чко ху́баво, г-н Ко́линс! Г-жа́ Ко́линс, и́мам една́ молба́ към Вас. Би́хте ли помо́гнали на Никола́й на Хи́йтроу? Той се безпокои́, че не разби́ра англи́йски мно́го добре́.
г-жа́ Ко́линс	Ще му помо́гна с удово́лствие. Дови́ждане, Миле́на!
Миле́на	Прия́тен пъ̀т! (*To Nikolai.*) Никола́й, ще ми пра́тиш ли ка́ртичка от Че́лмсфорд?
Никола́й	Зна́еш, че ще ти пра́тя... (*With a sigh.*) Ко́лко бих и́скал ти да пъту́ваш с ме́не!
Миле́на	Ха́йде, тръ̀гвай! Ще закъсне́еш за самоле́та. Прия́тно прека́рване!
Никола́й	Благодаря́! До ско́ро ви́ждане, Миле́на!

Би́хте ли ми ка́зали? *Could you please tell me?*	**би́хме оти́шли** *we would go*
По́мните ли? *Do you remember?*	**обаде́те ми се непреме́нно** *don't fail to/do let me know*
зна́чи *so* (Lit. *that means*)	**Ще Ви пи́шем.** *We'll write to you.*
Би ли взе́л коли́чка? *Could you please take a trolley?*	**Вси́чко ху́баво.** *All the best.*
Еди́н моме́нт. *Just a moment.*	**Би́хте ли помо́гнали?** *Could you please help?*
прека́рахме чуде́сно. *We had a marvellous time.*	**Ще ми пра́тиш ли ка́ртичка?** *Will you send me a card?*
Видя́хме по́вечето забележи́телности о́коло града́. *We saw most of the sights outside the town.*	**Ко́лко бих и́скал ти да пъту́ваш с ме́не!** *How I wish you were going with me!*
Би́хме и́скали да до́йдем пак. *We'd like to come again.*	**Ха́йде, тръ̀гвай.** *Come on, off you go.*

Въпроси

1   Отговорéте, мóля!

(*a*) Каквó покáза Милéна на г-н и г-жá Кóлинс?

(*b*) Когá бúха úскали да дóйдат г-н и г-жá Кóлинс пак в Бългáрия?

(*c*) Къдé бúха отúшли те, акó úмаха възмóжност?

(*d*) Каквá молбá úма Милéна към г-жá Кóлинс?

(*e*) Каквó би úскал Николáй?

2   Вя́рно илú невя́рно?

(*a*) Николáй ня́ма да пътýва зáедно с г-н и г-жá Кóлинс.

(*b*) Г-н и г-жá Кóлинс са видéли всúчки забележúтелности óколо Вáрна.

(*c*) Г-н и г-жá Кóлинс бúха úскали да дóйдат пак в Бългáрия.

(*d*) Г-н и г-жá Кóлинс ня́ма да пúшат на Милéна от Áнглия.

(*e*) Николáй ще прáти писмó на Милéна от Чéлмсфорд.

——— Запомнéте! ———

How to:

● Take your leave

До скóро вúждане!	*See you soon.*
Прия́тен път!	*Have a good journey.*

● Express a wish politely

Бих úскал/а...	*I would like...*
(Мнóго) бúхме úскали...	*We would (very much) like...*

● Intensify a statement or a wish

Елáте непремéнно!	*Do come!*
Непремéнно ще дóйда.	*I certainly will come.*

● Make a polite request for assistance

Бúхте ли ми кáзали..?	*Would you be so kind as to tell me..?*

Би ли взѐл количка?	*Would you be so kind as to take a trolley?*
Бихте ли ми помогнали?	*Could you please help me?*

● Ask someone to wait a moment

Един момент!	*Just a moment/hold on!*

● Say you have enjoyed yourself very much

Прекарахме чудесно.	*We had a marvellous time.*

● Express eager expectation

Очаквам Николай с нетърпение.	*I'm looking forward to seeing Nikolai.*
С нетърпение очаквам писмо от тебе.	*I'm looking forward to hearing from you.*

Граматика

1 Expressing wishes and requests more formally

(*a*) бих искал да... *I would like to...*
In Unit 6 you learned that the Bulgarian equivalent of *I want to* is **Искам да**, and you may have felt this way of expressing a wish rather rude. Although **искам** in Bulgarian is socially more acceptable that *I want* in English – ('I want never gets', remember!) – Bulgarian does also have more formal polite alternatives. These are based on a special form of **съм** and come close to English polite expressions with *would* and *could*. Compare:

Искам да сменя стаята си. and	*I want to change my room.*
Бих искал(а) да сменя стаята си.	*I would like to change my room.*
Искам да говоря с директора. and	*I want to speak to the director.*
Бих искал(а) да говоря с директора.	*I would like to speak to the director.*

The ultra-polite forms, and also the conditionals about which you will discover more further on consist of the special form of **съм** plus a past participle, usually from a verb of *wanting* or *wishing*.

would like

(аз) бих и́скал(а) да...	(ни́е) би́хме и́скали да...
(ти) би и́скал(а) да...	(ви́е) би́хте и́скали да...
(той) би и́скал да...	(те) би́ха и́скали да...
(тя) би и́скала да...	
(то) би и́скало да...	

(*b*) **Би́хте ли..?** *Would you/Could you/be so kind as to..?*

You can use the same form of **съм** to make polite requests:

Би ли ми ка́зал(а) ко́лко е часъ́т?	*Would you be so kind as to tell me what the time is?*
Би́хте ли ми пока́зали пъ́тя за Ва́рна?	*Would you be so kind as to show me the way to Varna?*

These requests are a degree more formal than questions using **Мо́же ли..?** (see Unit 6).

2 Бих оти́шъл (ако́..?) *I would go (if...)*

The same forms are used to express willingness to do something if the circumstances permit or if certain conditions are fulfilled. (Unlike constructions with **щях** Unit 16, these are things that still can happen, they are 'open' conditions).

Би́хме оти́шли в Бо́ровец, ако́ до́йдем през зи́мата.	*We'd go to Borovets if we were to come in winter.*
Бих оти́шла в А́нглия (ако́ и́мам пари́)	*I'd go to England (if I were to have the money).*
Би́хме дошли́ с вас, ако́ не сме зае́ти.	*We will come with you if we aren't busy.*

In the last example the statement is more tentative and the Bulgarian expresses willingness and politeness as much as condition. In all three examples the Bulgarian polite form could be replaced by the normal future: **ще оти́дем, ще оти́да** and **ще до́йдем**, all of which are more assertive and definite – '*I will*' rather than '*I would*'.

3 Catching up with new verbs with ce

In Unit 6 you learned that some Bulgarian verbs, called reflexive verbs, are accompanied by the 'satellite' word **ce**. Since then you have come across more reflexive verbs and they can be now summed up in three groups:

(*a*) when the object of the verb in English is *myself, yourself,* etc. (or such an object is implied) as in:

Момчéто се облéче.	*The boy got himself dressed.*
Той се чýвства пó-добрé сегá.	*He feels (himself) better now.*
Той се безпокóй.	*He is worried.*

These verbs can usually also appear without **ce** and with an object. Compare:

Невéна облéче момчéто.	*Nevena got the boy dressed.*
Чýвствам бóлка в крѫста.	*I feel a pain in the back.*
Извинявай, че те безпокóя.	*Forgive me for troubling you.*

Other similar verbs include:

(да) вѫ́рна	*to return, give back*
(да) ожéня	*to marry someone off*
(да) разваля́	*to break something*
(да) се вѫ́рна	*to return, go back*
(да) се ожéня	*to get married*
(да) се разваля́	*to break down, go wrong*

(*b*) when the object of the verb in English is *each other* or *one another*. These verbs can also be used without **ce**:

Аз познáвам Николáй **but**	*I know Nikolai.*
Нúе се познáваме.	*We know each other.*
Милéна видя́ г-жá Кóлинс. **but**	*Milena saw Mrs Collins.*
Те се видя́ха в еднá сладкáрница.	*They saw one another in a café.*
Ще запознáя Николáй с тéзи англичáни. **but**	*I'll introduce Nikolai to these Englishmen.*
Те ще се запознáят на летúщето.	*They'll get to know one another at the airport.*

(c) when the verb denotes feelings or emotions. These verbs never appear without **се**:

грижа се	to look after	страхувам се	to be afraid
надявам се	to hope	съмнявам се	to be in doubt
радвам се	to be pleased	шегувам се	to joke
смея се	to laugh		

4 To be doing something and to begin doing something

The difference in meaning of 'twin' verbs like **радвам се** to be glad and **(да) се зарадвам** to rejoice or **смея се** to be laughing and **да се засмея** to begin to laugh is often difficult to render succinctly in English. One is imperfective, the other perfective (see Unit 12). When the prefix **за-** is added to a verb it often denotes the beginning of an action. Compare the beginning perceived as a moment in time A, with B, an action that is going on:

A Тя го видя и се засмя. *She saw him and began to laugh.*

Той я видя и веднага го заболя главата. *He saw her and immediately got a headache.*

B Тя пак се смее. *She's laughing again.*
Пак го боли главата. *He's having a headache again.*

Also compare the verb **помня** to remember from the dialogue with the heading in every lesson – **запомнете!** remember! (from the verb **(да) запомня**). The first verb can be paraphrased as '*to be keeping something in one's memory*' (that is why it is imperfective) and the second one as '*to get something fixed in one's memory*' (that is why it is perfective).

5 Give me a ring

(Да) се обадя to phone does not fit into any of the three groups and literally means '*to let oneself be heard*' (see Unit 11). When you use it in the phrase **обади ми се!** you have to remember where to put the two little unstressed words. The indirect object pronoun (**ми**) always comes before **се**, no matter whether they both follow or precede the verb (see Appendix).

Тря́бва да **ми се** оба́диш.	*You must give me a ring.*
Обаде́те **ми се**!	*Give me a ring.*

———— Упражне́ния ————

1 Following the model, respond to the requests below. Watch the word order!

Request: Обади́ се на г-н Анто́нов, мо́ля те.
Responses: (a) Ще му се оба́дя
  (b) Оба́дих му се ·ве́че
  (c) Ве́че му се оба́дих

  (i) Обаде́те се на секрета́рката, мо́ля Ви.
 (ii) Обади́ се на Никола́й, мо́ля те.
(iii) Обади́ се на Джон и Е́ли, мо́ля те.
(iv) Обаде́те се на Неве́на Петко́ва, мо́ля Ви.

2 Make these requests, already quite decently civil, even more polite. The model may help:

Model: Покаже́те ми, мо́ля Ви, та́зи ва́за.
  Би́хте ли ми пока́зали та́зи ва́за?

(a) Мо́ля Ви, каже́те ми Ва́шия адре́с.
(b) Обаде́те ми се по́-късно, мо́ля Ви.
(c) Мо́ля Ви, помогне́те ни да наме́рим пъ́тя за Ва́рна.
(d) Да́йте ми дру́га ста́я, ако́ оби́чате.
(e) Мо́ля Ви, поръ́чайте ми такси́ за де́сет часа́.

Here are the past participles to choose from. You won't need them all!
ка́зал, дал, доне́съл, поръ́чал, помо́гнал, се оба́дил, спря́л.

3 Answer these questions using the future form and, demonstrating your willingness to do what you are asked (provided certain conditions are met!), by using **бих** and the past participle.

Model: Ще оти́деш ли на мач? Ще оти́да/бих оти́шъл, ако́ не вали́ дъжд.

(a) Ще ку́пите ли пода́ръци за жена́ Ви? (ако́ наме́ря не́що ху́баво)

(b) Ще се оба́диш ли от лети́щето? (ако́ и́мам вре́ме)

(c) Ще до́йдеш ли на те́нис? (ако́ се чу́вствам по́-добре́)

(d) Ще уча́ствате ли в конфере́нцията? (ако́ и́мам пари́)

Past participles to choose from:

дошъ́л, ку́пил, уча́ствал, се оба́дил, разбра́л.

(Again, you won't need them all.)

4   If you have ever attended a conference in Bulgaria, you might find parts of the following brief address familiar. It contains several polite expressions which you yourself might have occasion to try out. Read the address aloud, then answer the questions in English.

Да́ми и господа́, скъ́пи прия́тели!

Бих и́скал(а) да ви поздравя́ с „Добре́ дошли́" в на́шата краси́ва сто́лица и да ви пожела́я успе́х в ра́ботата ви на та́зи конфере́нция. Мно́го се ра́дваме, че ви́ждаме тук то́лкова мно́го прия́тели на Бълга́рия от цял свят. Би́хме се ра́двали ако́ та́зи конфере́нция е поле́зна за все́ки от вас.

О́ще веднъ́ж добре́ дошли́ в Бълга́рия! От все сърце́ (*all my heart*) ви пожела́вам прия́тна и плодотво́рна (*fruitful*) ра́бота и до но́ви тво́рчески (*creative*) и прия́телски (*friendly*) сре́щи.

(a) On what occasion is this address given?

(b) At what point in the proceedings is the speech made?

(c) How does the speaker address his audience?

(d) Where do the conference participants come from?

(e) What else do they have in common?

(f) In what city is this particular conference taking place?

(g) What benefit does the speaker hope the participants will derive from the conference?

5   Back in Britain, Michael Johnson is attending another conference. In the coffee break he dashes off a postcard to his friends in Bulgaria. Read aloud what he says:

Скъ́пи прия́тели!

Пи́ша ви от Ло́ндон, къде́то съм на конфере́нция. На

конфере́нцията и́ма два́ма би́знесмени от Пло́вдив, кои́то добре́ позна́ват г-жа́ Ко́линс. Ка́зват, че гово́ря ве́че не по́-ло́шо от не́я... Бих и́скал да ви благодаря́ о́ще веднъ́ж за помощта́ ви и за прия́тните дни в Бълга́рия. Оча́квам Никола́й с нетърпе́ние. Надя́вам се да се ви́дим ско́ро пак.

Вси́чко ху́баво и до ско́ро ви́ждане!

С по́здрав (*kind regards*),
Ма́йкъл Джо́нсън.

Ло́ндон, 6.VI. 1993

Now you write a postcard, also in Bulgarian, to Nikolai and Nadya.

——————— Разби́рате ли? ———————

Ра́зговор

Sofia airport, like Bulgaria, is not large, and shortly before taking off for Heathrow Mr and Mrs Collins bump into some more acquaintances.

г-н Ко́линс	Викто́рия, виж! О́ще една́ позна́та.
г-жа́ Ко́линс	А, да – моми́чето от реце́пцията в хоте́ла в Со́фия.
Неве́на	Здраве́йте, г-н Ко́линс! Здраве́йте, г-жа́ Ко́линс! Каква́ изнена́да!
г-жа́ Ко́линс	Здраве́йте, Неве́на. И Ви́е ли ще пъту́вате за А́нглия?
Неве́на	Не, аз изпра́щам едни́ прия́тели – Марк Де́йвис и жена́ му. По́мните ли, аз Ви ка́зах за не́го.
г-жа́ Ко́линс	Да, по́мня. Америка́нският журнали́ст, нали́?
Неве́на	То́чно така́. Ела́те да Ви запозна́я с тях, те мно́го ще се зара́дват.
Марк	Прия́тно ми е. Неве́на мно́го ми е разка́звала за Вас. Щях да Ви пи́ша от Аме́рика, за да Ви пока́ня на една́ конфере́нция за Бълга́рия. Би́хте ли и́скали да уча́ствате?

г-жа́ Ко́линс	Бих уча́ствала с удово́лствие, ако́ не съм заета́ по съ́щото вре́ме.
Марк	Чуде́сно, ще Ви пра́тя пока́на и програ́мата. Би́хте ли ми да́ли адре́са Ви, мо́ля.
г-жа́ Ко́линс	Заповя́дайте, това́ е визи́тната ми ка́ртичка. Ви́е в Аме́рика ли живе́ете?
г-жа́ Де́йвис	Да, по́вечето вре́ме прека́рваме в Аме́рика, но мно́го че́сто и́дваме в Бълга́рия.
г-жа́ Ко́линс	Надя́вам се да се ви́дим пак!

(*The public address system crackles into life.*) Мо́ля за внима́ние! Вси́чки пъ́тници, замина́ващи за Ло́ндон, да се явя́т пред и́зход но́мер че́тири!

г-жа́ Ко́линс	Сега́ тря́бва да бъ́рзаме. Дови́ждане на вси́чки!
Неве́на	Дови́ждане! Прия́тен път и вси́чко ху́баво! Ела́те пак непреме́нно!
Вси́чки	НЕПРЕМЕ́ННО!

(да) се зара́двам, -ваш *to be pleased*	**замина́ващ за** *travelling to*
разка́звам, -ваш *to tell, relate*	**(да) се явя́, яви́ш** *to present oneself*
(да) уча́ствам, -ваш *to take part*	**и́зход** *gate; exit*
пъ́тник, (pl) -ици *passenger, traveller*	**плодотво́рен, -рна** *fruitful*

1 Коя́ позна́та ви́ждат г-н и г-жа́ Ко́линс на лети́щето?
2 Защо́ е на лети́щето Неве́на?
3 За кого́ е разка́звала мно́го Неве́на на Марк?
4 За какво́ щял да пи́ше Марк на г-жа́ Ко́линс?
5 В какъ́в слу́чай би уча́ствала г-жа́ Ко́линс в конфере́нцията?
6 Какво́ да́ва г-жа́ Ко́линс на Марк?

KEY TO THE EXERCISES

Introduction

1 Fax, telex, Coca-Cola, America, telephone, passport. **2** Bar, Berlin; telegraph, Volga; Dakota, vodka; gyroscope, giraffe; Arizona, Zambezi; Ibadan, India; Yemen, York; London, Balkan; Panama, Po; Frankfurt, Sofia; Fitzgerald, Donetsk; Churchill, Chad; Sheffield, show business; Stuttgart, Shtip; Bulgaria, Beatles; chauffeur, signora; Yukon, Leeds United; Yankee, Yalta. **3** Vivian, Vienna; Namibia, Varna; Richard, Yorkshire; Sinatra, Amsterdam; Liverpool, Frankfurt; Hyde Park, Sahara.

Exercises

1 (a) iv, (b) xii, (c) v, (d) x, (e) xi, (f) iii, (g) i, (h) vi, (i) vii, (j) ii, (k) ix, (l) viii. **2** (a) v, (b) iii, (c) vii, (d) viii, (e) vi, (f) ix, (g) i, (h) x, (i) iv, (j) ii. **3** (a) viii, (b) xiv, (c) iii, (d) v, (e) vi, (f) xvi, (g) ix, (h) iv, (i) ii, (j) i, (k) xiii, (l) xv, (m) xi, (n) vii, (o) xii, (p) x. **4** 201 Telex, 202 Restaurant, 203 Reception, 204 Car rental Rent-a-Car, 205 Bar, 206 Taxi, 207 Information. **5** (a) Sirena Snack-bar (b) Berlin Restaurant (c) Sheraton Hotel (d) Orient Cafe. **6** (a) 17.25, (b) 17.05, (c) 16.35, (d) 18.05, (e) 18.30, (f) 15.40, (g) 16.10.

Unit 1

Въпро́си (*Questions*) **1** (a) Да, и́ма (b) Не, ня́ма (c) Ка́звам се ... **2** (a) вя́рно (b) невя́рно: Бизнесме́н съм (c) вя́рно.

Упражне́ния (*Exercises*) **1** (a) *agency* (f), (b) *address* (m), (c) *aspirin* (m) (d) *bank* (f), (e) *business* (m), (f) *beer* (f), (g) *vodka* (f), (h) *gin* (m), (i) *Coca-Cola* (f), (j) *computer* (m), (k) *lemonade* (f), (l) *music* (f), (m) *pony* (n), (n) *problem* (m), (o) *soda water* (f), (p) *sport* (m), (q) *tonic* (m), (r) *tourist* (m), (s) *fax* (m), (t) *firm* (f), (u) *football* (m), (v) *centre* (m), (w) *chauffeur* (m). **2** (a) здраве́й, (b) здраве́йте, (c) здраве́йте, (d) здраве́йте, (e)

здраве́й, (f) здраве́й, (g) здраве́йте. **3** (a) Добро́ у́тро, (b) До́бър ден, (c) До́бър ден, (d) До́бър ве́чер. **4** i (f), ii (e), iii (a), iv (c), v (d), vi (b). **5** (a) Да, и́ма. (b) Да, и́ма. (c) Не, ня́ма. (d) Не, ня́ма. (e) Да, и́ма. (f) Не, ня́ма. **6** (a) Има ли уи́ски? (b) Има ли би́ра? (c) Има ли лимона́да? (d) Има ли чай? **7** (a) Уи́ски, мо́ля. Джин, мо́ля. (b) Би́ра, мо́ля. Лимона́да, мо́ля. (c) То́ник, мо́ля. Со́да, мо́ля. (d) Кафе́, мо́ля. Чай, мо́ля. **8** (a) a lovely hotel. (b) a good-looking man. (c) a beautiful sea. (d) lovely beer. (e) a beautiful name. (f) a beautiful Bulgarian (female!). (g) Ху́бава стая! (h) Ху́бав апартаме́нт! (i) Ху́баво бъ́лгарско ви́но! **9**

(a)

Майкъл Джонсън
4, Маунт Драйв
Челмсфорд
Есекс
Англия

(b)

България
1000 София
хотел „Родина"
апартамент 8
Майкъл Джонсън

Разби́рате ли? (a) Evening. (b) Yes. (c) Scotch. (d) No. (e) No.

Unit 2

Въпро́си **1** (a) Благодаря́, добре́ съм, (b) Това́ е те́лекс, (c) Да, това́ е те́лекс от Ло́ндон, (d) Има самоле́т от Ло́ндон в се́дем часа́, (e) Да, той присти́га днес. **2** (a) невя́рно: На́дя е добре́. (b) вя́рно, (c) вя́рно, (d) невя́рно: господи́н Анто́нов ня́ма вре́ме за кафе́, (e) невя́рно: господи́н Анто́нов и́ма мно́го ра́бота.

Упражне́ния **1** (a) Къде́ е тя? (b) Той е добре́. (c) Как е той? (d) Къде́ са те? (e) Тя е в хоте́л „Роди́на". (f) Той и́ма ра́бота. (g) Тук ли са те? **2** (a) Ка́звам се Джу́ли Дже́ймсън; (b) Ка́звам се То́ни; (c) Ка́звам се Боя́н Анто́нов; (d) Ка́зваме се Ко́линс. **3** (a) Как се ка́зваш? (b) Как се ка́зовате? (c) Как се ка́звате? **4** Трамва́й

— **295** —

но́мер две, пет, шест, о́сем. Троле́й
но́мер едно́, че́тири, се́дем, де́вет. 5 Не,
аз съм г-жа́ .... (Try writing out your
name!) Не, аз съм в ста́я но́мер се́дем. 6
(a) Какво́ е това́? (b) Как е тя? (c) Как са
те? (d) Какво́ е това́? (e) Как си? (f) Какво́
е това́ (g) Как сте? 7 i (b), ii (d), iii (a), iv
(e), v (c). 8 (a) Това́ ли е ресторáнт
„Криста́л“? Не, рестора́нт „Криста́л“ е
там. (b) Това́ ли е булева́рд „Ле́вски“?
Не, булева́рд „Ле́вски» е там. (c) Това́ ли
е Центра́лна по́ща? Не, Центра́лна по́ща
е там. (d) Това́ ли е хоте́л „Хе́мус“? Не,
хоте́л „Хе́мус“ е там. (e) Това́ ли е у́лица
„Ра́ковски“? Не, у́лица „Ра́ковски“ е там.
9 (a) Не, ня́мам; (b) Да, и́мам; (c) Не,
ня́мам; (d) Да, и́мам; (e) Да, и́мам. 10 (a)
Мо́ля, къде́ и́ма ба́нка? (c) Мо́ля, къде́ и́ма
спи́рка? (d) Мо́ля, къде́ и́ма телефо́н? (e)
Мо́ля, къде́ и́ма хоте́л? (f) Мо́ля, къде́
и́ма тоале́тна? 11 (a) съм, е; (b) съм, е; (c)
съм, е; (d) сме, са; (e) съм, е.

Разби́рате ли? 1 Булева́рд „Ви́тоша“ не é
бли́зо. 2 Г-н Джо́нсън ня́ма ка́рта на
Со́фия. 3 вя́рно 4 И́ма трамва́й до
булева́рд „Ви́тоша“. 5 вя́рно 6 вя́рно 7
Той присти́га в Бо́ровец в де́сет часа́.

Unit 3

Въпро́си 1 (a) Тя е от Ма́нчестър. (b) Тя
е преводá́чка. (c) Да, омъ́жена е. (d) Да,
и́ма едно́ дете́. (e) Той е учи́тел. (f) Да, тя
позна́ва Бълга́рия добре́. 2 (a) невя́рно:
Г-жа́ Ко́линс е от Ма́нчестър. (b)
невя́рно: Г-жа́ Ко́линс и́ма едно́ дете́. (c)
вя́рно (d) вя́рно (e) невя́рно: Г-жа́ Ко́линс
не е за пъ́рви път в Бълга́рия. (f) вя́рно.
Упражне́ния 1 (a) И́мам едно́ дете́. (b)
Омъ́жена ли сте? (c) Г-жа́ Ко́линс е пре-
вода́чка. (d) Каква́ е г-жа́ Ко́линс по
наро́дност? (e) За пъ́рви път ли е г-жа́
Ко́линс в Бълга́рия? (f) Откъде́ са г-жа́
Ко́линс и г-н Ко́линс? (g) Позна́вам
страна́та ви добре́. 2 i (d), ii (f), iii (a), iv
(b), v (c), vi (g), vii (h), viii (e). 3 (a) Не, не
съм ле́карка. Каква́ сте по профе́сия?
Секрета́рка/учи́телка съм. (b) Не, не съм
бъ́лгарка. Каква́ сте по наро́дност?
Ирла́ндка/англича́нка/шотла́ндка съм.
(c) Не, не съм сервитьо́р. Какъ́в сте по
профе́сия? Прево́дач/ле́кар/студе́нт съм.

(d) Не, не съм англича́нин. Какъ́в сте по
наро́дност? Ирла́ндец / шотла́ндец /амери-
ка́нец съм. 4 (a) Марк Де́йвис е
журнали́ст. Той е от Са́нта Ба́рбара. Той
е жéнен. (b) Миле́на е худо́жничка. Тя е
от Со́фия. Тя не е омъ́жена. (c) А́ндрю е
студе́нт. Той е от Гла́згоу. Той не е
жéнен. (d) Г-жа́ Ко́линс е преводá́чка. Тя
е от Ма́нчестър. Тя е омъ́жена. (e) На́дя е
секрета́рка. Тя е от Пло́вдив. Тя не е
омъ́жена. (f) Ма́йкъл Джо́нсън е
би́знесмен. Той е от Че́лмсфорд. Той е
жéнен. (g) Г-н Анто́нов е дире́ктор. Той е
от Бурга́с. Той е жéнен. (h) Никола́й е
фотогра́ф. Той е от Ва́рна. Той не е
жéнен. 5 (a) ът, (b) та, (c) ът, (d) та, (e) та,
(f) ът, (g) ът, (h) ът. 6 (a) Ле́карят е
шотла́ндец. (b) Учи́телят е америка́нец.
(c) Ча́ят е ху́бав. Той е от А́нглия. 7 (a)
Запозна́йте се - мъжъ́т ми! (b) Запозна́йте
се - синъ́т ми! (c) Запозна́йте се - дъщеря́
ми! (d) Запозна́йте се - брат ми! (e)
Запозна́йте се - сестра́ ми! 8 (a) Синъ́т
ми се ка́зва А́ндрю. (b) Дете́то ми се
ка́зва Ви́ктор. (c) Ма́йка ми се ка́зва
Ири́на. (d) Жена́ ми се ка́зва Мари́я. (f)
Дъщеря́ ми се ка́зва Си́лвия. (f) Баща́ ми
се ка́зва Пол. 9 (a) Но тя е студе́на! (b)
Но той е студе́н! (c) Но тя е то́пла! (d) Но
то е то́пло! (e) Но тя е то́пла! (f) Но той е
то́пъл. 10 Запови́дайте, това́ е ви́зата ми.
Запови́дайте, това́ е резерва́цията ми.
Запови́дайте, това́ е биле́тъ́т ми. 11 (a)
ка́рта(та), (b) Че́рно море́, (c) Ду́нав, (d)
Гъ́рция и Ту́рция. (e) Со́фия.

Разби́рате ли? 1 вя́рно 2 Миле́на е
худо́жничката на фи́рмата. 3 вя́рно 4
вя́рно 5 Никола́й и Миле́на и́мат вре́ме
за кафе́.

Unit 4

Въпро́си 1 (a) Той и́ма три писма́. (b) Не,
господи́н Джо́нсън не и́ска бъ́лгарски
ве́стници. (c) Не, той не разби́ра
бъ́лгарски добре́. (d) Той и́ма минута́
свобо́дно вре́ме. (e) Той е в Бълга́рия за
две се́дмици. (f) Той и́ма сре́ща то́чно в
двана́йсет часа́. 2 (a) вя́рно. (b) невя́рно:
в хоте́ла и́ма англи́йски ве́стници и
списа́ния. (c) вя́рно. (d) невя́рно: Неве́на
и́ма са́мо еди́н въпро́с. (e) невя́рно: часъ́т
е едина́йсет и полови́на. (f) невя́рно: той

е в Бълга́рия за две се́дмици.

Упражне́ния 1 Автобу́сът за Мальо́вица замина́ва в шест (часа́) и три́йсет и пет (мину́ти) и присти́га в де́вет (часа́) и петна́йсет (мину́ти)./Автобу́сът за Ба́нкя замина́ва в де́сет (часа́) и де́сет (мину́ти) и присти́га в де́сет (часа́) и четири́сет и пет (мину́ти)./Автобу́сът за Са́моков замина́ва в еди́найсет (часа́) и два́йсет (мину́ти) и присти́га в трина́йсет (часа́) и три́йсет (мину́ти)./Автобу́сът за Бо́ровец замина́ва в трина́йсет (часа́) и петдесе́т (мину́ти) и присти́га в седемна́йсет (часа́) и два́йсет и пет (мину́ти). **2** (*a*) Автобу́сът за Са́моков замина́ва след пет мину́ти. (*b*) Автобу́сът за Бо́ровец замина́ва след два́йсет мину́ти. (*c*) Автобу́сът за Мальо́вица замина́ва след де́сет мину́ти. **3** (*a*) Автобу́сът за Пло́вдив замина́ва в еди́найсет часа́ и два́йсет мину́ти. (*b*) Самоле́тът от Ло́ндон присти́га в деветна́йсет часа́ и четири́сет мину́ти. (*c*) И́ма самоле́т за Ва́рна в де́сет часа́ и петна́йсет мину́ти. (*d*) Замина́вам за Со́фия в петна́йсет часа́ и три́йсет мину́ти (три и полови́на). (*e*) Сре́щата на г-н Джо́нсън е то́чно в двана́йсет часа́. **4** (*a*) Аз съм в Бълга́рия за двана́йсет/петна́йсет/два́йсет дни. (*b*) Аз съм в хоте́ла за три/трина́йсет но́щи. (*c*) Аз съм във Ва́рна за една́ се́дмица/две се́дмици. **5** от се́дем часа́ до два́йсет часа́ и три́йсет мину́ти; от де́вет до два́йсет и еди́н часа́; от осемна́йсет до два́йсет и три часа́; от о́сем до двана́йсет и от шестна́йсет до два́йсет часа́; от де́сет до трина́йсет и от четирина́йсет до деветна́йсет часа́. (*a*) По́щата рабо́ти от се́дем часа́ сутринта́ до о́сем и полови́на вечерта́. (*b*) Апте́ката рабо́ти от де́вет часа́ сутринта́ до де́вет часа́ вечерта́. (*c*) Рестора́нтът рабо́ти от шест до еди́найсет часа́ вечерта́. (*d*) Сладка́рницата рабо́ти от де́сет часа́ сутринта́ до еди́н часа́ на обе́д и от два часа́ следо́бед до се́дем часа́ вечерта́. **6** (*a*) Ко́лко америка́нки и́ма в хоте́ла? (*b*) За ко́лко се́дмици е г-н Джо́нсън в Бълга́рия? (*c*) След ко́лко дни присти́га брат ти? (*d*) От ко́лко дни са г-н и г-жа́ Ко́линс в Со́фия? (*e*) В ко́лко часа́ замина́ва автобу́сът? (*f*) Ко́лко писма́ и ка́ртички и́мам днес? (*g*) Ко́лко деца́ и́ма

г-н Джо́нсън? **7** (*a*) На́дя пи́е кафе́ с Никола́й и Миле́на. (*b*) На́дя пи́е кафе́то с ма́лко за́хар. (*c*) Никола́й пи́е кафе́то с мно́го за́хар. (*d*) Миле́на и́ска кафе́ без за́хар. (*e*) Те оби́чат кафе́то с ма́лко мля́ко. (*f*) Аз оби́чам кафе́то ___ **8** (*a*) В кафе́то и́ма за́хар, нали́? Да, и́ма ма́лко за́хар. (*b*) В кафе́то и́ма мля́ко, нали́? Да, и́ма ма́лко мля́ко. (*c*) В ча́я и́ма мля́ко, нали́? Да, и́ма ма́лко мля́ко. **9** (*a*) В кафе́то ня́ма мля́ко, нали́? Не, ня́ма/Да, ня́ма. (*b*) В кафе́то ня́ма за́хар, нали́? Не, ня́ма/Да, ня́ма. (*c*) В ча́я ня́ма за́хар, нали́? Не, ня́ма/Да, ня́ма. **10** (*a*) две легла́; (*b*) чужденци́; (*c*) америка́нци; (*d*) бъ́лгарски ве́стници; (*e*) мно́го въпро́си; (*f*) мно́го ези́ци; (*g*) мно́го продава́чки; (*h*) трамва́и; (*i*) мно́го чужденки́. **11** (*a*) Хоте́лът е до рестора́нта. (*b*) Рестора́нтът е до хоте́ла. (*c*) Теа́търът е до магази́на. (*d*) Магази́нът е до теа́търа. (*e*) Музе́ят е до па́рка. (*f*) Па́ркът е до музе́я.

Разби́рате ли? 1 невя́рно: Никола́й замина́ва за А́нглия. **2** невя́рно: той не разби́ра англи́йски. **3** вя́рно. **4** невя́рно: фи́рмата е в Че́лмсфорд. **5** вя́рно. **6** вя́рно. **7** невя́рно: във фи́рмата ня́ма мно́го фото́графи. **8** невя́рно: той замина́ва след три се́дмици.

Unit 5

Въпро́си 1 (*a*) Англича́ни и́ма в мно́го стра́ни по света́. (*b*) Тя гово́ри мно́го добре́ бъ́лгарски ези́к (*c*) Г-жа́ Ко́линс е англича́нката в ста́я но́мер де́сет. (*d*) Неве́на зна́е три ези́ка. (*e*) Тя гово́ри фре́нски, ру́ски и испа́нски. (*f*) Той живе́е в Че́лмсфорд. **2** (*a*) н: Не мно́го англича́ни гово́рят бъ́лгарски. (*b*) н: Г-жа́ Ко́линс е англича́нката, коя́то живе́е в ста́я но́мер де́сет. (*c*) в. (*d*) в. (*e*) н: Тя гово́ри фре́нски най-добре́. (*f*) н: Мно́го бъ́лгари гово́рят чу́жди ези́ци.

Упражне́ния 1 (*a*) Мно́го англича́ни ли и́ма в хоте́ла? (*b*) Мно́го бъ́лгари ли гово́рят англи́йски? (*c*) Бъ́лгари ли са г-н Анто́нов и Никола́й? (*d*) Бъ́лгари и англича́ни ли рабо́тят във фи́рмата? (*e*) Англича́ни ли са г-н и г-жа́ Ко́линс? **2** (*a*) дру́ги; (*b*) дру́го; (*c*) дру́га; (*d*) дру́ги; (*e*) друг; (*f*) дру́ги; (*g*) друг; (*h*) дру́го; (*i*)

дру́га; (j) дру́ги. **3** (i) (a) Тук на ка́ртата
и́ма два рестора́нта. Кой (рестора́нт) е
по́-бли́зо? (b) Тук на ка́ртата и́ма два
гра́да. Кой (град) е по́-бли́зо? (c) Тук на
ка́ртата и́ма два куро́рта. Кой (куро́рт) е
по́-бли́зо? (d) Тук на ка́ртата и́ма два
къ́мпинга. Кой (къ́мпинг) е по́-бли́зо? (e)
Тук на ка́ртата и́ма два моте́ла. Кой
(моте́л) е по́-бли́зо? (ii) (a) На ка́ртата
и́ма две апте́ки. Коя́ (апте́ка) е по́-бли́зо?
(b) На ка́ртата и́ма две бензиноста́нции.
Коя́ (бензиноста́нция) е по́-бли́зо? (c) На
ка́ртата и́ма две сладка́рници. Коя́
(сладка́рница) е по́-бли́зо? **4** (a) Кой, (b)
Кой, (c) Коя́, (d) Кой, (e) Коя́, (f) Коя́. **5**
(a) Ко́лко чу́жди ези́ка гово́ри Неве́на? (b)
Ко́лко биле́та и́скат те? (c) Ко́лко джи́на
серви́ра сервитьо́рът? (d) Ко́лко чу́жди
ези́ка зна́е Ма́йкъл Джо́нсън? **6** (a)
Тури́ст: Извине́те, и́ма ли хоте́ли до
га́рата? **Гра́жданин:** Да, до га́рата и́ма
ня́колко хоте́ла. (b) **Тури́ст:** Извине́те,
и́ма ли рестора́нти до га́рата?
Гра́жданин: Да, до га́рата и́ма ня́колко
рестора́нта. (c) **Тури́ст:** Извине́те, и́ма ли
музе́и до га́рата? **Гра́жданин:** Да, до
га́рата и́ма ня́колко музе́я. **7** (a) мъжа́,
който присти́га от Ло́ндон; жена́та,
която гово́ри ху́баво бъ́лгарски;
англича́ни, който живе́ят в Бълга́рия;
семе́йството, кое́то живе́е в ста́я но́мер
де́сет. (b) бъ́лгарина, който замина́ва за
А́нглия? англича́ни, който са же́нени за
българки?/който не пи́ят уи́ски?
шотла́ндци, който не пи́ят уи́ски?/който
са же́нени за бъ́лгарки? бъ́лгарката,
която е омъ́жена за англича́нин? **8** (a)
Ето трамва́я. Ето два трамва́я. (b) Ето
троле́я. Ето два троле́я. (c) Ето автобу́са.
Ето два автобу́са. (d) Ето къ́мпинга. Ето
два къ́мпинга. (e) Ето компю́търа. Ето
два компю́търа. **9** (a) Ето биле́та ми. (b)
Ето паспо́рта ми. (c) Ето мъжа́ ми. (d)
Ето сина́ ми. (e) Ето бага́жа ми. **10**
Извине́те, осемдесе́т и о́сем четирина́йсет
два́йсет и шест ли е? Да, каже́те? седем-
десе́т и две тря́йсет и три деветна́йсет ли
е? чети́рисет и се́дем осемна́йсет девет-
десе́т и едно́ ли е? осемдесе́т и де́вет
двана́йсет два́йсет и две ли е?

Разби́рате ли? **1** н: Никола́й у́чи
англи́йски. **2** в. **3** н: Миле́на позна́ва
ня́колко учи́теля по англи́йски. **4** н:

Миле́на и́ма два мно́го ху́бави уче́бника
по англи́йски. **5** н: Никола́й и́ма ну́жда
от уче́бници. **6** в. **7** н: Никола́й е на
два́йсет и шест годи́ни.

Unit 6

Въпро́си **1** (a) Ма́йкъл Джо́нсън и́ма
сре́ща с г-н Анто́нов. (b) Г-н Анто́нов
оча́ква г-н Джо́нсън. (c) Не, той ня́ма
пробле́ми в Со́фия. (d) Той и́ска да оти́де
пъ́рво в ба́нката. (e) Ма́йкъл Джо́нсън
тря́бва да обмени́ пари́. (f) Той тря́бва да
гово́ри по́-ба́вно. **2** (a) н: г-н Джо́нсън е
дово́лен от хоте́ла. (b) в. (c) н: ба́нката и
рестора́нтът не са дале́че. (d) в. (e) н: г-н
Анто́нов и г-н Джо́нсън ня́мат ну́жда от
превода́ч. (f) в.

Упражне́ния **1** И́мате ли **ви́за/биле́т/
бо́рдна ка́рта**? Не, тря́бва ли да и́мам
ви́за/биле́т/бо́рдна ка́рта? Да, тря́бва. **2**
И́скате ли да оти́дем: (a) на о́пера? (b) на
конце́рт? (c) на сладка́рница? (d) на диско-
те́ка? (e) на теа́тър? (f) на мач? (g) на ски?
(h) на плаж? **3** Никола́й тря́бва да оти́де
в Че́лмсфорд след три се́дмици. **4** i (g), ii
(d), iii (a), iv (f), v (c), vi (b), vii (e), viii (a), ix
(a). **5** (a) не́я; (b) не́го; (c) тях. **6** (a) не́го;
(b) не́я; (c) не́я; (d) не́го; (e) не́я; (f) не́го. **7**
Ка́звам се (your name) И́мате ли
писма́/факс/ве́стници/ма́са за ме́не? **8**
Никола́й: И́скам да/мо́же ли да гово́ря
с Вас? **г-н А** Съжаля́вам, но сега́ ня́мам
вре́ме за те́бе. И́мам сре́ща с г-н
Джо́нсън. **На́дя:** Г-н Анто́нов, и́мате ли
ну́жда от ме́не? **г-н А:** Ми́сля, че ня́маме
ну́жда от превода́ч. Мо́же ли да
напра́вите кафе́ за нас? **На́дя:** Ня́мам
ни́що проти́в. **9** (a) юти́я, (b) чадъ́р, (c)
коли́чка, (d) такси́, (e) носа́ч, (f) пари́. **10**
(a) се надя́вам; (b) се ра́двам; (c) се чу́вст-
вам добре́.

Разби́рате ли? **1** Еди́н клие́нт и́ска да
гово́ри с дире́ктора. **2** Не, не е свобо́ден.
3 Той тря́бва да се оба́ди по́-къ́сно
следобе́д. **4** Той и́ска да оти́де на те́нис.
5 Бра́тът на Миле́на и́ска да оти́де с не́я
на конце́рт. **6** Да, На́дя и́ска да оти́де с
тях.

Unit 7

Въпро́си **1** (a) Най-добре́ е да оти́дат на

пазáра. (*b*) Плодовéте и зеленчýците на пазáра не са éвтини, но са нáй-прéсни. (*c*) Г-жá Кóлинс не обúча тúквички. (*d*) Той úска едúн килогрáм домáти. (*e*) Тя продáва я́бълки, прáскови и грóзде. (*f*) Всúчко стрýва трúйсет и óсем лéва и шейсéт стотúнки. 2 (*a*) н: г-н и г-жá Кóлинс úскат Невéна да им покáже магазúн за плодовé и зеленчýци. (*b*) н: г-н Кóлинс не úска да кýпи тúквички. (*c*) в. (*d*) в. (*e*) н: г-жá Кóлинс не úска прáскови. (*f*) в.

Упражнéния 1 (*a*) плúкове, (*b*) два плúка, (*c*) два банáна, (*d*) банáни, (*e*) два пъ́пеша. (*f*) пъ́пеши, (*g*) ножóве. (*h*) ня́колко нóжа, (*i*) ня́колко бъ́лгарски грáда (*j*) градовé 2 (*a*) Платéте на кáсата! Не пипáй! (*b*) Пазéте чистотá! Не газéте тревáта! (*c*) Бутнú! Дръпнú! (*d*) Не пипáй! 3 Мóже ли да ми кáжете: (*a*) къдé úма телефóн? (*b*) къдé úма бáнка? (*c*) къдé úма аптéка? (*d*) къдé úма павилиóн? 4 Мóже ли да ми покáжете: (*a*) тóзи чадъ́р/крем? (*b*) тáзи кáрта/чáша? (*c*) товá списáние/лекáрство? (*d*) тéзи ножóве/списáния/крéмове/чáши? 5 (*a*) Кóлко стрýват крáставиците? Дáйте ми едúн килогрáм крáставици. (*b*) Кóлко стрýват тúквичките? Дáйте ми едúн килогрáм тúквички. (*c*) Кóлко стрýват я́бълките? Дáйте ми едúн килогрáм я́бълки. (*d*) Кóлко стрýват прáскови? Дáйте ми едúн килогрáм прáскови. 6 (*a*) Да, да отúдем! (*b*) Да, да отúдем! (*c*) Да, да платúм! (*d*) Да, да се обáдим! 7 (*a*) Да, мнóго обúчам да пъ́тувам. (*b*) Не, не обúчам да игрáя тéнис. (*c*) Не, не обúчам да пазарýвам. (*d*) Да, мнóго обúчам да кáрам ски. (*e*) Да, мнóго обúчам да говóря чýжди езúци. 8 (*a*) Купú мля́ко, мóля! (*b*) Елá, мóля! (*c*) Седнú, мóля! Вúж, мóля! (*e*) Кажú, мóля! (*f*) Дáй, мóля! 9 (*a*) Да Ви дам ли солтá? (*b*) Мóже ли да ни покáжете стáята? (*c*) Дáйте ни ключá, мóля! (*d*) Мóля, покажéте ми товá списáние! (*e*) Мóже ли да ми дадéте тóзи пъ́пеш? 10 (*a*) Я́бълките са пó-éвтини от прáсковите, (*b*) Домáтите са пó-прéсни от тúквичките, (*c*) Пъ́пешът е пó-слáдък от грóздето, (*d*) Нáдя е пó-заéта от Невéна, (*e*) Крáставиците са пó-голéми от тúквичките.

Разбúрате ли? 1 в. 2 в. 3 н: Нáдя úска

дéсет бúлета за трамвáя. 4 н: Нáдя úска два плúка и две мáрки. 5 н: кáртичките стрýват чéтири лéва. 6 в.

Unit 8

Въпрóси 1 (*a*) Г-н Джóнсън úска да вúди менюто. (*b*) Той препорýчва шóпската салáта. (*c*) Таратóр е студéна сýпа от кúсело мля́ко и крáставици. (*d*) Той предпочúта тóпла сýпа. (*e*) За пúене г-н Джóнсън úска плóдов сок. (*f*) Г-н Антóнов порýчва чáша вúно. 2 (*a*) н: шóпската салáта е с домáти, крáставици и сúрене. (*b*) в. (*c*) в. (*d*) н: г-н Антóнов и г-н Джóнсън порýчват чéтири бéли хлéбчета. (*e*) в. (*f*) н: на обéд г-н Антóнов порýчва чáша бя́ло вúно.

Упражнéния 1 (*a*) Сервитьóрът препорýчва пúлзенска бúра, но аз предпочúтам бъ́лгарска. Да порýчаме бъ́лгарска бúра! (*b*) Сервитьóрът препорýчва грóздова ракúя, но аз предпочúтам слúвова. Да порýчаме слúвова ракúя! (*c*) Сервитьóрът препорýчва пúлешка сýпа, но аз предпочúтам зеленчýкова. Да порýчаме зеленчýкова сýпа! 2 (*a*) препорýчвате; (*b*) порýча; (*c*) предпочúтате; (*d*) препорýчва/предпочúта; (*e*) порýчаме; (*f*) предпочúта; (*g*) порýчате. 3 В таратóра úма кúсело мля́ко, крáставица, чéсън, сол, óлио и óрехи. 4 (*a*) Úма нес кафé и еспрéсо; (*b*) Úма чéрен чай, мéнтов чай и бúлков чай; (*c*) Úма плóдова тóрта, шоколáдова тóрта и óрехова тóрта; (*d*) Úма портокáлов сок, грóздов сок, я́бълков сок и сок от я́годи. 5 (*a*) две; (*b*) два, две; (*c*) две; (*d*) две; (*e*) два, две; (*f*) два; (*g*) двáма; (*h*) два; (*i*) два; (*j*) двáма; (*k*) две; (*l*) двáма. 6 (*a*) Еднá___ сýпа и едúн омлéт с(ъс) ...; (*b*) Две ___ сýпи и два пъ́ти омлéт със ___/два пъ́ти кюфтéта; (*c*) Чéтири ___ сýпи и чéтири пъ́ти кюфтéта/чéтири пъ́ти омлéт с (ъс)... 7 Каквú сáндвичи úмате?/Два сáндвича с шýнка и едúн с кашкавáл, мóля./Едúн портокáлов сок, две кóли и три кафéта, мóля. 8 (i) (*a*) две кафéта; (*b*) кафéтата; (ii) (*a*) две хлéбчета; (*b*) хлéбчетата; (iii) (*a*) две кюфтéта; (*b*) кюфтéтата. 9 (*a*) вегетериáнската сýпа; (*b*) пъ́лнените чýшки; (*c*) бя́лото грóзде; (*d*) пúлешката сýпа; (*e*) червéните я́бълки; (*f*) плóдовата

тóрта; (g) бéлите хлéбчета; (h) бъ̀лгарско-
то кѝсело мля̀ко. 10 (a) бя̀лото вѝно; (b)
слѝвовата ракѝя; (c) вегетариáнската
сýпа; (d) шоколáдовата тóрта; (e)
бъ̀лгарските специалитéти; (f) пѝлзенска-
та бѝра.

Разбѝрате ли? 1 Часъ̀т е óсем и
половѝна. 2 Да, óще е рáно за рáбота. 3
Не, сладкáрницата е отвóрена. 4 За
закýска ѝма сáндвичи, кѝфли и бáнички.
5 За я̀дене те порýчват два сáндвича и
две парчéта тóрта. 6 За пѝене те
порýчват две кафéта еспрéсо и два
я̀бълкови сóка.

Unit 9

Въпрóси 1 (a) Невéна ѝска да говóри с
г-жá Кóлинс. (b) Момчéтата са на
летѝщето. (c) Те са от Амéрика. (d) Те
ѝмат нýжда от превóдач. (e)
Митничáрите не мóгат да намéрят
багáжа на момчéтата. (f) Кен ѝма два
кýфара. (g) Висóкият мъж нóси едѝн
чéрен кýфар и еднá сѝня чáнта. 2 (a) н:
те са на летѝщето. (b) н: г-жá Кóлинс
мóже да отѝде на летѝщето. (c) в. (d) в.
(e) н: кýфарите на Кен не са голéми. (f) в.
Упражнéния 1 (a) С каквó мóга да Ви
помóгна? (b) Момчéтата от Амéрика
ѝмат нýжда от превóдач. (c)
Митничáрите не мóгат да намéрят
багáжа на момчéтата. (d) Товá не е мóят
багáж. (e) Мáлката сѝня чáнта е на
Джон/Мáлката чáнта на Джон е сѝня. 2
Да, мóга да/Не, не мóга да: (a) игрáя
тéнис; (b) кáрам ски; (c) плýвам; (d) кáрам
колá; (e) игрáя на кáрти. 3 Извинéте,
мóжете ли да ми покáжете: (a) къдé е
аптéката? (b) къдé е мѝтницата? (c) къдé е
хотéл „Шéратон"? (no definite article needed
with names of hotels!) (d) къдé е спѝрката
на тролéй нóмер двe? (e) къдé е
Центрáлна гáра? (no definite article here
either.) 4 i (e); ii (d); iii (a); iv (b); v (c). 5 (a)
Твóят кýфар ли е товá? Не, тóзи кýфар
не е мой. Мóят кýфар е червéн. (b)
Твóето портмонé ли е товá? Не, товá
портмонé не е мóе. Мóето портмонé е
червéно. (c) Твóят чадъ̀р ли е товá? Не,
тóзи чадъ̀р не е мой. Мóят чадъ̀р е
червéн. (d) Твóята пáпка ли е товá? Не,
тáзи пáпка не е мóя. Мóята пáпка е

червéна. (e) Твóята писáлка ли е товá?
Не, тáзи писáлка не е мóя. Мóята
писáлка е червéна. (f) Твóят молѝв ли е
товá? Не, тóзи молѝв не е мой. Мóят
молѝв е червéн. (g) Твóят бележнѝк ли е
товá? Не, тóзи бележнѝк не е мой. Мóят
бележнѝк е червéн. 6 Портмонéто ми го
ня̀ма! Багáжът ми го ня̀ма! Чадъ̀рът ми
го ня̀ма! Бележнѝкът ми го ня̀ма!
Пáпката ми я ня̀ма! Парѝте ми ги ня̀ма!
7 (a) Турѝстът не мóже да намéри своя̀
хотéл. (b) Не, турѝстът не знáе ѝмето
му/ ѝмето на хотéла. (c) Хотéлът е блѝзо
до спѝрката на тролéй нóмер еднó и
тролéй нóмер пет. (d) До Университéта
ѝма два хотéла. (e) Нéговият хотéл се
кáзва „Сéрдика". **Турѝст** Извинéте, г-н
полицáй, мóжете ли да ми помóгнете?
Не мóга да намéря своя̀ хотéл. **Полицáй**
Как се кáзва хотéлът Ви? **Турѝст** За
съжалéние, не знáя. Знáя сáмо, че е блѝзо
до спѝрката на тролéй нóмер еднó и
тролéй нóмер пет. **Полицáй** На коя̀
ýлица е хотéлът? **Турѝст** Не знáя на коя̀
ýлица е, но е блѝзо до Университéта.
Полицáй Има два хотéла блѝзо до
Университéта. Едѝният се кáзва
„Сóфия", дрýгият се кáзва „Сéрдика".
Турѝст Вéче знáя ѝмето на хотéла ми.
Мóят хотéл се кáзва „Сéрдика". 8 (a)
Ня̀ма я; (b) Ня̀ма го; (c) Ня̀ма го; (d)
Ня̀ма ги; (e) Ня̀ма я.

Разбѝрате ли? 1 н: до г-н и г-жá Кóлинс
ѝма свобóдни местá. 2 в. 3 в. 4 н: г-н и
г-жá Кóлинс ѝмат мáлко рáбота в
Сóфия. 5 в. 6 н: едѝн нéин колéга
заминáва скóро за Áнглия. 7 н: те не
знáят къдé е Централна пóща.

Unit 10

Въпрóси 1 (a) Николáй бъ̀рза, защóто
тря̀бва да порýча таксѝ и да запáзи мáса
в ресторáнта за Мáйкъл Джóнсън и Боя̀н
Антóнов. (b) Те мóгат да чýят
прогнóзата по рáдиото. (c) Ýтре на
Вѝтоша врéмето ще бъ̀де предѝмно
слъ̀нчево, но ветровѝто. (d) Нáдя
предлáга да отѝдат в Мéлник. (e) В крáя
на сéдмицата врéмето ще бъ̀де хýбаво. (f)
Нáдя ще говóри с шéфа. 2 (a) в. (b) н:
Николáй тря̀бва да порýча таксѝ и да
запáзи мáса в ресторáнта. (c) в. (d) н:

у́тре вре́мето на Ви́тоша ня́ма да бъ́де мно́го ху́баво. (e) н: г-н Джо́нсън си́гурно не но́си туристи́чески обу́вки. (f) н: ше́фът ще се съгласи́ да оти́де в Ме́лник.

Упражне́ния 1 (a) У́тре ще бъ́де ли о́блачно и мра́чно? Не, у́тре ня́ма да бъ́де о́блачно и мра́чно. (b) У́тре ще бъ́де ли мъгли́во? Не, у́тре ня́ма да бъ́де мъгли́во. (c) У́тре ще бъ́де ли то́пло и сльнчево? Не, у́тре ня́ма да бъ́де то́пло и сльнчево. (d) У́тре ще бъ́де ли студе́но и вла́жно? Не, у́тре ня́ма да бъ́де студе́но и вла́жно. (e) У́тре ще бъ́де ли дъждо́вно? Не, у́тре ня́ма да бъ́де дъждо́вно. **2** (a) Найстина, мно́го е горе́що. Не съм съгла́сен/съгла́сна. Изобщо не е горе́що. (b) Найстина, мно́го е късно. Не съм съгла́сен/съгла́сна. Изобщо не е късно. (c) Найстина, мно́го е заба́вно. Не съм съгла́сен/съгла́сна. Изобщо не е заба́вно. (d) Найстина, мно́го е интере́сно. Не съм съгла́сен/съгла́сна. Изобщо не е интере́сно. (e) Найстина, мно́го е ле́сно. Не съм съгла́сен/съгла́сна. Изобщо не е ле́сно. **3** i (б); ii (e); iii (a); iv (c); v (b). **4** (a) Не, у́тре ще бъ́де я́сно и горе́що. (b) Не, вя́търът по Черномо́рието ще бъ́де слаб до уме́рен. (c) Ще бъ́де между́ два́йсет и о́сем и три́йсет и два гра́дуса. (d) Температу́рата на море́то ще бъ́де о́коло два́йсет и три гра́дуса. **5** Ня́ма да до́йда, защо́то ня́мам вре́ме./У́тре./Предла́гам да оти́дем на ексу́рзия. Съгла́сна ли си?/Вре́мето ще бъ́де сльнчево и то́пло. **6** (a) Г-н Анто́нов ще се съгласи́ бъ́рзо/ле́сно/ тру́дно. (b) Ле́сно/тру́дно/бъ́рзо ще наме́рим га́рата. (c) Тру́дно/ле́сно/бъ́рзо ще наме́рим бага́жа. (d) Ш ш ш! Говори́ по́-ти́хо!

Разби́рате ли? **1** в. **2** н: на Ви́тоша ви́наги е по́-студе́но. **3** н: Ме́лник е на юг. **4** в. **5** н: Миле́на не оби́ча да ста́ва ра́но. **6** в.

Unit 11

Въпро́си **1** (a) Г-н Анто́нов и г-н Джо́нсън тря́бва да напра́вят план за сле́дващата се́дмица. (b) Г-н Джо́нсън и́ска да оти́де в Бо́ровец, за да разгле́да хоте́лите. (c) Г-н Джо́нсън и г-н Анто́нов са пока́нени на изло́жба във вто́рник

преди́ о́бед. (d) Те ще оти́дат на панаи́ра на пъ́рвия ден, за да и́мат вре́ме да разгле́дат всичко. (e) Г-н Анто́нов тря́бва да се въ́рне в Со́фия на два́йсет и вто́ри май. **2** (a) н: г-н Джо́нсън и́ска да оти́де сам. (b) в. (c) н: прегово́рите ще бъ́дат на вто́рия и тре́тия ден. (d) н: г-н Анто́нов ще посре́щне делега́ция, коя́то присти́га от Япо́ния. (e) в.

Упражне́ния **1** (a) На па́ртера и́ма пода́ръци и козме́тика. (b) На пъ́рвия ета́ж и́ма всичко за дете́то. (c) На вто́рия ета́ж и́ма обу́вки. (d) На тре́тия ета́ж и́ма мъ́жка и да́мска конфе́кция. (e) На четвъ́ртия ета́ж и́ма килими. (f) На пе́тия ета́ж и́ма рестора́нт и тоале́тна. **2** (a) на него, го; (b) на нея, я; (c) на него, го; (d) на тях, ги. **3** (a) съ́бота, за съ́бота; (b) пе́тък, в пе́тък; (c) сря́да, за у́тре. **5** (a) MUSSI-RSS. (b) INTERTOUR-IMPEX. (c) All excursions are by coach with the exception of Sofia-Milan-Treviso-Venice-Florence-Rome-Sofia, with INTERTOUR IMPEX, which is by air. (d) MUSSI-RSS. (e) 12,000 levs. (f) от шестна́йсети до два́йсет и тре́ти деке́мври хиля́да де́ветстотин деветдесе́т и пъ́рва годи́на; от о́сми до шестна́йсети деке́мври хиля́да де́ветстотин деветдесе́т и пъ́рва годи́на; от о́сми до шестна́йсети деке́мври хиля́да де́ветстотин деветдесе́т и пъ́рва годи́на; от два́йсет и тре́ти ное́мври до пъ́рви деке́мври хиля́да де́ветстотин деветдесе́т и пъ́рва годи́на; от седемна́йсети до два́йсети ное́мври хиля́да де́ветстотин деветдесе́т и пъ́рва годи́на. **6** (a) В поне́делник На́дя ще помо́гне на Никола́й с докуме́нтите. (b) Във вто́рник На́дя ще ка́же на ше́фа за да́тата на изло́жбата. (c) В сря́да На́дя ще отгово́ри на писмо́то на худо́жника. (d) В четвъ́ртък На́дя ще изпра́ти пока́ни на всички, кои́то рабо́тят във фи́рмата. (e) В пе́тък На́дя ще се оба́ди на коле́гата в Пло́вдив. (f) В съ́бота На́дя ще ку́пи пода́рък на сина́ на Анто́нови. (g) В неде́ля На́дя ще пока́же на Миле́на но́вите плака́ти./dates: Какво́ ще пра́виш на осемна́йсети, девегна́йсети, два́йсети, два́йсет и пъ́рви, два́йсет и вто́ри, два́йсет и тре́ти и два́йсет и четвъ́рти май?

Разби́рате ли? **1** в. **2** н: г-н и г-жа́ Ко́линс ще бъ́дат във Ва́рна до четвъ́рти юни. 3 в. 4 н: Кен не мо́же да пъту́ва на два́йсет и вто́ри ю́ли. 5 в. 6 н: Кен тря́бва да оти́де в бюро́ „Балка́н" в понеде́лник.

Unit 12

Въпро́си 1 (*a*) На́дя не оби́ча да ча́ка. (*b*) Миле́на ка́зва на На́дя да не поръ́чва о́ще, защо́то Никола́й ще до́йде след ма́лко. (*c*) Споре́д На́дя Никола́й ще до́йде, защо́то харе́сва Миле́на. (*d*) Миле́на оти́ва да се оба́ди на Никола́й, за да го попи́та защо́ не и́два. (*e*) Никола́й оби́ча да ся́да до ху́бави моми́чета. 2 (*a*) н: Никола́й тря́бва да до́йде след ма́лко. (*b*) н: На́дя ка́зва, че Никола́й ви́наги закъсня́ва. (*c*) в. (*d*) н: Миле́на не оби́ча да ча́ка. (*e*) в.

Упражне́ния 1 (*a*) Остави́; (*b*) оста́вя; (*c*) оста́ваш. 2 (*a*) ii; (*b*) i; (*c*) v; (*d*) iii; (*e*) iii; (*f*) iv. 3 (*a*) пома́га; (*b*) ста́ваме; (*c*) и́два; (*d*) поръ́чва. 4 Искам да ви́дя; ха́йде да вле́зем; Ха́йде и ни́е да се́днем; и ни́е да избере́м не́що; ще оти́да по́-бли́зо; за да разгле́дам ро́клята й; Искам да поръ́чаш. 5 Éто, тя и́два, ви́жда, вли́за. Éто ви́жда, ся́да. Éто изби́ра, поръ́чва. Éто но́си. Éто, не ча́ка. Éто, пла́ща, ста́ва и оти́ва. 6 (*a*) оби́ча; (*b*) харе́сва/оби́ча; (*c*) оби́ча; (*d*) харе́сва; (*e*) оби́ча; (*f*) харе́сате; (*g*) харе́сват/оби́чат; (*h*) оби́чам; (*i*) оби́ча; (*j*) харе́са; (*k*) харе́сва.

Разби́рате ли? 1 Г-н Джо́нсън не тря́бва да парки́ра до табе́лката, защо́то хоте́лът е в ремо́нт и поня́кога па́дат те́жки предме́ти. 2 Па́ркингът е зад хоте́ла. 3 Полица́ят препоръ́чва ма́лкия рестора́нт, защо́то г-н Джо́нсън ня́ма да ча́ка дъ́лго там. 4 Г-н Джо́нсън не мо́же да се́дне на ма́сата в ъ́гъла, защо́то тя е запа́зена. 5 Г-н Джо́нсън ка́зва „Мо́ля, неде́йте да бъ́рзате". 6 Сервитьо́рът ще помо́гне на г-н Джо́нсън, защо́то той не разби́ра вси́чко в меню́то.

Unit 13

Въпро́си 1 (*a*) Присти́гнахме към се́дем часа́. (*b*) Пъту́ването ни бе́ше прия́тно. (*c*) Има́хме пробле́ми, защо́то ня́махме ка́рта на града́. (*d*) Пробле́мите ни запо́чнаха, кога́то присти́гнахме в града́.

(*e*) Не, кога́то присти́гнахме, бе́ше о́ще све́тло. (*f*) Не сти́гнахме до площа́да с цъ́рквата, защо́то у́лицата бе́ше в ремо́нт. 2 (*a*) н: г-н и г-жа́ Ко́линс ще ка́рат напра́во и ще сти́гнат еди́н площа́д, на ко́йто и́ма цъ́рква. (*b*) н: хоте́л „Оде́са" е вдя́сно, срещу́ Мо́рската гради́на. (*c*) н: г-н и г-жа́ Ко́линс присти́гнаха във Ва́рна към се́дем часа́. (*d*) в. (*e*) н: рестора́нтът е на па́ртера вля́во.

Упражне́ния 1 i (*e*); ii (*f*); iii (*a*); iv (*c*); v (*d*); vi (*b*). 2 (*a*) Кога́ запо́чна да вали́? (*b*) Защо́ загу́бихте пъ́тя? (*c*) Къде́ е ба́нката? (*d*) Кого́ пи́тахте къде́ е магистра́лата? (*e*) Кой ви помо́гна да наме́рите пъ́тя? (*f*) Къде́ зави́хте надя́сно? 3 (*a*) обя́двах; (*b*) ку́пи; (*c*) замина́ха; (*d*) напра́ви; (*e*) запо́чна; (*f*) пи́тахме; (*g*) поръ́чах; (*h*) изпра́ти. 4 Въ́рнах се по съ́щата у́лица. Сти́гнах еди́н булева́рд. Зави́х надя́сно и ка́рах напра́во. Като́ сти́гнах площа́да, парки́рах на па́ркинга и пи́тах пак. Музе́ят не бе́ше дале́че от площа́да. 5 Върве́те напра́во по та́зи у́лица. На вто́рата у́лица зави́йте наля́во и по́сле веднага́ зави́йте надя́сно. Върве́те напра́во и ще сти́гнете до еди́н площа́д. На тре́тата у́лица вля́во зави́йте наля́во. Апте́ката е на о́коло два́йсет ме́тра вля́во. 6 Ка́рахме напра́во по та́зи у́лица. На вто́рата у́лица зави́хме наля́во и по́сле веднага́ зави́хме надя́сно. Ка́рахме напра́во и сти́гнахме еди́н площа́д. На тре́тата у́лица вля́во зави́хме наля́во. Апте́ката бе́ше на о́коло два́йсет ме́тра вля́во.

Разби́рате ли? (*a*) Ня́мах предста́ва от бъ́лгарската исто́рия. (*b*) В ста́рия град разгле́дах Ри́мската стена́, ста́рия теа́тър и цъ́рквата „Свети́ Константи́н и Еле́на". (*c*) Вре́мето бе́ше прия́тно, защо́то не бе́ше мно́го горе́що. (*d*) Кога́то присти́гна гру́па англича́ни, и́мах възмо́жност да бъ́да прево́дач. (*e*) Англича́ните тъ́рсиха прево́дач във фоайе́то вля́во от реце́пцията. (*f*) Ще пока́жа на На́дя ка́ртички, а не сни́мки, защо́то загу́бих фотоапара́та си.

Unit 14

Въпро́си 1 (*a*) Кога́то се хо́ди на го́сти в

Бълга́рия на домаки́нята се но́сят цветя́ и бонбо́ни. (*b*) Днес се празну́ва Ки́рил и Мето́дий, деня́т на бъ́лгарската култу́ра. (*c*) Ма́йкъл Джо́нсън не мо́же да ка́же ла Са́шко „Чести́т рожде́н ден", защо́то днес не е рожде́ният ден да Са́шко. (*d*) Са́шко благодари́ на Ма́йкъл Джо́нсън за шокола́да и моли́вите. (*e*) Пода́ръци се получа́ват на рожде́н ден. (*f*) Боя́н Анто́нов ще донесе́ ви́ното от ку́хнята. 2 (*a*) н: мно́го хо́ра купу́ват цветя́ днес. (*b*) в. (*c*) в. (*d*) н: Зла́тка Анто́нова ще пока́ни го́стите в хо́ла. (*e*) н: Са́шко оби́ча да пома́га. (*f*) в.

Упражне́ния 1 Поздравя́вам Ви с но́вата ра́бота. Чести́то! Поздравя́вам Ви с но́вия апартаме́нт. Чести́то! Поздравя́вам Ви съ́с сва́тбата. Чести́то! Поздравя́вам Ви с успе́ха. Чести́то! Поздравя́вам Ви с пра́зника. Чести́то! 2 (*a*) Миле́на е пока́нена на о́пера. (*b*) Пока́нен(а) съм на сва́тба. (*c*) Ма́йкъл Джо́нсън е пока́нен на изло́жба. (*d*) Те са пока́нени на па́рти. (*e*) Пока́нени ли сте на кокте́йла? 3 (*a*) Къде́ се обме́ня валу́та? (*b*) Какво́ не се прода́ва на малоле́тни? (*c*) Кога́ се пра́вят резерва́ции? (*d*) Къде́ се оти́ва с то́зи трамва́й? (*e*) Какво́ се ви́жда отту́к? (*f*) Какво́ се ви́жда отту́к? (Singular verb after **какво́**, remember?). 4 Видя́ ли катедра́лата „Свети́ Алекса́ндър Не́вски"? ● Да, видя́х я. — Харе́са ли ти? ● Мно́го ми харе́са. — Разгле́да ли кри́птата? ● Да, разгле́дах и не́я. Пред кри́птата се прода́ваха ико́ни. Ку́пих една́ ма́лка ико́на. — Мо́же ли да я ви́дя? ● Разби́ра се. Е́то я. Харе́сва ли ти? — Аз не разби́рам от ико́ни, но та́зи ми харе́сва. 5 (*a*) Да, ро́зите мно́го ми харе́сват. (*b*) Да, тарато́рът мно́го ми харе́сва. (*c*) Да, ба́ницата мно́го ми харе́сва. (*d*) Да, те́зи цветя́ мно́го ми харе́сват. (*e*) Да, бъ́лгарското ви́но мно́го ми харе́сва. (*f*) Да, пъ́лнените чу́шки мно́го ми харе́сват. (*g*) Да, бонбо́ните мно́го ми харе́сват. (*h*) Да, шо́пската сала́та мно́го ми харе́сва. 6 (*a*) Вче́ра Ма́йкъл Джо́нсън и Никола́й донесо́ха ро́зи за Зла́тка Анто́нова. (*b*) Вче́ра Миле́на донесе́ еди́н уче́бник за Никола́й. (*c*) Вче́ра ни́е донесо́хме брошу́ри от пана́йра в Пло́вдив. (*d*) Вче́ра донесо́хте ли пода́рък за сво́ите

прия́тели? (*e*) Вче́ра Ма́йкъл Джо́нсън донесе́ шокола́д за Са́шко. (*f*) Вче́ра г-н Анто́нов и синъ́т му донесо́ха две бути́лки ви́но от ку́хнята. **Разби́рате ли?** 1 Те празну́ваха в ресто́ра́нт „Берли́н". 2 Е́ли предла́га бонбо́ни на Неве́на по слу́чай сва́тбата. 3 Те се запозна́ха в Бо́ровец ми́налата годи́на. 4 Тя им пожела́ва мно́го ща́стие. 5 Кога́то запо́чват да пи́ят коня́к, Е́ли и Джон ка́зват „Наздра́ве!"

Unit 15

Въпро́си 1 (*a*) Миле́на не и́ска по́в ч кекс, защо́то не ѝ се яде́. (*b*) Тя не се чу́вства добре́. От вче́ра я боли́ стома́хът. (*c*) Пи́е ѝ се вода́./На На́дя ѝ се пи́е вода́. (*d*) Ми́налата годи́на по това́ вре́ме тя и́маше грип с висо́ка температу́ра. (*e*) Чове́к тря́бва да се гри́жи за здра́вето си. 2 (*a*) н: Миле́на не и́ска кекс, защо́то я боли́ стома́хът/и́ма бо́лки в стома́ха. (*b*) н: ке́ксът мно́го ѝ харе́са. (*c*) в. (*d*) н: тя ня́ма хре́ма и ка́шлица. (*e*) в.

Упражне́ния 1 i (*c*); ii (*g*); iii (*e*); iv (*f*); v (*a*); vi (*b*), (*d*), (*e*); vii (*b*), (*d*), (*e*). 2 (*a*) (i) Не, не го боля́т очи́те. (ii) Не, не я боли́ зъб. (iii) Не, не ги боля́т крака́та. (iv) Не, не го боли́ коля́ното. (v) Не, не я боли́ ръка́та. (*b*) (i) Не ми се хо́ди на плаж. (ii) Не ми се пи́е чай. (iii) Не ми се гово́ри бъ́лгарски. (iv) Не ми се у́чи. 3 Какво́ ти е?/Какво́ ти ка́за ле́карят?/Спи ли ти се?/Ску́чно ли ти е?/Не се безпоко́й! Ско́ро ще ти ми́не. 4 Ле́карят ми ка́за, че и́мам (*a*) грип; (*b*) апендиси́т; (*c*) висо́ка температу́ра; (*d*) хре́ма. 5 (*a*) Не можа́ да оти́де, защо́то го боле́ше глава́та. (*b*) Не можа́х да я донеса́, защо́то ме боле́ше кръ́стът. (*c*) Не можа́ха да го разгле́дат, защо́то ги боля́ха крака́та. (*d*) Не можа́хме да го пра́тим, защо́то ня́махме ма́рки. (*e*) Не можа́х да ги ям, защо́то и́мах бо́лки в стома́ха. 6 (*a*) Оти́дох да си купя́ тури́стически обу́вки. (*b*) Оти́дохме да си почи́нем. (*c*) Оти́дох да си купя́ лека́рства. (*d*) Оти́дох да посре́щна дъщеря́ си. (*e*) Оти́дох на ле́кар. (*f*) Оти́дохме да пра́тим писмо́ на роди́телите си. **Разби́рате ли?** 1 Мъжъ́т на г-жа́ Ко́линс не се чу́вства добре́. 2 Той и́ма си́лно

главоболие и все му е студено. 3 Кожата
на г-н Колинс е червена, защото вчера
цял ден беше на плажа. 4 Г-н Колинс
трябваше да сложи шапка. 5 Сега той
трябва да стои на сянка няколко дни.

Unit 16

Въпроси 1 (a) Последния ден в хотела
платихме сметката. (b) Той й подари
един бележник. (c) За г-жа Джонсън
избрахме една сребърна гривна. (d) Да,
дадох го. (e) Той ще ми я прати с факс.
(f) Целия ден говорих на български. 2
(a) в. (b) в. (c) н: Майкъл Джонсън избра
една сребърна гривна за жена си. (d) н:
той не му показа програмата. (e) н: ако
Надя беше на неговото място, тя нямаше
да се безпокои. (f) н: Боян Антонов
разбра това, което искаше да знае.
Упражнения 1 (a) Ако нямахме важна
среща, щяхме да отидем на плаж. (b)
Ако нямах друга работа, щях да отида
на Витоша. (c) Ако нямахме друга
работа, щяхме да отидем на тенис. (d)
Ако нямах важна среща, щях да отида
на гости. (e) Ако нямах друга работа,
щях да отида на ски. 2 Ако имах
приятел в България, щях да му дам
кутия бонбони/календар/кутия английски
чай/плакати/бутилка уиски/книга/кутия
с луксозни пликове. 3 (a) Да, ако бях на
твое място, щях да приема поканата. Не,
ако бях на твое място, нямаше да
приема поканата. (b) Да, ако бях на твое
място, щях да купя цветя. Не, ако бях на
твое място, нямаше да купя цветя. (c)
Да, ако бях на твое място, щях да
изпратя момичето. Не, ако бях на твое
място, нямаше да изпратя момичето. (d)
Да, ако бях на твое място, щях да
донеса подарък. Не, ако бях на твое
място, нямаше да донеса подарък. (e)
Да, ако бях на твое място, щях да
посрещна американеца. Не, ако бях на
твое място, нямаше да посрещна
американеца. 4 (a) Невена даде две
картички от Рилския манастир на Джон
и Ели. Те искаха още, но тя нямаше
повече. (b) Ние дадохме две картички от
Рилския манастир на туристите. Те
искаха още, но ние нямахме повече. (c)
Г-н и г-жа Колинс дадоха две картички

от Рилския манастир на своя приятел.
Той искаше още, но те нямаха повече. 5
(a) още; (b) още; (c) повече; (d) повече; (e)
още; (f) повече; (g) още. 6 *You* Какво
искаше да даде г-жа Антонова на
Майкъл Джонсън? *Your friend* Г-жа
Антонова искаше да даде на Майкъл
Джонсън малък подарък. *You* Какво
разбра тя от него? *Your friend* Тя разбра
от него, че жена му много обича
кристални вази. *You* Къде отиде тя вчера
сутринта? *Your friend* Вчера сутринта тя
отиде в ЦУМ. *You* Какво искаше да
избере? *Your friend* Искаше да избере
най-красивата кристална ваза. *You* Защо
тя не купи кристална ваза? *Your friend* Тя
не купи кристална ваза, защото
кристалните вази бяха ужасно скъпи. *You*
Какво избра г-жа Антонова? *Your friend*
Г-жа Антонова избра една красива пор-
целанова ваза. *You* На кого даде тя
после подаръка за г-жа Джонсън? *Your
friend* После тя даде подаръка за г-жа
Джонсън на Николай. 7 (a) Г-н и г-жа
Колинс питаха къде има магазин за пло-
дове и зеленчуци. (b) Невена попита г-н
Джонсън дали има/има ли/свободно
време. (c) Боян Антонов попита кога
Майкъл Джонсън ще изпрати
програмата. (d) Милена каза, че има
среща в два часа. (e) Марк и Ели казаха,
че ще заминат за Варна на двайсет и
осми май. (f) Шефът каза, че не иска
повече кафе.
Разбирате ли? 1 Майкъл Джонсън ще
изпрати още реклами. 2 Той може да
даде рекламите на Николай. 3 Милена
разбра за чудесната възможност от
Надя. 4 Ако беше на мястото на
Николай, Милена веднага щеше да
приеме. 5 Тя щеше да му ги донесе. 6
Николай предпочита да изпрати Милена.

Unit 17

Въпроси 1 (a) Не, не е болна. (b) Учуден
съм, защото тази сутрин я видях от
трамвая. (c) Когато я видях, Надя
отиваше на работа. (d) Надя не трябваше
да паркира пред болницата. (e) Моторът
спря пред болницата. (f) Казах му, че
колата има повреда. 2 (a) н: полицаят
показваше на Надя знака „Спирането

забране́но". (b) н: На́дя ня́маше предста́ва какво́ му е на мото́ра. (c) в. (d) в. (e) н: не́йният позна́т наме́ри повре́дата ведна́га. (f) н: кола́та ня́маше бензи́н.

Упражне́ния 1 не **рабо́теше** добре́, в **мото́ра**, на **серви́з**, да **ка́ра** кола́та, с трамва́й, **и́маше** неприя́тности, **пред** бо́лницата, **повре́дата**, **тря́бваше**, **спи́рането** е забране́но, **гло́ба**, **и́ма** повре́да, „Спи́рането **забране́но**", позна́т, **кола́та**, ня́маше **бензи́н**. 2 (a) Какво́ пра́веха те? (b) Какво́ пра́веше той? (c) Какво́ пра́веше тя? (d) Какво́ пра́веше той? (e) Какво́ пра́веха те? (f) Какво́ пра́веха те? 3 Това́ ста́на преди́ петна́йсет мину́ти. Аз бях в хоте́ла. Ча́ках такси́. И́маше са́мо еди́н мъж. Той гово́реше по телефо́на. Той стое́ше пред хоте́ла. 4 (a) Преди́ аз рабо́тех в еди́н магази́н. (b) Преди́ две годи́ни аз рабо́тех в музе́я. (c) Преди́ аз рабо́тех като́ сервитьо́р. (сервитьо́рка if you are a woman!) (d) Аз рабо́тех като́ учи́тел(ка) преди́ мно́го годи́ни. (e) Преди́ рабо́тех в ба́нката. 5 (a) (i) и́дваше, (ii) дойде́; (b) (i) ка́зваше, (ii) ка́за; (c) (i) ку́пих. (ii) купу́вах.

Разби́рате ли? 1 Г-жа́ Ко́линс не мо́же да спре ду́ша, защо́то кра́нът е повре́ден. 2 Той гово́реше с една́ жена́ пред вхо́да на Мо́рската гради́на. 3 Пъ́рво кра́нът на ду́ша се развали́. По́сле мъжъ́т й изче́зна. 4 Кога́то го видя́ портие́рът, г-н Ко́линс купу́ваше не́що. 5 Вси́чки зна́еха къде́ е г-н Ко́линс.

Unit 18

Въпро́си 1 (a) Миле́на о́ще не се е обля́кла. (b) Да, прия́телката на Миле́на си е оти́шла. (c) Никола́й предла́га да вечеря́т след представле́нието. (d) Представле́нието не е запо́чнало, защо́то е о́ще ра́но. (e) Никола́й е ста́нал мно́го разся́н. (f) Спо́ред Миле́на Никола́й се е умори́л от мно́го у́чене. 2 (a) в. (b) н: ня́ма да закъсне́ят, защо́то Миле́на ве́че е реши́ла какво́ да облече́. (c) н: Никола́й о́ще не е вечеря́л. (d) в. (e) в. (f) н: на Никола́й ня́ма да му е ску́чно с Миле́на. **Упражне́ния** 1 (a) Запо́чнало ли е представле́нието? (b) О́ще не съм се обля́кла.

(c) Ня́мам предста́ва как съм напра́вил така́ва гре́шка! (d) Какво́ се е слу́чило? (e) Ве́че съм реши́ла какво́ да обле́кà. 2 (a) Не е вя́рно, На́дя е дошла́! (b) Не е вя́рно, На́дя е доне́сла цветя́! (c) Не е вя́рно, На́дя е ку́пила бонбо́ни! (d) Не е вя́рно, На́дя е напра́вила кафе́! 3 (a) Хо́дила ли си в Бо́ровец? (b) Хо́дили ли сте в Бо́ровец? (c) Хо́дили ли сте в Бо́ровец? (d) Хо́дил ли си в Бо́ровец? 4 (a) Забра́вила съм да взе́ма чадъ́р. Ста́нала съм мно́го разся́на! (b) Забра́вил съм да взе́ма фотоапара́т. Ста́нал съм мно́го разся́н! (c) Забра́вили сме да взе́мем пари́. Ста́нали сме мно́го разся́ни! 5 (a) Ня́маше би́ра. Г-н Анто́нов бе́ше забра́вил да ку́пи би́ра. (b) Ня́маше хляб. Г-жа́ Анто́нова бе́ше забра́вила да ку́пи хляб. (c) Ня́маше дома́ти. Г-н и г-жа́ Ко́линс бя́ха забра́вили да ку́пят дома́ти. (d) Ня́маше кафе́. Аз бях забра́вил/а да ку́пя кафе́. 6 (a) Взех фотоапара́та, но сега́ го ня́ма. Си́гурно съм го загу́бил/а. (b) Взех ша́пката, но сега́ я ня́ма. Си́гурно съм я загу́бил/а. (c) Взех сни́мките, но сега́ ги ня́ма. Си́гурно съм ги загу́бил/а. (d) Взех беле́жника, но сега́ го ня́ма. Си́гурно съм го загу́бил/а. (e) Взех кни́гата, но сега́ я ня́ма. Си́гурно съм я загу́бил/а. (f) Взех ве́стника, но сега́ го ня́ма. Си́гурно съм го загу́бил/а.

Разби́рате ли? 1 Джордж о́ще го боли́ глава́та. 2 На не́го му е ску́чно. 3 Тя не му е ка́зала досега́, че на Зла́тни пя́съци и́ма игри́ще за голф. 4 Джордж не е взел сти́ковете си. 5 Джордж е взе́ме сти́кове под на́ем. 6 Францу́зинът от съсе́дната ста́я ве́че е игра́л голф на Зла́тни пя́съци.

Unit 19

Въпро́си 1 (a) Би́знесменът и́ска да смени́ ста́ята си. (b) Конта́ктът за самобръсна́чка не рабо́ти, прозо́рецът е счу́пен и вентила́торът в ба́нята е разва́лен. (c) Ста́ята му е шу́мна, защо́то е то́чно над рестора́нта. (d) Би́знесменът не мо́же да ча́ка, защо́то и́ма ва́жна сре́ща. (e) Дру́гите го́сти на хоте́ла се опла́кват от шума́ на трамва́ите. (f) Той предла́га да го сло́жат в ста́я на дванайсетия етаж. **2** (*a*) н: бизнесменът каза, че не бил доволен от стаята, която са му дали. (*b*) н: прозорецът бил счупен. (*c*) в. (*d*) н: той щял да се върне към шест часа. (*e*) в.

Упражнения 1 Не съм доволен/доволна от: (*a*) цената, (*b*) продавачката, (*c*) сервитьора, (*d*) сервиза, (*e*) храната, (*f*) качеството на снимките, (*g*) обслужването. **2** (*a*) Кафето, което сте ми дали, не ми харесва. (*b*) Супата, която сте ми дали, не ми харесва. (*c*) Виното, което сте ми дали, не ми харесва. (*d*) Салатите, които сте ми дали, не ми харесват. (*e*) Сладоледът, който сте ми дали, не ми харесва. **3** (*a*) Дадох ви ги. Ето ги. (*b*) Дадох ви я. Ето я. (*c*) Дадох Ви го. Ето го. (*d*) Дадох Ви я. Ето я. (*e*) Дадох ви ги. Ето ги. **4** (*a*) Снощи не можах да спя от кафето. (*b*) Снощи не можах да спя от главоболие. (*c*) Снощи не можах да спя от горещина. (*d*) Снощи не можах да спя от комарите. (*e*) Снощи не можах да спя от музиката в ресторанта. **5** Nadya is talking as far as „Имало много хора на панаира.“ Then Nikolai takes over. **6** (*a*) Сватбата била вчера. (*b*) Те празнували в ресторант „Берлин“. (*c*) Те се запознали в Боровец. (*d*) Той дошъл в София на гости на родителите на Ели. (*e*) Сега щели да отидат на море.

Разбирате ли? 1 Надя трябва да предаде на директора, че клиентите не били доволни от тяхната работа. **2** Поръчали 1200 брошури, а получили само 600. Папките имали дефекти, а визитните картички били с лошокачествена хартия. **3** Клиентът се обажда за втори път, за да се извини. **4** Папките и визитните картички били поръчани в друга фирма. **5** Казват, че в тази фирма ставали много грешки.

Unit 20

Въпроси 1 (*a*) Милена показа Централна поща на г-н и г-жа Колинс. (*b*) Г-н и г-жа Колинс биха искали да дойдат в България през зимата. (*c*) Ако имаха възможност, те биха отишли в Боровец. (*d*) Милена би искала г-жа Колинс да помогне на Николай на Хийтроу. (*e*)

Николай би искал Милена да пътува с него. **2** (*a*) н: Николай ще пътува заедно с г-н и г-жа Колинс. (*b*) н: г-н и г-жа Колинс са видяли повечето забележителности около Варна. (*c*) в. (*d*) н: г-н и г-жа Колинс ще пишат на Милена от Англия. (*e*) н: Николай ще прати картичка на Милена от Челмсфорд.

Упражнения 1 (i) (*a*) Ще й се обадя, (*b*) Обадих й се вече, (*c*) Вече й се обадих; (ii) (*a*) Ще му се обадя, (*b*) Обадих му се вече, (*c*) Вече му се обадих; (iii) (*a*) Ще им се обадя, (*b*) Обадих им се вече, (*c*) Вече им се обадих; (iv) (*a*) Ще й се обадя, (*b*) Обадих й се вече, (*c*) Вече й се обадих. **2** (*a*) Бихте ли ми казали Вашия адрес? (*b*) Бихте ли ни се обадили по-късно? (*c*) Бихте ли ни помогнали да намерим пътя за Варна? (*d*) Бихте ли ми дали друга стая? (*e*) Бихте ли ми поръчали такси за десет часа? **3** (*a*) Ще купя/Бих купил, ако намеря нещо хубаво. (*b*) Ще се обадя/Бих се обадил(а), ако имам време. (*c*) Ще дойда/Бих дошъл (дошла), ако се чувствам по-добре. (*d*) Ще участвам/Бих участвал(а), ако имам пари. **4** (*a*) At a conference in Bulgaria. (*b*) At the beginning of the conference. (*c*) Ladies and Gentlemen, Dear Friends. (*d*) From all over the world. (*e*) They are all friends of Bulgaria. (*f*) Sofia. (*g*) He hopes their deliberations will be enjoyable and fruitful.

Разбирате ли? 1 На летището г-н и г-жа Колинс виждат Невена. **2** Невена е на летището, защото тя изпраща Марк Дейвис и жена му. **3** Невена много е разказвала на Марк за г-жа Колинс. **4** Марк щял да пише на г-жа Колинс за една конференция за България. **5** Г-жа Колинс би участвала в конференцията, ако не е заета по същото време. **6** Г-жа Колинс дава на Марк визитната си картичка.

APPENDIX

Pronunciation and spelling

Bulgarian letters are constant and reliable. English letters are fickle. In English, one letter can have many sounds, and the right sound depends on the letters that come before and after it. This makes English spelling and pronunciation very difficult. Compare, for example, *laughter* and *slaughter*, or *bough*, *cough* and *enough*. Bulgarian letters are altogether more trustworthy, and their pronunciation only rarely depends on the company they keep. One letter basically has one sound. So you can usually pronounce Bulgarian correctly by moving logically through the words and combining the sounds of the individual letters as you go. This also makes spelling relatively straightforward.

A few Bulgarian letters do, however, alter their pronunciation depending on the company they keep and also on their position in the word. This particularly affects certain consonants which we can conveniently group in pairs. In each pair one of the letters is 'voiced' (i.e. pronounced with your vocal chords vibrating), and the other is 'voiceless' (i.e. pronounced without using your vocal chords, almost as if whispering). Read these letters aloud, holding your Adam's apple between your thumb and forefinger and you'll see the difference!

Voiced	Voiceless
б	п
в	ф
г	к
д	т
ж	ш
з	с

(Additional pairs are дж/ч and дз/ц. The consonant х, which has no partner, is also voiceless.)

There are two important things to remember:

(a) When a voiced consonant is the last letter in a word, you usually pronounce it as if it were its voiceless partner:

Written		Pronounced
хляб	*bread*	хляп
хубав	*beautiful*	хубаф
Бог	*God*	Бок
млад	*young*	млат
мъж	*man*	мъш
влез!	*come in*	влес!

(Did you notice хубав (хубаф) and млад (млат) when you listened to the alphabet on the cassette? And you will remember how Victoria Collins has to spell her name in Bulgarian: Колинс.) (See p. 10.)

(b) When б, в, г, д, ж or з come before a voiceless consonant, they too become voiceless: автобус (афтобус) *bus*, вкъщи (фкъщи) *at home*, командировка (командирофка) *business trip*, ирландка (ирлантка) *Irishwoman*, дъжд (дъшт) *rain*, изход (исхот) *exit*.

The Bulgarian vowels are all single syllables and pure sounds, unlike the English vowels which begin on one sound and end on another (diphthongs). In Bulgarian, such sounds are formed by placing the vowels а, е, и, о or у before or after the letter й, which is itself not a vowel and fulfils the function of the English 'y' (as in *yes*, *soya* or *York*): хайде! *come on!*; здравей! *hello!*; йод *iodine*.

The letter ь is only found after consonants and in combination with the letter о: шофьор *driver*.

The diphthong йойе is only found after a vowel: фоайе *foyer*, or at the beginning of a word: Йорк *York*.

Numerals

Cardinals

1	едно́ (еди́н, една́)	*23*	два́йсет и три
2	две (два)	*24*	два́йсет и че́тири
3	три	*25*	два́йсет и пет
4	че́тири	*26*	два́йсет и шест
5	пет	*27*	два́йсет и се́дем
6	шест	*28*	два́йсет и о́сем
7	се́дем	*29*	два́йсет и де́вет
8	о́сем	*30*	три́йсет
9	де́вет	*40*	че́тирисет
10	де́сет	*50*	петдесе́т
11	едина́йсет	*60*	шейсе́т
12	двана́йсет	*70*	седемдесе́т
13	трина́йсет	*80*	осемдесе́т
14	четирина́йсет	*90*	деветдесе́т
15	петна́йсет	*100*	сто
16	шестна́йсет	*101*	сто и едно́ (еди́н, една́)
17	седемна́йсет	*110*	сто и де́сет
18	осемна́йсет	*123*	сто два́йсет и три
19	деветна́йсет	*200*	две́ста
20	два́йсет	*300*	три́ста
21	два́йсет и едно́	*400*	че́тиристотин
22	два́йсет и две	*500*	пе́тстотин

1,000	хиля́да	*1,000,000*	еди́н милио́н
2,000	две хи́ляди	*2,000,000*	два милио́на
3,000	три хи́ляди		

Ordinals

1st	пъ́рви	*11th*	едина́йсети
2nd	вто́ри	*21st*	два́йсет и пъ́рви
3rd	тре́ти	*22nd*	два́йсет и вто́ри
4th	четвъ́рти		
5th	пе́ти		
6th	ше́сти		
7th	се́дми		
8th	о́сми		
9th	деве́ти		
10th	десе́ти		

Grammatical terms

1 Prepositions

Spatial prepositions

Location (*Where?*)		Movement (*Where to/from?*, etc.)	
в	*in*	към	*to(wards)*
до	*next to*	о́коло	*(a)round*
зад	*behind*	от	*from; out of*
между	*between*	по	*on; along*
на	*on*	през	*through*
над	*above*	след	*after*
под	*under*		
пред	*in front of*		
срещу́	*opposite*		

Bulgarian prepositions and their English equivalents

без	{	*without*	без прево́дач
		to	Часъ́т е двана́йсет без пет
в (във)	{	*in*	в Пло́вдив
		to	(оти́вам) в ба́нката, в Ме́лник
		at	(рабо́тя) във фи́рма „Прогре́с“, в двана́йсет часа́, в моме́нта
		on	в сря́да
до	{	*next to*	хоте́лът е до ба́нката
		to	(сти́гам) до площа́да, екску́рзия до Ви́тоша
		until	до четвъ́рти ю́ни
		till	до къ́сно
за	{	*for*	писмо́ за Вас, магази́н за плодове́, за две се́дмици, (замина́вам) за А́нглия
		about	(гово́ря) за англича́нката
		to	пъ́тя за Ва́рна
		-	(пи́там) за пъ́тя

към	{	*towards*	(оти́вам) към Мо́рската гради́на
		around	към шест часа́
		-	молба́ към Вас

на	{	*on*	на ка́ртата, на па́ртера, на почи́вка, на у́лица Ра́ковски, на Ви́тоша, на петна́йсети май
		at	на ма́сата, на лети́щето, на светофа́ра
		of	ка́рта на Со́фия, ча́нтата на Джон
		in	на юг; на англи́йски ези́к
		to	(оти́вам) на море́, на о́пера
		for	(да ку́пя) пода́рък на сина́ на Анто́нови

о́коло	{	*around*	о́коло града́
		about	о́коло пет часа́

от	{	*from*	писмо́ от Ло́ндон
		(made) of	су́па от зеленчу́ци
		with	дово́лен съм от хоте́ла
		since	в Со́фия съм от четвъ́рти май
		-	и́мам ну́жда от прево́дач

по	{	*on*	по ра́диото, по телефо́на
		over	по висо́ките планини́
		along	по пъ́тя, по Черномо́рието

под	{	*under*	под ма́сата
		-	(да взе́ма) кола́ под на́ем

преди́	{	*before*	преди́ о́бед
		ago	преди́ две се́дмици

през	{	*through*	през града́
		in/during	през зи́мата, през ме́сец май
		at	през нощта́

проти́в	*against*	проти́в не́го

c (със)	with	среща с него, с удоволствие
	on	(поздравявам) с празника
	-	(да запозная) с г-н Антонов

след	after	след тебе, след работа
	in	след две седмици

у	at	у нас
	with	книгата е у нея

2 Nouns

Gender	Indefinite singular	Indefinite plural	Definite singular	Definite plural
Masculine consonant				
	хотел	хотели	хотелът	хотелите
	вестник	вестници	вестникът	вестниците
	лекар	лекари	лекарят	лекарите
	учител	учители	учителят	учителите
-й	музей	музеи	музеят	музеите
one syllable	ключ	ключове	ключът	ключовете
	NB Plural after numbers: хотела вестника лекаря учителя музея ключа		*NB* Non-subject definite: хотела вестника лекаря учителя музея ключа	
Feminine -а	жена	жени	жената	жените
-я	стая	стаи	стаята	стаите
consonant	вечер	вечери	вечерта	вечерите
	народност	народности	народността	народностите
	нощ	нощи	нощта	нощите
	пролет	пролети	пролетта	пролетите
	сутрин	сутрини	сутринта	сутрините
Neuter -о	писмо	писма	писмото	писмата
-е	кафе	кафета	кафето	кафетата
-ие	списание	списания	списанието	списанията

Some irregular plurals

Masculine	Feminine	Neuter
брат-бра́тя		
бъ́лгарин-бъ́лгари	ръка́-ръце́	дете́-деца́
господи́н-господа́		и́ме-имена́
гост-го́сти		око́-очи́
ден-дни		ухо́-уши́
крак-крака́		
мъж-мъже́		

3 Adjectives and adverbs

	Masculine	Feminine	Neuter	Plural
without loss of vowel **Indefinite**	висо́к син	висо́ка си́ня	висо́ко си́ньо	висо́ки си́ни
Definite	висо́кият си́ният	висо́ката си́нята	висо́кото си́ньото	висо́ките си́ните
with loss of vowel **Indefinite**	добъ́р прия́тен	добра́ прия́тна	добро́ прия́тно	добри́ прия́тни
Definite	добри́ят прия́тният	добра́та прия́тната	добро́то прия́тното	добри́те прия́тните
ending in -ски **Indefinite** **Definite**	бъ́лгарски бъ́лгарският	бъ́лгарска бъ́лгарската	бъ́лгарско бъ́лгарското	бъ́лгарски бъ́лгарските

Comparison of adjectives

добъ́р *good* по́-добъ́р *better* на́й-добъ́р *best*

Comparison of adverbs

бъ́рзо	*quickly*	по́-бъ́рзо	*quicker*	на́й-бъ́рзо	*quickest*
добре́	*well*	по́-добре́	*better*	на́й-добре́	*best*
ма́лко	*little*	по́-ма́лко	*less*	на́й-ма́лко	*least*
мно́го	*much*	по́вече	*more*	на́й-мно́го	*most*

4 Pronouns

Subject form	Object form full	short	Indirect object form full	short
аз	ме́не	ме	на ме́не	ми
ти	те́бе	те	на те́бе	ти
той	не́го	го	на не́го	му
тя	не́я	я	на не́я	й
то	не́го	го	на не́го	му
ни́е	нас	ни	на нас	ни
*ви́е	*вас	*ви	на *вас	*ви
те	тях	ги	на тях	им

*When the polite form for *you* is used referring to a single person, then you must use a capital letter in writing. This also applies to the possessives.

Subject form		Possessive forms Masculine	Feminine	Neuter	Plural
аз	indefinite	мой	мо́я	мо́е	мо́и
	definite	мо́ят	мо́ята	мо́ето	мо́ите
ти	indefinite	твой	тво́я	тво́е	тво́и
	definite	тво́ят	тво́ята	тво́ето	тво́ите
той	indefinite	не́гов	не́гова	не́гово	не́гови
	definite	не́говият	не́говата	не́говото	не́говите
тя	indefinite	не́ин	не́йна	не́йно	не́йни
	definite	не́йният	не́йната	не́йното	не́йните
то	indefinite	не́гов	не́гова	не́гово	не́гови
	definite	не́говият	не́говата	не́говото	не́говите
ни́е	indefinite	наш	на́ша	на́ше	на́ши
	definite	на́шият	на́шата	на́шето	на́шите
ви́е	indefinite	ваш	ва́ша	ва́ше	ва́ши
	definite	ва́шият	ва́шата	ва́шето	ва́шите
те	indefinite	те́хен	тя́хна	тя́хно	те́хни
	definite	те́хният	тя́хната	тя́хното	те́хните
той тя то те	indefinite definite	*own* свой сво́ят	своя́ сво́ята	сво́е сво́ето	сво́и сво́ите

Definiteness and possession

(a) Short forms (noun + definite article + short indirect object pronoun)
(b) Full forms (possessive adjective + definite article + noun)

Singular short	full	Plural short	full
лékарят ми	= мóят лékар	кýфарите ми	= мóите кýфари
стáята ми	= мóята стáя	чáнтите ми	= мóите чáнти
детéто ми	= мóето детé	децáта ми	= мóите децá

Other pronouns

	Persons				Object form	Things
	Subject form Masc.	Fem.	Neuter	Plural		
Demonstrative pronouns	тóзи	тáзи	товá	тéзи		товá
Questions (Interrogative pronouns)	кой какъв	коя каквá	коé каквó	кой какви	когó	каквó
Relative pronouns	кóйто	коя́то	коéто	кóйто	когóто	каквóто
Indefinite pronouns	ня́кой	ня́коя	ня́кое	ня́кои	ня́кого	нéщо
Negative pronouns	никóй	никóя	никóе	никóи	никóго	нищó
Generalising pronouns	всéки	вся́ка	вся́ко	всúчки	всéкиго	всúчко

Other question words and their relative equivalents

защó?	*why?*	защóто	*because*
как?	*how?*	кáкто	*as*
когá?	*when?*	когáто	(the time) *when*
къдé?	*where?*	къдéто	(the place) *where*

5 Verbs

съм *to be*

Present	Future	
	Positive	**Negative**
аз съм	ще съм/бъда	няма да съм/бъда
ти си	ще си/бъдеш	няма да си/бъдеш
той тя } е то	ще е/бъде	няма да е/бъде
ние сме	ще сме/бъдем	няма да сме/бъдем
вие сте	ще сте/бъдете	няма да сте/бъдете
те са	ще са/бъдат	няма да са/бъдат

Past	Past Perfect
аз бях	бил съм/била́ съм/било́ съм
ти бе́ше	бил си/била́ си/било́ си
той тя } бе́ше то	бил е била́ е било́ е
ние бя́хме	били́ сме
вие бя́хте	били́ сте
те бя́ха	били́ са

Future in the Past

Positive	Negative
аз щях да съм/бъда	ня́маше да съм/бъда
ти ще́ше да си/бъдеш	ня́маше да си/бъдеш
той тя } ще́ше да е/бъде то	ня́маше да е/бъде
ние щя́хме да сме/бъдем	ня́маше да сме/бъдем
вие шя́хте да сте/бъдете	ня́маше да сте/бъдете
те щя́ха да са/бъдат	ня́маше да са/бъдат

Present tense

e-pattern (1st conjugation)	и-pattern (2nd conjugation)	a-pattern (3rd conjugation)
аз пи́ша	рабо́тя	и́мам
ти пи́шеш	рабо́тиш	и́маш
той тя } пи́ше то	рабо́ти	и́ма

ние	пи́шем	рабо́тим	и́маме
ви́е	пи́шете	рабо́тите	и́мате
те	пи́шат	рабо́тят	и́мат

Imperative (commands)

	Positive (Perfective and imperfective)		Negative (Imperfective)	
	Singular	**Plural**	**Singular**	**Plural**
e-pattern			**a-pattern**	
(да) се́дна	седни́! *sit down*	седне́те!	не ся́дай недей да ся́даш	не ся́дайте недейте да ся́дате
и-pattern				
платя́	плати́! *pay*	плате́те!	не пла́щай! недей да пла́щаш	не пла́щайте! недейте да пла́щате
a-pattern				
ча́кам	ча́кай! *wait*	ча́кайте!	не ча́кай! недей да ча́каш	не ча́кайте! недейте да ча́кате
verbs with two vowels				
пи́я	пий! *drink*	пи́йте!	не пий! недей да пи́еш	не пи́йте! недейте да пи́ете
Irregular				
(да) ви́дя	виж! *look*	ви́жте!	не гле́дай! недей да гле́даш	не гле́дайте! недейте да гле́дате
(да) вля́за	влез *go/come in*	вле́зте!	не вли́зай! недей да вли́заш	не вли́зайте! недейте да вли́зате
(да) до́йда	ела́! *come*	ела́те!	не и́двай! недей да и́дваш	не и́двайте! недейте да и́двате
(да) държа́	дръж! *hold*	дръ́жте!	не дръж! недей да държи́ш	не дръ́жте! недейте да държи́те
(да) изля́за	изле́з! *go out*	изле́зте!	не изли́зай! недей да изли́заш	не изли́зайте! недейте да изли́зате
(да) оти́да	иди́! *go*	иде́те!	не оти́вай! недей да оти́ваш	не оти́вайте! недейте да оти́вате
(да) ям	яж! *eat*	я́жте!	не яж! недей да яде́ш	не я́жте! недейте да яде́те

Past tense (personal endings*)

Past					Past imperfect			
аз	-ах	-ях**	-их	-ох	-ех	-ах	-ях	-я́х
ти	-а	-я	-и	-е	-еше	-аше	-яше	-е́ше
той								
тя }	-а	-я	-и	-е	-еше	-аше	-яше	-е́ше
то								
ние	-ахме	-яхме	-ихме	-охме	-ехме	-ахме	-яхме	-я́хме
вие	-ахте	-яхте	-ихте	-охте	-ехте	-ахте	-яхте	-я́хте
те	-аха	-яха	-иха	-оха	-еха	-аха	-яха	-я́ха

*for the main conjugation patterns in the past see Verb Tables 1 and 2
**with and without stress

Table 1: Ordinary past tense

Main patterns of the ordinary past tense + past participles derived from them (Mostly perfective – see Aspect, Table 6; imperfective verbs in the table are indicated with*)

1 Verbs ending in two vowels.
2 Verbs with **д/т**, **з/с** and **к** before the ending.
3 Verbs with **-на** before the ending.
4 Verbs with **ш** or **ж** before the ending change them to **с** and **з** in the past.
5 Verbs with **-бер-/-пер-** lose the **е** in the past.
6 Irregular verbs.
7 Verbs *without* stress on the final syllable in the past.
8 Verbs *with* stress on the final syllable in the past.

Present	Past	Past participle			
		Masculine	**Feminine**	**Neuter**	**Plural**
e-pattern					
1 *живея *live*	живях	живял	живяла	живяло	живели
*пия *drink*	пих	пил	пила	пило	пили
2 вляза *go in*	влязох	влязъл	вляза	влязо	влезли
дам *give*	дадох	дал	дала	дало	дали
донеса *bring*	донесох	донесъл	донесла	донесло	донесли
отида *go*	отидох	отишъл	отишла	отишло	отишли
облека *get dressed*	облякох	облякъл	облякла	облякло	облекли
3 започна *begin*	започнах	започнал	започнала	започнало	започнали
4 *пиша *write*	писах	писал	писала	писало	писали
кажа *say*	казах	казал	казала	казало	казали
5 разбера *understand*	разбрах	разбрал	разбрала	разбрало	разбрали
6 взема *take*	взех	взел	взела	взело	взели
*мога *can*	можах	могъл	могла	могло	могли
спра *stop*	спрях	спрял	спряла	спряло	спрели
и-pattern					
7 *работя *work*	работих	работил	работила	работило	работили
*уча *study*	учих	учил	учила	учило	учили
8 видя *see*	видях	видял	видяла	видяло	видели
*стоя *stand*	стоях	стоял	стояла	стояло	стоели
a-pattern					
*вечерям *have supper*	вечерях	вечерял	вечеряла	вечеряло	вечеряли
*казвам *say*	казвах	казвал	казвала	казвало	казвали

Table 2: Past imperfect

Main patterns of past imperfect + past participles derived from them.

The past imperfect endings depend on stress and not on the conjugation pattern (see Past endings above). Table 2 contains all the imperfective (starred) verbs from Table 1 together with the imperfective twins of the perfective verbs found there. Here the verbs are organised differently, for the conjugation patterns of the perfective and imperfective twins are often not the same. Most imperfectives, you will see, are 3rd conjugation.

Present	Past imperfect	Past participle			
		Masculine	Feminine	Neuter	Plural
e-pattern					
живе́я live	живе́ех	живе́ел	живе́ела	живе́ело	живе́ели
пи́ша write	пи́шех	пи́шел	пи́шела	пи́шело	пи́шели
пи́я drink	пи́ех	пи́ел	пи́ела	пи́ело	пи́ели
мо́га can	мо́жех	мо́жел	мо́жела	мо́жело	мо́жели
и-pattern					
но́ся carry	но́сех	но́сел	но́села	но́село	но́сели
рабо́тя work	рабо́тех	рабо́тел	рабо́тела	рабо́тело	рабо́тели
у́ча study	у́чех	у́чел	у́чела	у́чело	у́чели
стоя́ stand	стоя́х	стоя́л	стоя́ла	стоя́ло	стое́ли
a-pattern					
взи́мам take	взи́мах	взи́мал	взи́мала	взи́мало	взи́мали
ви́ждам see	ви́ждах	ви́ждал	ви́ждала	ви́ждало	ви́ждали
вли́зам go in	вли́зах	вли́зал	вли́зала	вли́зало	вли́зали
да́вам give	да́вах	да́вал	да́вала	да́вало	да́вали
запо́чвам begin	запо́чвах	запо́чвал	запо́чвала	запо́чвало	запо́чвали
и́мам have	и́мах	и́мал	и́мала	и́мало	и́мали
ка́звам say	ка́звах	ка́звал	ка́звала	ка́звало	ка́звали
обли́чам get dressed	обли́чах	обли́чал	обли́чала	обли́чало	обли́чали
оти́вам go	оти́вах	оти́вал	оти́вала	оти́вало	оти́вали
разби́рам understand	разби́рах	разби́рал	разби́рала	разби́рало	разби́рали
спи́рам stop	спи́рах	спи́рал	спи́рала	спи́рало	спи́рали
вече́рям have supper	вече́рях	вече́рял	вече́ряла	вече́ряло	вече́ряли

Table 3: Tense forms with the past participle

Present Perfect *(I have had supper)*	Past Perfect *(I had had supper)*	Conditional *(I would have had supper, if...)*
аз съм вечéрял(а)	бях вечéрял(а)	бих вечéрял(а), акó...
ти си вечéрял(а)	бéше вечéрял(а)	би вечéрял(а), акó...
той е вечéрял	бéше вечéрял	би вечéрял, акó...
тя е вечéряла	бéше вечéряла	би вечéряла, акó...
то е вечéряло	бéше вечéряло	би вечéряло, акó...
нíе сме вечéряли	бяхме вечéряли	бíхме вечéряли, акó...
вíе сте вечéряли	бяхте вечéряли	бíхте вечéряли, акó...
те са вечéряли	бяха вечéряли	бíха вечéряли, акó...

Table 4: Renarrated forms (3rd person only)

Tenses	Statements	Renarrated forms Кáзват, че... *(They say that...)*
Present	той пи́ше тя пи́ше то пи́ше те пи́шат	той пи́шел* тя пи́шела то пи́шело те пи́шели
Past Imperfect	той пи́шеше тя пи́шеше то пи́шеше те пи́шеха	
Past	той пи́са тя пи́са то пи́са те пи́саха	той пи́сал** тя пи́сала то пи́сало те пи́сали
Future	той ще пи́ше тя ще пи́ше то ще пи́ше те ще пи́шат	той щял да пи́ше (ня́мало да пи́ше) тя щя́ла да пи́ше (ня́мало да пи́ше) то щя́ло да пи́ше (ня́мало да пи́ше) те ще́ли да пи́шат) (ня́мало да пи́шат)

* see **Table 2** for past participles (mainly imperfective)
see **Table 1 for past participles (mainly perfective)

Table 5: Passive participles (perfective)

Endings & verb group (Present)	Past form	Passive participle			
		Masculine	**Feminine**	**Neuter**	**Plural**
-ен **и**-pattern **e**-pattern verbs with:	затво́рих	затво́рен (*closed*)	затво́рена	затво́рено	затво́рени
т/д	да́дох	да́ден (*given*)	да́дена	да́дено	да́дени
с/з	доне́сох	доне́сен (*brought*)	доне́сена	доне́сено	доне́сени
к	обля́кох*	обле́чен (*dressed*)	обле́чена	обле́чено	обле́чени
-ан **a**-pattern **e**-pattern verbs with:	заплану́вах	заплану́ван (*planned*)	заплану́вана	заплану́вано	заплану́вани
-ая	игра́х	игра́н (*played*)	игра́на	игра́но	игра́ни
ш/ж	пи́сах	пи́сан (*written*)	пи́сана	пи́сано	пи́сани
	ка́зах	ка́зан (*said*)	ка́зана	ка́зано	ка́зани
-бер/пер	разбра́х	разбра́н (*understood*)	разбра́на	разбра́но	разбра́ни
-ян **e**-pattern verbs with:					
-ея **и**-pattern verbs with: stressed ending	живя́х	живя́н (*lived*)	живя́на	живя́но	живе́ни
	видя́х	видя́н (*seen*)	видя́на	видя́но	виде́ни
-т **e**-pattern verbs in:					
-ия, -ея	изпи́х	изпи́т (*drunk*)	изпи́та	изпи́то	изпи́ти
	изпя́х	изпя́т (*sung*)	изпя́та	изпя́то	изпя́ти
-на-	запо́чнах	запо́чнат (*begun*)	запо́чната	запо́чнато	запо́чнати
-ема	взех	взет (*taken*)	взе́та	взе́то	взе́ти

*2nd person **ти обле́че**

Passive forms

Reflexive

Вентила́торът се развали́.   *The fan broke down.*
Тарато́рът се серви́ра студе́н. *Tarator is served cold.*
Биле́тите се прода́доха   *The tickets sold out quickly.*
бъ́рзо.

Resultative

Вентила́торът е развале́н.   *The fan is broken.*
Тарато́рът е серви́ран.   *The tarator has been served.*
Биле́тите се прода́дени.   *The tickets have been sold.*

Table 6: Aspect – twin verbs

This is a list of the most obvious pairs of verbs you will find in the book. Not all of the verbs have been used in both aspects.

	Imperfective	Perfective
accompany	придружа́вам	(да) придружа́
answer	отгова́рям	(да) отгово́ря
apologise	извиня́вам се	(да) се извиня́
arrange	наре́ждам	(да) наредя́
arrive	присти́гам	(да) присти́гна
ask	пи́там	(да) попи́там
begin	запо́чвам	(да) запо́чна
be happy	ра́двам се	(да) се зара́двам
be late	закъсня́вам	(да) закъсне́я
be sorry	съжаля́вам	(да) съжаля́
break	счу́пвам	(да) счу́пя
break down	разва́лям се	(да) се разваля́
bring	дона́сям	(да) донеса́
buy	купу́вам	(да) ку́пя
change	сме́ням	(да) сменя́
choose	избира́м	(да) избера́
close	затва́рям	(да) затво́ря
come	и́двам	(да) до́йда
compel	нака́рвам	(да) нака́рам
complain	опла́квам се	(да) се опла́ча
congratulate	поздравя́вам	(да) поздравя́
cross	преси́чам	(да) пресека́
decide	реша́вам	(да) реша́

	Imperfective	**Perfective**
die	умѝрам	(да) умра́
dress	облѝчам се	(да) се облека́
drink	пѝя	(да) изпѝя
eat	ям	(да) изя́м
enter	влѝзам	(да) вля́за
explain	обясня́вам	(да) обясня́
fall	па́дам	(да) па́дна
find	намѝрам	(да) наме́ря
finish	завъ́ршвам	(да) завъ́рша
forget	забра́вям	(да) забра́вя
get up	ста́вам	(да) ста́на
give	да́вам	(да) дам
go	отѝвам	(да) отѝда
go for a walk	разхо́ждам се	(да) се разхо́дя
go out	излѝзам	(да) изля́за
hear	чу́вам	(да) чу́я
help	пома́гам	(да) помо́гна
hurt	болѝ (*it*-form)	(да) заболѝ
invite	ка́ня	(да) пока́ня
invite	пока́нвам	(да) пока́ня
keep	па́зя	(да) запа́зя
learn	у́ча	(да) нау́ча
leave	замина́вам	(да) замѝна
leave a message	преда́вам	(да) преда́м
leave behind	оста́вям	(да) оста́вя
like	харе́свам	(да) харе́сам
look after	грѝжа се	(да) се погрѝжа
look at/around	разгле́ждам	(да) разгле́дам
lose	гу́бя	(да) загу́бя
make	пра́вя	(да) напра́вя
meet	посре́щам	(да) посре́щна
mend	попра́вям	(да) попра́вя
order	поръ́чвам	(да) поръ́чам
pay	пла́щам	(да) платя́
prefer	предпочѝтам	(да) предпочета́
put	сла́гам	(да) сло́жа
reach	стѝгам	(да) стѝгна
receive	получа́вам	(да) полу́ча

	Imperfective	**Perfective**
recommend	препоръчвам	(да) препоръчам
recover	оправям се	(да) се оправя
remember	запомням	(да) запомня
remember	помня	(да) запомня
remember	спомням си	(да) си спомня
rent	наемам	(да) наема
reserve	запазвам	(да) запазя
rest	почивам си	(да) си почина
return	връщам се	(да) се върна
ring	обаждам се	(да) се обадя
say	казвам	(да) кажа
see	виждам	(да) видя
sell	продавам	(да) продам
send	пращам	(да) пратя
send; to see off	изпращам	(да) изпратя
set off	тръгвам	(да) тръгна
show	показвам	(да) покажа
sing	пея	(да) изпея
sit	сядам	(да) седна
spend (time)	прекарвам	(да) прекарам
stop	спирам	(да) спра
suggest	предлагам	(да) предложа
take	взимам	(да) взема
tell	разказвам	(да) разкажа
throw	хвърлям	(да) хвърля
translate	превеждам	(да) преведа
try	опитвам	(да) опитам
touch	пипам	(да) пипна
turn	завивам	(да) завия
understand	разбирам	(да) разбера
wait	чакам	(да) почакам
wish	пожелавам	(да) пожелая
write	пиша	(да) напиша

6 Word order

(a) With subject noun or pronoun

Subject	Negative	Unstressed (pronoun, *to be*, reflexive)		Main part of verb phrase	Object(s)
Аз	(не)			познáвам	Ивáн
Аз	(не)	го		познáвам	
Ние	(не)	се		познáваме	
Ивáн	(не)	е		добрé	
Ние	(не)	сме		англичáни	
Кафéто	(не)	ми		харéсва	
Нáдя	(не)			дáде	чáнтата на Ивáн
Тя	(не)	я		дáде	на Ивáн
Тя	(не)	му		дáде	чáнтата
Тя	(не)	му	я	дáде	
Нáдя	(не)	се		обáди	на Николáй
Тя	(не)	му	се	обáди	
Аз	(не)	съм		напрáвила	кафé
Аз	(не)	съм	го	напрáвила	
Ти	(не)	си	го	напрáвил	
Той	(не)	*го	е	напрáвил	
Тя	(не)	*го	е	напрáвила	
Ние	(не)	сме	го	напрáвили	
Вие	(не)	сте	го	напрáвили	
Те	(не)	са	го	напрáвили	
Аз	(не)	съм	се	облякъл	
Ти	(не)	си	се	облякъл	
Той	(не)	*се	е	облякъл	
Тя	(не)	*се	е	облякла	
Ние	(не)	сме	се	облéкли	
Вие	(не)	сте	се	облéкли	
Те	(не)	са	се	облéкли	

*Note that *to be* changes places in the 3rd person singular

(b) Without subject noun or pronoun

Other	Negative	Unstressed (pronouns, *to be*, reflexive)	Main part of verb phrase	Unstressed (pronouns, *to be*, reflexive)	Object
	(Не)		Познавам		Иван
			Познавам	го	
	Не	го	познавам		
			Познаваме	се	
	Не	се	познаваме		
		е	Добре	е	
	Не	е	добре		
Много			добре		
			Англичани	сме	
	Не	сме	англичани		
		ми	Харесва	ми	
	Не	ми	харесва		
Много			харесва		
		ми е	Приятно	ми е	
	Не	ми е	приятно		
Много		ми е	приятно		
На мене	(не)	ми е	приятно		
			Даде		чантата на Иван
			Даде	му	чантата
			Даде	му я	
	Не	му я	даде		
	Не	се	Обадих	се	на Иван
	Не	й се	обадих		на Надя
Вчера		се	обадих		на Иван
Вчера	(не)	му се	обадих		
		съм	Направила	съм	кафе
	Не	съм	направила		кафе
Вече		съм го	направила		
		съм се	Облякъл	съм	се
	Не	съм се	облякъл		
Вече		съм се	облякъл		

BULGARIAN–ENGLISH
VOCABULARY

In the vocabulary you should be able to find all the words used in this book with the meanings they have in the book. Occasionally, when a word has another very common meaning not used in the book, you will find the additional meaning.

The words are listed in a way that will be useful to you. The verbs, for example, show the *I*-form followed by the final three letters of the *you*-singular form. (Occasionally, with very short verbs, we have given the full *you*-singular form.) All perfective verbs are preceded by (да). Where nouns have awkward plurals, the abbreviation (pl) is used and you will find either the last few letters — usually the last three — or the full plural form. The adjectives are listed in the masculine singular, but where the feminine, neuter and plural forms lose the letter **e**, we give you the last three letters of the feminine form too. Where a word has an odd gender, feminine nouns ending in consonants, for example, we give you the gender. The letter (f) means the word is feminine; the letter (n) that it is neuter.

Phrases are shown either under the most important word or according to the first word in the phrase.

There are words you will find in the Appendix rather than in the Vocabulary. You should look for most of the numerals, for example, and the different verb and pronoun forms, in the Appendix. The Appendix is really an addition to the Vocabulary, so use the two together.

a *but*
абонамéнт *subscription*
áвгуст *August*
авиокомпáния *airline*
автобýс *bus*
агéнция *agency*
администрáтор(ка) *receptionist*
адрéс *address*
аз *I*
акó *if*
алкохóл *alcohol*
áло *hello* (on the phone)
Амéрика *America*
америкáнец (pl) **-нци** *an American*
америкáнка *American woman*
америкáнски *American*
амú сегá *and now what*
амфитеáтър *amphitheatre*
англúйски *English*
англичáнин (pl) **-áни** *Englishman*
англичáнка *English woman*

Áнглия *England*
антибиóтик *antibiotics*
апартамéнт *flat*
апендисúт *apendicitis*
апрúл *April*
аптéка *chemist's shop*
асансьóр *lift*
аспирúн *aspirin*
а-хá *a-ha*

бáба *grandmother*
бáвно *slowly*
багáж *luggage*
багáжник (pl) **-ици** *boot/trunk*
балкáнски *Balkan* (adj)
банáн *banana*
бáница *cheese pasty*
бáничка *cheese roll*
бáнка *bank*
бáня *bathroom*
бар *bar*
бащá *father*

ба́щино и́ме *patronymic*
без *without; less; to*
безпокоя́, -о́иш се *to worry, trouble; be anxious*
беле́жка *note*
беле́жник (pl) **-ици** *diary*
бензи́н *petrol*
бензиноста́нция *petrol station*
би́знес *business*
би́знесмен *businessman*
биле́т *ticket*
би́лка *herb*
би́лков (made with) *herb(s)*
би́ра *beer*
би́ра-ска́ра *beer and grill*
благодаря́ *thank you*
благодаря́, -ри́ш *to thank*
бли́зо *near*
блок *block*
Бог *God*
(сла́ва) бо́гу *thank heavens*
бо́лен, -лна *ill*
боли́ (it-form) *it hurts*
бо́лка *pain*
бо́лница *hospital*
бонбо́н (chocolate) *sweet*
брат (pl) **бра́тя** *brother*
брой (pl) **бро́еве** *number; copy*
брошу́ра *brochure*
буке́т *bunch*
булева́рд *boulevard*
Бурга́с *Bourgas*
бути́лка *bottle*
бутни́ *push*
бъ́деще *future*
бъ́лгарин (pl) **бъ́лгари** *a Bulgarian*
Бъ́лгария *Bulgaria*
бъ́лгарка *Bulgarian woman*
бъ́лгарски *Bulgarian*
бъ́рзам, -заш *to be in a hurry*
бъ́рзо *quickly, fast*
бюро́ *agency, office*
бял (pl) **бе́ли** *white*

в/във *in; at; to; on*
в ремо́нт *under repair, reconstruction*
в такъ́в слу́чай *in that case*
ва́жен, -жна *important*
ва́жно (е) *(it's) important*
ва́за *vase*
вали́ *it's raining*
валу́та *hard currency*
ва́рненски *Varna* (adj)

ваш, Ваш *your(s)*
вдя́сно *on the right*
вегетариа́нски *vegetarian*
ведна́га *immediately*
веднъ́ж *once*
вентила́тор *extractor fan*
ве́сел *merry, happy*
ве́стник (pl) **-ици** *newspaper*
ветрови́то *windy*
ве́че *already*
ве́чер (f) *evening*
вечерта́ *in the evening*
вече́ря *dinner, supper*
вече́рям, -ряш *to have supper*
(да) взе́ма, -меш *to take*
взи́мам, -маш *to take*
(да) ви́дя, -диш *to see*
ви́е (or) **Ви́е** *you*
Вие́на *Vienna*
ви́ждам, -даш *to see*
ви́за *visa*
визи́тна ка́ртичка *visiting card*
ви́лица *fork*
вина́ *fault*
ви́наги *always*
ви́но *wine*
висо́к *high, tall*
вку́сен, -сна *nice* (to eat), *delicious*
вкъ́щи *at home/(go) home*
вла́жен, -жна *damp*
вли́зам, -заш *to go in*
вля́во *on the left*
(да) вля́за, вле́зеш *to go in*
вме́сто *instead of*
внима́вам, -ваш *to watch out*
внима́ние! *danger!; attention*
вода́ *water*
во́дка *vodka*
врата́ *door*
вре́ме (pl) **времена́** *time*
вре́ме *weather*
все *all the time*
все едно́ *all the same*
все́ки, вся́ка *each*
вси́чки *everybody*
вси́чко *all*
вто́рник *Tuesday*
вход *entrance*
вче́ра *yesterday*
въ́здух *air*
възмо́жно (е) *(it's) possible*
възмо́жност (f) *possibility*
въпро́с *question*

върви́, -ви́ш *to walk*
(да) въ́рна, -неш *to return, give back*
(да) се въ́рна, -неш *to return, go back*
върху́ *on top of*
вя́рвам, -ваш *to believe*
вя́рно (е) *(it's) true*
вя́тър (pl) ветрове́ *wind*

гази́рана вода́ *soda-water*
гале́рия *gallery*
га́ра *railway station*
гара́ж *garage*
гардеро́б *cloakroom; wardrobe*
гастри́т *gastritis*
г-жа́ = госпожа́ *Mrs*
гише́ *counter,* (booking office) *window*
глава́ *head*
главобо́лие *headache*
Гла́згоу *Glasgow*
гла́ден, -дна *hungry*
гле́дам, -даш *to look*
гло́ба *fine*
глу́пости! (pl) *nonsense!*
г-н = господи́н *Mr*
гово́ря, -риш *to speak, talk*
годи́на *year*
големина́ *size*
голф *golf*
голя́м (pl) голе́ми *big*
го́ре-до́лу *so-so*
горещина́ *heat*
горе́що (е) *(it's) hot*
господи́н (pl) -да́ *Mr*
госпожа́ *Mrs*
госпо́жица *Miss*
гост (pl) го́сти *guest, resident*
гото́в *ready*
гото́во (е) *(it's) ready*
град (pl) градове́ *town, city*
гради́на *garden, park*
гра́дус *degree*
градче́ *little town*
гра́жданин (pl) -ани *citizen*
гра́жданство *citizenship*
грам *gram*
грама́тика *grammar*
гра́ница *border*
гре́шка *mistake*
гри́вна *bracelet*
гри́жа, -жиш се *to look after, worry about*
грип *flu*
гро́зде *grapes*

гро́здов (made with) *grapes*
гру́па *group*
гъ́рло *throat*
Гъ́рция *Greece*

да *yes; to*
да́вам, -ваш *to give*
да́же *even*
дале́че *far*
дали́ *whether, if*
(да) дам, даде́ш *to give*
да́ми и господа́ *ladies and gentlemen*
да́мски *women's*
да́та *date*
два́ма (ду́ши) *two (people)*
дворе́ц (pl) дворци́ *palace*
деке́мври *December*
делега́ция *delegation*
ден, деня́т (pl) дни *day*
дете́ (pl) деца́ *child*
дефе́кт *defect, flaw*
джин *gin*
джи́нси (pl) *jeans*
джоб *pocket*
диало́г (pl) диало́зи *dialogue*
дие́та *diet*
дире́ктор *director*
дискоте́ка *disco*
днес *today*
до *next to; until, till; to*
до на́шата е́ра *BC*
добре́ *well; OK, fine*
добре́ дошъ́л, -шла́, -шли́! *welcome!*
добре́ зава́рил! Lit. *well met!* (response to добре́ дошъ́л!)
до́бър, -бра́ *good*
до́бър ден! *good morning/afternoon!*
до́бър пъ́т! *have a good/safe journey!*
дови́ждане! *good-bye!*
дово́лен, -лна (от) *happy* (with)
(да) до́йда, -деш *to come*
докато́ *while*
до́ктор *doctor*
докуме́нт *document; paper*
домаки́н *host*
домаки́ня *hostess, lady of the house*
дома́т *tomato*
(да) донеса́, -се́ш *to bring*
дори́ *even*
досега́ *until now*
до́ста *quite, pretty (very)*
дочу́ване *goodbye (on the phone)*
дошъ́л: добре́ дошъ́л! *welcome!*

друг *another; other*
друго? *anything else?*
дръпни *pull*
дума *word*
Дунав *Danube*
(двама) души *two people*
душ *shower*
дъжд (pl) дъждове *rain*
дъждовно (е) *(it's) rainy*
дълъг, дълга *long*
държа, -жиш *to hold*
дъщеря *daughter*

е *well; really*
Европа *Europe*
евтин *cheap*
език (pl) езици *language, tongue*
екскурзия *outing, excursion*
екскурзовод *guide*
есен (f) *autumn*
еспресо *espresso*
етаж *floor*
ето *here is*

жалко *it's a pity*
жена *woman; wife*
женен *married*
жени *ladies (toilet)*
живея, -ееш *to live*
живот *life*
жираф *giraffe*
жироскоп *gyroscope*
журналист *journalist*

за *for; to; at; about*
за да *(in order) to*
забавен, -вна *amusing*
забавно (е) *(it's) fun, amusing*
забележителност (f) *sight, tourist attraction*
(да) заболи *(it-form) begins to hurt*
(да) забравя, -виш *to forget*
забранено *prohibited*
(да) завия, -иеш *to turn*
загубен *lost*
(да) загубя, -биш *to lose*
зад *behind*
заедно *together*
заèт *busy, engaged*
закусвалня *snack-bar*
закуска *breakfast*
закъснение *delay*
(да) закъснея, -ееш *to be late*
закъснявам, -ваш *to be late*

зала *hall*
(да) замина, -неш *to leave*
заминавам, -ваш *to leave*
заминаване *departure*
заминаващ за *leaving for, travelling to*
(на) запад *(to the) west*
запазен *reserved; preserved*
(да) запазя, -зиш *to reserve, book*
(да) запали *(it-form) to start (car)*
(да) запланувам, -ваш *to plan*
запланован *planned*
заповядай(те)! *here you are, there you go; welcome*
запознавам, -ваш се *to get to know one another*
запознайте се! *meet …*
(да) запозная, -аеш *to introduce*
(да) се запозная, -аеш *to get to know one another*
запомнете! *remember!*
(да) запомня, -ниш *to remember*
започвам, -ваш *to begin*
(да) започна, -неш *to begin*
(да) се зарадвам, -ваш *to be pleased*
(да) се засмея, -ееш *to begin to laugh*
затварям, -ряш *to close*
затворен *closed*
(да) затворя, -риш *to close*
затова *that's why*
захар (f) *sugar*
защо *why*
защото *because*
здраве *health*
здравей(те)! *hello!*
зеленчук (pl) -ỳци *vegetable*
зеленчуков *(made with) vegetable(s)*
зима *winter*
Златни пясъци *Golden Sands*
зле *poorly*
знак (pl) знаци *sign*
значение *significance, meaning*
значи *so, that means, that is to say*
зная, -аеш *to know*
зъб (pl) зъби *tooth*
зъболекар (ка) *dentist*

и *and, too, as well*
играя, -аеш *to play*
игрище за голф *golf course*
идвам, -ваш *to come*
идея *idea*
(да) избера, -реш *to choose*
избирам, -раш *to choose*

извинéте! *excuse me!*
(да) се извиня́, -ни́ш *to apologise*
извиня́вайте! *excuse/forgive me!*
и́зглед *view*
изгле́ждам, -даш *to look*
изгóден, -дна *favourable*
изключи́телен, -лна *exceptional*
изли́зам, -заш *to go out, leave*
изло́жба *exhibition*
(да) изля́за, -ле́зеш *to go out, leave*
изнена́да *surprise*
изобщо *at all*
изобщо не е … *it's not at all …*
(да) изпéя, -éеш *to sing*
(да) изпи́я, -и́еш *to drink*
(да) изпра́тя, -тиш *to accompany, to see off; to send*
изпра́щам, -щаш *to accompany, to see off; to send*
(на) и́зток *(to the) east*
и́зточен, -чна *(from/to the) east*
и́зход *exit; gate*
(да) изчéзна, -неш *to disappear*
икóна *icon*
или́ *or*
и́ма *(it-form) there is, are*
и́мам, -маш *to have*
и́ме (pl) именá *name*
интерéсен, -сна *interesting*
информа́ция *information (desk)*
ирла́ндец (pl) -дци *Irishman*
Ирла́ндия *Ireland*
ирла́ндка *Irishwoman*
и́скам, -каш *to want*
испа́нец (pl) -нци *Spaniard*
испа́нка *Spanish woman*
испа́нски *Spanish*
Истанбу́л *Istanbul*
истóрия *history*
италиа́нец (pl) -нци *an Italian*
италиа́нка *Italian woman*
италиа́нски *Italian*

йод *iodine*

(да) ка́жа, -жеш *to say*
ка́звам, -ваш *to say*
ка́звам, -ваш се *my (your) name is*
кажéтé? *can I help you?*
как *how*
каквó *what*
ка́кто *as*
какъ́в, каква́ *what (kind of)*
календа́р *calendar*

камериéрка *chamber maid*
ка́рам, -раш *to drive*
ка́рам, -раш ски *to ski*
ка́рта *map; card*
(бóрдна) ка́рта *boarding card/pass*
ка́ртичка *(post) card*
ка́са *check-out; ticket-office; till*
касиéрка *cashier, check-out operator*
катедра́ла *cathedral*
катó *as; when; like*
кафé *coffee; café*
ка́чество *quality*
кашкава́л *(yellow) cheese*
ка́шлица *cough*
кашóн *cardboard box*
кеба́пче *'kebapche' sausage*
кекс *(sponge) cake*
кили́м *carpet, rug*
килогра́м *kilogram*
ки́село мля́ко *yoghurt*
ки́фла *bun*
класи́чески *classical*
клиéнт(ка) *customer*
ключ *key*
кни́га *book*
когá(то) *when*
кóжа *skin*
козмéтика *cosmetics*
кой, коя́, коé, кои́ *who*
кóйто, коя́то, коéто, кои́то *(the one) who*
Кóка-Кóла *Coca-Cola*
коктéйл *cocktail party*
кóла *coke*
колá *car*
колéга *colleague*
Кóледа *Christmas*
коли́чка *trolley*
кóлко *how many, how much*
коля́но (pl) коленá *knee*
командирóвка *business trip*
кома́р *mosquito*
комбина́ция *combination*
компю́тър (pl) -три *computer*
конта́кт *socket*
конфéкция *ready-made clothes*
конферéнция *conference*
концéрт *concert*
коня́к *brandy*
коридóр *corridor*
край (pl) кра́ища *end*
крак (pl) крака́ *foot; leg*
кран *tap*

краси́в *beautiful*
кра́ставица *cucumber*
крем *cream*
кре́постен, -тна *fortification* (adj)
кри́пта *crypt*
криста́лен, -лна *crystal*
кръст *(small of the) back; cross*
култу́ра *culture*
купу́вам, -ваш *to buy*
(да) ку́пя, -пиш *to buy*
куро́рт *resort, spa*
кути́я *box*
ку́фар *suitcase*
ку́хня *kitchen*
къде́(то) *where*
към *about; around; towards; to*
къ́мпинг *camp-site*
къ́сно *late*
къ́ща *house*
кюфте́ *meat ball*

лев *lev*
легло́ *bed*
лек *light* (adj)
ле́ка нощ! *good night!*
ле́кар(ка) *doctor*
лека́рство *medicine*
ле́сно *easily*
лети́ще *airport*
ли *(question word)*
Лийдс *Leeds*
лимо́н *lemon*
лимона́да *lemonade*
лимо́нов *(made with) lemon*
литерату́ра *literature*
ли́тър (pl) **ли́три** *litre*
лифт *(ski/chair) lift*
Ло́ндон *London*
ло́ндонски *London* (adj)
лондонча́нин (pl) **-а́ни** *Londoner*
лош *bad*
лошока́чествен *of inferior quality*
лукс́озен, -зна *de-luxe*
ля́то *summer*

магази́н *shop*
магистра́ла *motorway*
май *May*
ма́йка *mother*
ма́йстор *workman; master*
Македо́ния *Macedonia*
ма́лко *a little*
малоле́тен, -тна *juvenile, young*
ма́лък, ма́лка *small*

ма́ма *mum, mother*
манасти́р *monastery*
Ма́нчестър *Manchester*
ма́рка *(postage) stamp*
март *March*
ма́са *table*
мач *match*
маши́на *machine*
между́ *between*
междунаро́ден, -дна *international*
ме́нта *mint*
ме́нтов *(made with) mint*
меню́ *menu*
мерси́ *thank you*
ме́сец *month*
ме́тър (pl) **ме́три** *metre*
механа́ *tavern*
мил *dear*
Мила́но *Milan*
(да) ми́на, -неш *to go, pass* (of time)
(ще ми) ми́не *I'll be OK*
ми́нал *past*
мину́та *minute*
ми́сля, -лиш *to think*
ми́тница *customs*
митнича́р *customs officer*
млад *young*
мля́ко *milk*
мно́го *a lot, much, many*
мо́га, мо́жеш *I can, am able*
мо́же *it is possible*
мо́же би *maybe*
мо́же ли? *May I? Could you?*
мой *my, mine*
молба́ *request*
моли́в *pencil*
мо́ля *please; I beg your pardon; don't mention it*
моме́нт *moment*
моми́че (n) *girl*
момче́ (n) *boy*
море́ *sea*
мо́рски *(of the) sea*
Москва́ *Moscow*
моте́л *motel*
мото́р *engine*
мра́чен, -чна *dull*
музе́й *museum*
му́зика *music*
музика́нт *musician*
мъгли́во *foggy*
мъж (pl) **мъже́** *man; husband*
мъже́ *gents (toilet)*

мъжки *man's*
място (pl) места *place*

на *on; of; at; in; to; for*
наблизо *nearby*
навреме *in time*
навсякъде *everywhere*
навън *outside*
над *above*
надявам, -ваш се *to hope*
надясно *to the right*
наздраве! *cheers!*
(под) наем *hired*
(да) наема, -меш *to rent*
наистина *really, indeed*
най-после *at last*
(да) накарам, -раш *to make (someone do something)*
нали? *isn't that so?*
наляво *to the left*
(да) намеря, -риш *to find*
наоколо *nearby*
направо *straight ahead*
(да) направя, -виш *to make; to do*
напредвам, -ваш *to make progress*
наред *in order*
нареден *arranged*
(да) наредя, -диш *to arrange*
народност (f) *nationality*
(да) науча, -чиш *to learn*
национален, -лна *national*
нация *nation*
начало *beginning*
наш *our(s)*
не *no, not*
невярно *false*
негов *his*
недей! *don't!*
неделя *Sunday*
неин *her(s)*
немец (pl) немци *a German*
немкиня *German woman*
немски *German*
непрекъснато *all the time*
непременно *certainly; don't fail to*
неприятно *unpleasant*
неприятност (f) *unpleasantness, bother*
нервен, нервна *nervous, agitated*
нес (кафе) *instant (coffee)*
с нетърпение *eagerly*
нещо *something*
нещо друго *some/anything else*
нещо за пиене *something to drink*

нещо за ядене *something to eat*
ние *we*
нисък, -ска *short (stature)*
нито.., нито... *neither,, nor...*
нищо *nothing; no matter; never mind*
нищо чудно *that's hardly surprising*
но *but*
нов *new*
Нова година *New Year*
новина *news (item)*
нож (pl) ножове *knife*
ноември *November*
номер *number*
нормално *normally; OK*
носач *porter*
нося, -сиш *to carry, have with one, bring*
нощ (f) *night*
(лека) нощ! *good night!*
нужда *need*
Ню Йорк *New York*
някак *somehow*
някакъв, някаква *some kind of*
някога *sometime*
някой *somebody, some*
няколко *some, a few*
някъде *somewhere*
няма *there isn't*
няма защо *you're welcome, don't mention it*
нямам, -маш *not to have*

(да) се обадя, -диш *to ring, phone, call*
обаждам, -даш се *to ring, phone*
обед and обяд *lunch (time), noon*
обикновено *usually*
обичам, -чаш *to love, like*
облачно *cloudy*
(да) се облека, -чеш *to get dressed*
(да) обменя, -ниш *to change*
обмяна на валута *currency exchange*
обратен, -тна *opposite*
(туристически) обувки *(walking) shoes*
обслужване *service (e.g. in a restaurant)*
обядвам, -ваш *to have lunch*
(да) обясня, -ниш *to explain*
огледало *mirror*
(да) оженя, -ниш *to marry off*
(да) се оженя, -ниш *to get married*
оказа се *it turned out*
око (pl) очи *eye*
около *about, around*
октомври *October*
олеле! *oh dear me!*

о́лио *vegetable oil*
омле́т *omelette*
оме́жена *married* (for a woman)
о́нзи *that*
опа́сен, -сна *dangerous*
о́пера *opera*
о́перен, -рна *opera* (adj)
о́пит *practice, experience*
(да) опи́там, -таш *to try*
опи́твам, -ваш *to try*
о́питен, -тна *experienced*
опла́квам, -ваш се *to complain*
опла́кване (pl) **-ния** *complaint*
(да) се опла́ча, -чеш *to complain*
(да) се опра́вя, -виш *to get better*
организи́ра се (it-form) *is organised*
организи́рам, -раш *to organise*
о́рех(ов) (made with) *walnut(s)*
ориента́лска *oriental*
освен *apart from, besides*
осо́бено *especially*
(ни́що) осо́бено *nothing special*
оста́ва(т) *is/are left*
(да) оста́вя, -виш *to leave*
оста́вям, -вяш *to leave*
от *from; (because) of; than; made of;
  with; since; out of*
от ня́колко дни (for) *the past few days*
отво́рен *open*
отгова́рям, -ряш *to answer*
(да) отгово́ря, -риш *to answer*
отда́вна *long since, long ago*
отдале́че *from afar*
оти́вам, -ваш *to go*
(да) оти́да, -деш *to go*
отклоне́ние *diversion*
отко́лкото *than*
откъде́ *where from*
отли́чно! *excellent!*
отпа́дък (pl) **отпа́дъци** *litter, rubbish*
отту́к *from here*
оча́квам, -ваш *to expect*
о́ще *more; still; even; yet*
о́ще веднъ́ж *once again*
о́ще не *not yet*

павилио́н *kiosk*
па́дам, -даш *to fall*
па́дащи предме́ти *falling objects*
(да) па́дна, -неш *to fall*
паза́р *market*
пазару́вам, -ваш *to do the shopping*
па́зя, -зиш *to keep, preserve*

пак *again*
пана́ир *fair*
па́пка *folder, file*
пари́ (pl) *money*
Пари́ж *Paris*
парк *park; garden*
па́ркинг *car park*
парки́рам, -раш *to park*
па́ртер *ground floor*
па́рти *party*
парче́ *piece*
паспо́рт *passport*
Пе́пси-Ко́ла *Pepsi-Cola*
пе́тък *Friday*
(не́що за) пи́ене *something to drink*
пи́во *ale*
пи́лзенска би́ра *pilsner* (beer)
пи́лешки (made with) *chicken*
пи́пам, -паш *to touch*
писа́лка *pen*
писмо́ *letter*
пи́ста *piste*
пи́там, -таш *to ask*
пицари́я *pizzeria*
пи́ша, -шеш *to write*
пи́я, пи́еш *to drink*
плаж *beach*
плака́т *poster*
план *plan*
планина́ *mountain*
(да) платя́, -ти́ш *to pay*
пла́щам, -щаш *to pay*
плик *envelope*
Пло́вдив *Plovdiv*
плод (pl) **плодове́** *fruit*
пло́дов (made of) *fruit*
плодотво́рен, -рна *fruitful*
площа́д *square*
плу́вам, -ваш *to swim*
по *along; over; on*
по́вече *more*
по́вечето *most of*
повре́да *fault*
повре́ден *out of order*
под *under*
пода́рък (pl) **-ъци** *present*
(да) подаря́, -ри́ш *to give*
подходя́щ *suitable*
пожела́вам, -ваш *to wish*
(да) пожела́я, -а́еш *to wish*
(с) по́здрав *kind regards*
(да) поздравя́, -ви́ш *to welcome, greet;
  congratulate*

поздравя́вам, -ваш *to welcome, greet; congratulate*
позна́вам, -ваш *to know* (someone, one another)
позна́т(а) *acquaintance*
(да) пока́жа, -жеш *to show, point*
пока́звам, -ваш *to show, point*
пока́на *invitation*
пока́нен *invited*
(да) пока́ня, -ниш *to invite*
поле́зен, -зна *useful*
полица́й *policeman*
поли́ция *police*
полови́н *half*
полови́на *a half*
(да) полу́ча, -чиш *to receive*
получа́вам, -ваш *to receive*
пома́гам, -гаш *to help*
(да) поми́сля, -лиш *to think over*
(да) помо́гна, -неш *to help*
по́мня, -ниш *to remember*
по́мощ (f) *help, assistance*
понеде́лник *Monday*
по́ни (n) *pony*
поня́кога *sometimes*
(да) попи́там, -таш *to ask*
(да) попра́вя, -виш *to mend*
портие́р *doorman*
портмоне́ *purse*
портока́л(ов) (made with) *orange(s)*
порцела́н(ов) (made of) *china*
(да) поръ́чам, -чаш *to order*
поръ́чвам, -ваш *to order*
поръ́чка *order*
по́сле *after that*
после́ден, -дна *final, last*
посо́ка *direction*
(да) посре́щна, -неш *to meet*
(да) поча́кам, -каш *to wait a little*
почи́вам, -ваш си *to be resting*
почи́вка *rest*
(да) си почи́на, -неш *to have a rest*
почти́ *almost*
по́ща *post office*
прав *right*
пра́вя, -виш *to do; to make*
пра́зник (pl) -ици *festival, holiday*
празну́вам, -ваш *to celebrate*
пра́скова *peach*
(да) пра́тя, -тиш *to send*
превали́ване (pl) -ния *shower*

(да) преведа́, -де́ш *to translate*
прево́да́ч(ка) *translator; interpreter*
прего́вори (pl) *negotiations; talks*
пред *in front of*
(да) преда́м, -даде́ш *to leave/pass on/a message*
преди́ *before; ago*
преди́мно *mainly*
предла́гам, -гаш *to suggest, make an offer*
(да) предло́жа, -жиш *to suggest; make an offer*
предпола́гам, -гаш *to suppose*
предпочи́там, -таш *to prefer*
предста́ва *idea*
представле́ние *performance*
през *during; through; in; at*
(да) прека́рам, -раш *to spend* (time)
прека́рвам, -ваш *to spend* (time)
(да) пренеса́, -се́ш *to take* (somewhere)
препоръ́чвам, -ваш *to recommend*
(да) пресека́, -ече́ш *to cross*
пре́сен, пря́сна, пре́сни *fresh*
престо́й (duration of) *stay*
претегля́м, -ляш *to weigh*
(да) придружа́, -жи́ш *to accompany*
(да) прие́ма, -меш *to accept*
присти́гам, -гаш *to arrive*
присти́гащ *arriving*
(да) присти́гна, -неш *to arrive*
прия́тел(ка) *friend*
прия́телски *friendly*
прия́тен, -тна *pleasant*
прия́тен път! *have a good journey!*
прия́тно прека́рване! *have a nice time!*
пробле́м *problem*
прогно́за *forecast*
програ́ма *programme*
прогре́с *progress*
прода́вам, -ваш *to sell*
продава́ч(ка) *shop-assistant*
прода́ден *sold*
проду́кт *product*
продължа́вам, -ваш *to continue*
прозо́рец (pl) -рци *window*
про́лет (f) *spring*
про́сто *simply*
проти́в *against*
профе́сия *occupation*
пу́ша, -шиш *to smoke*
пу́шене *smoking*

пълен, -лна с *full of*
пълнени чушки *stuffed peppers*
пъпеш *melon*
първо *firstly*
път (pl) пъти *time*
път (pl) пътища *road, way*
пътник (pl) -ици *passenger, traveller*
пътувам, -ваш *to travel*
пътуване *journey*
пюре́ *purée*

ра́бота *work*
рабо́тник (pl) -ици *worker*
рабо́тно вре́ме *opening hours*
работя́, -тиш *to work*
ра́двам, -ваш се *to enjoy, be glad*
ра́дио *radio*
ра́достен, -тна *joyous, glad*
ра́ждане *birth*
(да) разбера́, -ре́ш *to understand*
разби́ра се *of course*
разби́рам, -раш *to understand*
развале́н *broken, not working*
(да) разваля́, -ли́ш *to break* (something)
(да) се разваля́, -ли́ш *to go wrong; to break down*
(да) разгле́дам, -даш *to look at/around*
разгле́ждам, -даш *to look at/round*
ра́зговор *conversation*
разка́звам, -ваш *to tell*
разкъ́сана о́блачност *broken cloud*
разписа́ние *timetable*
разсе́ян *absent-minded*
(да) се разхо́дя, -диш *to have a walk*
разчи́там, -таш на *to rely on*
раки́я *rakiya, brandy*
ра́но *early*
резерва́ция *reservation*
река́ *river*
рекла́ма *publicity* (adj)
рекла́мен, -мна *publicity, advertisement*
рели́гия *religion*
(в) ремо́нт *(under) repair*
рестора́нт *restaurant*
реце́пция *reception*
ре́чник (pl) -ици *vocabulary, dictionary*
(да) реша́, -ши́ш *to decide*
Ри́ла планина́ *the Rila Mountains*
Рим *Rome*
ри́мски *Roman*
роде́н(а) съм *I was born*

роди́на *fatherland, motherland*
роди́тел *parent*
рожде́н ден *birthday*
ро́за *rose*
ро́кля *dress*
романти́чно *romantic*
Румъ́ния *Romania*
ру́ски *Russian* (adj)
ръка́ (pl) ръце́ *hand; arm*
ря́дко *rarely*

с/със *with; on*
сала́та *salad*
салфе́тка *serviette*
сам *alone*
са́мо *only, just*
самобръсна́чка *razor, shaver*
самоле́т *airplane*
са́ндвич *sandwich*
сва́тба *wedding*
(по) света́ *around the world*
свети́, света́ *Saint*
све́тло *light*
све́тло пи́во *lager*
светофа́р *traffic light*
свобо́ден, -дна *free*
свой *one's own*
свят *world*
(на) се́вер *(to the) north*
се (reflexive particle) *-self*
сега́ *now*
се́дмица *week*
(да) се́дна, -неш *to sit*
секрета́р(ка) *secretary*
семе́йно положе́ние *marital status*
семе́йство *family*
септе́мври *September*
серви́з *garage, service-station*
сервитьо́р(ка) *waiter, waitress*
серви́рам, -раш *to serve*
серио́зно *seriously*
сестра́ *sister*
си́гурен, -рна съм *I am sure*
си́гурно *most probably; certainly*
си́лен, -лна *strong*
син, (pl) синове́ *son*
син, си́ня *blue*
си́рене *white cheese, feta*
ски (pl) *skis*
на ски *skiing*
ско́ро *soon*

скучно *boring*
скъп *dear; expensive*
слаб *light; weak*
слава богу! *thank heavens!*
славянски *Slavonic*
сладкарница *café, cake-shop, patisserie*
сладолед *icecream*
сладък, сладка *sweet*
след (като) *after; in*
следващ *coming*
следващия(т) път *next time*
следобед *(in the) afternoon*
слива *plum*
сливов *(made of) plums*
(да) сложа, -жиш *to put*
служебен, -бна *official; for staff only*
служебен абонамент *permit holder*
служител(ка) *counter assistant, clerk*
(по) случай *(on the) occasion (of)*
случва се *it happens*
(да) се случи *(it-form) happen*
слънце *sun*
Слънчев бряг *Sunny Beach*
слънчево *sunny*
(да) сменя, -ниш *to change*
сметана *cream*
сметка *bill*
смея, -ееш се *to laugh*
смешен, -шна *funny*
снимка *photo*
снощи *last night*
сняг *snow*
собствено име *given name*
сода *soda water*
сок *juice*
сол (f) *salt*
Солун *Salonika*
софийски *Sofia* (adj)
София *Sofia*
спалня *bedroom*
специалитет *speciality*
специално *specially*
спирам, -раш *to stop*
спиране *stopping*
спирка *(bus) stop*
списание *magazine*
спокойно *calmly*
спомен *memento*
спомням, -няш си *to remember*
според *according to*
спорт *sport*
(да) спра, спреш *to stop*
спя, спиш *to sleep*

сребърен, -рна *(made of) silver*
среща *appointment, meeting, get-together*
срещу *opposite*
сряда *Wednesday*
ставам, -ваш *to stand/get up; to happen; become*
(да) стана, -неш *to stand/get up; to happen; become*
стар *old*
стая *room*
стена *wall*
стига! *stop it! enough!*
(да) стигна, -неш *to reach*
стик *golf club*
сто *hundred*
столица *capital*
стомах (pl) стомаси *stomach*
стотинка *'stotinka'*
стоя, стоиш *to stand; stay*
страна *country*
страхувам, -ваш се *to be afraid*
страшен, -шна *incredible; terrible*
(колко) струва? *how much does it cost?*
студен *cold*
студент(ка) *student*
стъкло *glass*
супа *soup*
сутрин (f) *morning*
сутринта *in the morning*
счупен *broken, not working*
(да) счупя, -пиш *to break*
(да) събера, -реш *to gather*
събота *Saturday*
съвет *advice*
съвременен, -менна *contemporary*
съгласен, -сна съм *I agree*
(да) се съглася, -сиш *to agree*
(за) съжаление *unfortunately*
съжалявам, -ваш *to be sorry, regret*
(да) създам, -дадеш *to create*
съм *I am (to be)*
съмнявам, -ваш се *to doubt*
Сърбия *Serbia*
(от все) сърце *with all my heart*
съседен, -дна *next door, neighbouring*
същ, съща *same*
също *also*
сядам, -даш *to sit down*
сянка *shade, shadow*

табелка *notice*
тази (f) *this*
така *right, just so, likewise*

такси́ (n) *taxi*
такъ́в, такáва *such*
там *there*
танц *dance*
таратóр *tarator* (Bulgarian cold summer
  soup)
твой *your(s)*
твóрчески *creative*
те *they*
теáтър (pl) -три *theatre*
тéжък, -жка *heavy*
тéзи (pl) *these*
телефóн *telephone*
тéлекс *telex*
температу́ра *temperature*
тéнис *tennis*
тéхен, тя́хна *their(s)*
ти *you*
ти́квичка *courgette, zucchini*
типи́чно *typically*
ти́хо *quietly*
то *it*
тоалéтна *toilet*
товá (n) *this*
тогáва *then*
тóзи (m) *this*
той *he*
тóлкова *so*
тóник *tonic water*
тóпъл, -пла *warm, hot*
тóрта *gateau, cake*
тóчен, -чна *punctual*
тóчно *exact(ly)*
трамвáй *tram*
тревá *grass*
три́ма (ду́ши) *three people*
тримéсечие *quarter, three-month period*
тролéй *trolley-bus*
тру́ден, -дна *difficult*
тръ́гвам, -ваш *to set off*
тря́бва *have to; must*
ту́ба *canister*
тук *here*
тури́ст(ка) *tourist*
ту́рски *Turkish*
Ту́рция *Turkey*
тъ́мно *dark*
търгóвски *(to do with) trade*
тъ́рся, -сиш *to look for*
тя *she*

у *at, with*
удовóлствие *pleasure*

ужáсен, -сна *terrible, awful*
ужáсно *terribly*
уик-éнд *weekend*
уи́ски (n) *whisky*
у́лица *street*
умéрен *moderate*
уми́рам, -раш за *to be dying for*
уморéн *tired*
(да) се умори́, -ри́ш *to get tired*
универсáлен, -лна *universal*
университéт *university*
упрáвител *manager, director*
упражнéние *exercise*
урóк (pl) урóци *lesson*
успéх *success*
у́тре *tomorrow*
у́тро *morning*
ухó (pl) уши́ *ear*
у́ча, -чиш *to study, learn*
учáствам, -ваш *to take part*
учéбник (pl) -ници *textbook*
у́чене *studying*
учени́к, (pl) и ц і *pupil*
учи́тел(ка) *teacher*
учу́ден *surprised*
факс *fax*
(не е) фатáлно *it's not fatal*
фами́лно и́ме *surname*
февруáри *February*
фи́рма *firm*
Флорéнция *Florence*
фоайé *foyer; lounge*
фолклóр *folklore*
фолклóрен фестивáл *folklore festival*
фонтáн *fountain*
фóрма *shape*
фотоапарáт *camera*
фотогрáф *photographer*
францу́зин (pl) -зи *Frenchman*
францу́зойка *Frenchwoman*
фрéнски *French*
фу́тбол *football*
хáйде! *come on!*
(да) харéсам, -саш *to like*
харéсвам, -ваш *to like*
харти́я *paper*
ха-ха! *ha-ha!*
хвъ́рлям, -ляш *to throw*
хиля́да (pl) хи́ляди *thousand*
Хи́йтроу *Heathrow*
хлéбче *bread roll*
хля́б *bread*
хóдя, -диш *to go, walk*

хол *sitting room*
хо́ра (pl) *people*
хоте́л *hotel*
храна́ *food*
хре́ма (head) *cold*
христия́нски *Christian*
ху́бав *nice, beautiful, handsome*
худо́жник (pl) -ици *artist*
худо́жничка *artist* (woman)
ху́мор *humour*
хълм *hill*

Ца́риград *Istanbul*
цве́те (pl) цветя́ *flower*
цел (f) *aim, purpose*
цена́ *price*
це́нност (f) (something) *valuable*
центра́лен, -лна *central*
це́нтър (pl) це́нтрове *centre*
цига́ра *cigarette*
ЦУМ *TSOUM* (the Sofia Central
   Department Store)
цъ́рква *church*
цял (pl) це́ли *all; whole*
цял куп *a whole lot of*

чадъ́р *umbrella*
чай *tea*
ча́кам, -каш *to wait*
ча́нта *bag*
час *hour*
часа́ *o'clock*
часо́вник (pl) -ици *watch; clock*
част (f) *part*
ча́ша *cup; glass*
че *that*
черве́н *red*
че́рен, -рна *black*
че́рква *church*
Черномо́рието *the Black Sea coast*
че́сън *garlic*
Чести́т рожде́н ден! *Happy birthday!*
чести́то! *congratulations!*
че́сто *often*
чета́, -те́ш *to read*
че́твърт (f) *quarter*
четвъ́ртък *Thursday*
чистота́ *cleanliness*
чове́к (pl) хо́ра *person, human being*
чу́вам, -ваш *to hear*
чу́вствам, -ваш (се) *to feel*
чу́вство *feeling, sense*
чуде́сен, -сна *wonderful, marvellous*
чужд *foreign*

чужде́нец (pl) -нци́ *foreigner*
чужденка́ *foreigner* (woman)
чу́шка *pepper*
(да) чу́я, чу́еш *to hear*

шампа́нско *champagne*
ша́пка *hat*
шегу́вам, -ваш се *to joke*
шеф *boss*
шокола́д *bar of chocolate*
шокола́дов (made of) *chocolate*
шо́пска сала́та *'shopska' salad*
шотла́ндец *Scot*
Шотла́ндия *Scotland*
шотла́ндка *Scotswoman*
шотла́ндски *Scottish*
шофьо́р *driver*
шум *noise*
шу́мен, -мна *noisy*
шу́нка *ham*
шшш! *sh-sh-sh!*

ща́стие *happiness*
(за) ща́стие *fortunately, luckily*
щастли́в *happy*
щом *since, seeing that*

ъ́гъл (pl) ъ́гли *corner*

(на) юг *(to the) south*
ю́ли *July*
ю́ни *June*
юти́я *iron*

я́бълка *apple*
я́бълков (made with) *apple*
(да) се яви́, -ви́ш *to present oneself*
я́года *strawberry*
я́годов (made with) *strawberry*
(не́що за) я́дене *something to eat*
ям, яде́ш *to eat*
януа́ри *January*
Япо́ния *Japan*
я́сен, я́сна *clear, obvious*
я́сно защо́ *it's obvious why; now I see
   why*

GRAMMATICAL INDEX

(The numbers refer to units, or exercises in units. An asterisk indicates that you will find further material in the Appendix.)

HUNGARIAN

ZSUZSA PONTIFEX

This is a complete course, publishing early in 1993, in spoken and written Hungarian. If you have never learnt Hungarian before, or if your Hungarian needs brushing up, *Teach Yourself Hungarian* is for you.

Zsuzsa Pontifex has created a practical course that is both fun and easy to work through. She explains everything clearly along the way and gives you plenty of opportunities to practise what you have learnt. The course structure means that you can work at your own pace, arranging your learning to suit your needs.

Based on the Council of Europe's Threshold guidelines on language learning, the course contains:

- twenty-one graded units of dialogues, culture notes, grammar and exercises
- a guide to Hungarian pronunciation
- a grammar summary
- a Hungarian-English vocabulary list

By the end of the course you'll be able to cope with a whole range of situations and participate fully and confidently in Hungarian life.

RUSSIAN

DAPHNE M. WEST

This is a complete course in spoken and written Russian. If you have never learnt Russian before, or if your Russian needs brushing up, *Teach Yourself Russian* is for you.

Daphne West has created a practical course that is both fun and easy to work through. She explains everything clearly along the way and gives you plenty of opportunities to practise what you have learnt.

Based on the Council of Europe's Threshold guidelines on language learning, the course contains:

- graded units of dialogue, culture notes, grammar and exercises
- a step-by-step guide to the Russian alphabet and its pronunciation
- an extensive grammar summary
- a Russian-English vocabulary list

By the end of the course you'll be able to cope with a whole range of situations and participate fully and confidently in Russian life and culture.

SERBO-CROAT

DAVID NORRIS

This is a complete course, publishing early in 1993, in spoken and written Serbo-Croat. If you have never learnt Serbo-Croat before or if you want to improve on existing skills, then *Teach Yourself Serbo-Croat* is for you.

David Norris has created a practical course that is both fun and easy to work through. He explains everything clearly along the way and gives you plenty of opportunities to practise what you have learnt. The course structure means that you can work at your own pace, arranging your learning to suit your needs.

Based on the Council of Europe's Threshold guidelines on language learning, the course contains:

- eighteen carefully graded units of dialogues, culture notes, grammar and exercises
- a pronunciation guide
- a grammar summary
- a Serbo-Croat/English vocabulary list

By the end of the course you'll have the language skills and knowledge you need to deal confidently with a whole range of situations.